# DHATUPATHA

# DHATUKOSHA

Indexes on Final Letter, Penultimate Vowel, Conjunct Letter, Tags & More

Ashwini Kumar Aggarwal

जय गुरुदेव

ISBN13: 978-81-947338-5-0  Paperback Edition
ISBN13: 978-81-947338-8-1  Hardbound Edition
ISBN13: 978-81-947338-4-3  Digital Edition



Title: **Dhatupatha Dhatukosha**
SubTitle: **Indexes on Final Letter, Penultimate Vowel, Conjunct Letter, Tags & More**

Printed and Published by
**Devotees of Sri Sri Ravi Shankar Ashram**
34 Sunny Enclave, Devigarh Road,
Patiala 147001, Punjab, India

https://advaita56.weebly.com/
The Art of Living Centre

https://www.artofliving.org/

7th May 2020 Buddha Poornima
Swati Nakshatra, Vaisakha Masa, Grishma Ritu, Uttarayana,
Vikram Samvat 2077 Pramathi, Saka Era 1942 Sharvari


1st Edition May 2020


जय गुरुदेव

*Dedication*

# H H Sri Sri Ravi Shankar

"Sanskrit, the most ancient language reverberates with the most ancient layer of our Consciousness."

 @SriSri tweet from Bangalore Ashram 8:33 am  7 January 2012
https://twitter.com/SriSri/status/155484606395727873

*An offering at His Lotus feet*

## Acknowledgements

Art of Living devotees and the growing community of Sanskrit users.

*Front Cover Photo Courtesy*

Sadhvi Hemswaroop Vahelal. Ganges River at Rishikesh, in front of Parmarth Niketan. Photo dated 19 August 2018.

*Preface*

Notice the beauty and intelligence in the structure of the Dhatupatha of Panini written circa 600 BC.

| | | |
|---|---|---|
| 1. | भू सत्तायाम् | To Be, Truth Is. Birth. |
| 1011. | अद भक्षणे | To Eat. To be Nourished. After Birth, Feed. |
| 1083. | हु दान-अदनयोः | To Offer. After Nourishment, Sharing. |
| 1107. | दिवु क्रीडा-विजि-गीषा-व्यवहार-द्युति-स्तुति-मोद-मद-स्वप्न-कान्ति-गतिषु | To Play. After Sharing, some Enjoyment. |
| 1247. | षुञ् अभिषवे | To extract nectar. After Playing, Blissfulness. |
| 1281. | तुद व्यथने | To strike. In Bliss, a moment of Unawareness. |
| 1438. | रुधिर् आवरणे | To Surround. To Block. Action and Reaction. |
| 1463. | तनु विस्तारे | To Proliferate. To Unfold. After the response from Nature, one recoups to enhance. |
| 1473. | डुक्रीञ् द्रव्यविनिमये | To engage. To Trade. When one expands, One gets the desire to socialize. |
| 1534. | चुर स्तेये | To Steal. When all has been experienced, One wishes to steal oneself Away from it all! |

So that one can resolve in the Self.

The Dhatupatha is a collection of sounds that are known as the Roots of the Sanskrit language. It is found as an Appendix to the Ashtadhyayi of Panini, the magnum opus of the great Sanskrit grammarian of yore.

Panini clothes the Dhatus in Tag letters, (meta tag इत् = अनुबन्ध ) to produce remarkable results. His deft and perfect programming is visible in a simple example.

Roots having इ as Final Vowel, e.g. 1046 इङ् अध्ययने ।

Enforces Ashtadhyayi Sutra 6.4.77 अचि श्नुधातुभ्रुवां य्वोरियङुवङौ ।

Roots having इँ as Tag Letter, e.g. 87 अकि लक्षणे ।

Enforces Ashtadhyayi Sutra 7.1.58 इदितो नुम् धातोः ।

## *Maheshwar Sutras*

Sounds representing source of Paninian grammar and the Alphabet

| | | The Maheshwar Sutras heard by Panini – primordial Sounds | | |
|---|---|---|---|---|
| 1 | अ इ उ ण् | All vowels = अच् letters | All vowels | simple |
| 2 | ऋ लृ क् | Simple vowels = अक् | | conjunct |
| 3 | ए ओ ङ् | Diphthongs = एच् | | diphthong |
| 4 | ऐ औ च् | Semivowels = यण् | | |
| 5 | ह य व र ट् | All consonants = हल् | All conso-nants | Aspirate & Semi vowels. ल , ळ , ळ्ह |
| 6 | लँ ण् | = ल्+अँ, [nasal ल् = ल्ँ], Repha has no nasal equivalent | | |
| 7 | ञ म ङ ण न म् | 5th of row = all Nasals = ञम् letters | | nasals |
| 8 | झ भ ञ् | 4th of row = झष् letters | | Maha prana |
| 9 | घ ढ ध ष् | are all soft consonants | | |
| 10 | ज ब ग ड द श् | 3rd of row = जश् letters (soft consonants) | | Alpa prana |
| 11 | ख फ छ ठ थ च ट त व् | 1st and 2nd of row = खय् letters | | All mouth positions |
| 12 | क प य् | खय् are all hard consonants | | Guttural, Labial |
| 13 | श ष स र् | Sibilants are hard consonants = शर् | | Hot |
| 14 | ह ल् | Aspirate is soft consonant | | odd man |

From these Sutras are made the Pratyaharas or Acronyms that are used so often in the Ashtadhyayi. E.g. यण् , जश् , अच् , हल् ।
There are 41 (or 43/44 according to some) Pratyaharas.

## Pratyahara

A brief explanation is of much use in Verb formation.

| प्रत्याहार | Its Letters |
|---|---|
| अल् | Complete Alphabet, all the Letters |
| अच् | अ आ इ ई उ ऊ ऋ ॠ ऌ ए ऐ ओ औ Vowels |
| यण् | य् व् र् ल् Semi-Vowels are also under Consonants |
| हल् | All the Consonants क् ख् ग् घ् ङ् ... य् र् ल् व् श् ष् स् ह् । |
| खर् | Hard Consonants क् ख् च् छ् ट् ठ् त् थ् प् फ् श् ष् स् |
| झल् | All Consonants Except Nasals & Semi-Vowels |
| चर् | 1st of Row and Sibilants क् च् ट् त् प् श् ष् स् |
| जश् | 3rd of Row ग् ज् ड् द् ब् |

Refer again and again to the Maheshwar Sutras, Pratyaharas, and Place and Effort of Enunciation so that there is clarity in the application of the Ashtadhyayi Sutras.

8.2.39 झलां जशोऽन्ते । Final झल् takes substitution जश् ।

| झल् Letter | Homogeneous जश् Letter |
|---|---|
| क् ख् ग् घ् | ग् |
| च् छ् ज् झ् | ज् |
| ट् ठ् ड् ढ् | ड् |
| त् थ् द् ध् | द् |
| प् फ् ब् भ् | ब् |
| श् | ज् |
| ष् | ड् |
| स् | द् |
| ह् Soft consonant, Mahaprana | घ् झ् ढ् ध् भ् 4th of each Row |

# Table of Contents

## The 10 Conjugational Groups

The Dhatupatha contains ten principal conjugational groups. These are made since an entity known as the gana vikarna **गण विकरण** is common for each specific group, for the sarvadhatuka **सार्वधातुक** conjugational tenses and moods; Lat, Lot, Lang & VidhiLing.

| SN | Dhatu | Meaning | Gana Vikarna | Without Tag | Conjugation Group name & No | |
|---|---|---|---|---|---|---|
| 1 | भू | सत्तायाम् | शप् | अ | भवादि-गण | 1c |
| 1011 | अद | भक्षणे | शप् – लुक् | - | अदादि-गण | 2c |
| 1083 | हु | दान-अदानयोः | शप् – श्लु | - | जुहोत्यादि-गण | 3c |
| 1107 | दिवु | क्रीडा० | श्यन् | य | दिवादि-गण | 4c |
| 1247 | षुञ् | अभिषवे | श्नु | नु | स्वादि-गण | 5c |
| 1281 | तुद | व्यथने | श | अ | तुदादि-गण | 6c |
| 1438 | रुधिर् | आवरणे | श्नम् | न | रुधादि-गण | 7c |
| 1463 | तनु | विस्तारे | उ | उ | तनादि-गण | 8c |
| 1473 | डुक्रीञ् | द्रव्य-विनिमये | श्ना | ना | क्र्यादि-गण | 9c |
| 1534 | चुर | स्तेये | णिच् + शप् | अय | चुरादि-गण | 10c |

Note - For the six Ardhadhatuka **आर्धधातुक** tenses and moods; Lit, Lut, LRt, AshirLing, Lung & LRng, all the 1943 Roots are one set and not ten groups as above.

# *Salient Points in Verb Formation*

1.  The difference in the application of सार्वधातुक and आर्धधातुक affixes is apparent. We easily see that the सार्वधातुक Verb forms make use of the Gana Vikarna. Whereas the आर्धधातुक Verb forms are irrespective of it.

2.  For भावे only iii/1 rupa is possible, as it is simply an emotion in the mind presenting the "it is" thought and not a transactional verb. For अकर्मक Roots, the Impersonal Voice भावे प्रयोग applies whereas for सकर्मक Roots, Passive Voice कर्मणि प्रयोग applies.

3.  The Passive voice rupa has यक् as विकरण for  सार्वधातुक lakaras. For आर्धधातुक lakaras there is no विकरण । Passive voice uses Atmanepadi affixes only, irrespective of Dhatu type. Thus Verb forms of Passive Voice for आर्धधातुक lakaras for Atmanepada Roots will be identical to their Active Voice कर्त्तरि forms. Also for Atmanepada Roots of 4c gana, since it has श्यन् gana vikarana, Active Voice and Passive Voice Verbs are identical in सार्वधातुक lakaras also.

4.  Passive voice यक् विकरण does not cause guna while Active voice शप् does.

5.  Passive voice कर्म वाच्य and Benedictive Mood आशीर्लिङ् have the same Sutras, hence similar procedure.

6.  1c Roots like 33 विथृ , 34 वेथृ conjugate identically in the listed tenses and moods, since due to guna by शप् the anga for

Root विथृ becomes वेथ , same as for Root वेथृ । The difference is however noticed in the Passive voice forms.

7. The सेट् attribute is visible in the लृट् and निष्ठा rupas as इट् augment.  Note that these are आर्धधातुक affixes. Before applying be careful whether any Ashtadhyayi Sutra is changing this status.

8. The चकार is prefixed to छकार many times, e.g. 213 स्फुर्छा विस्तृतौ is listed as स्फुच्छा विस्तृतौ  also. Simply means that pronouncing a छकार will add the चकार sound in such cases.

   Panini has given the Ashtadhyayi Sutra 6.1.73 छे च । इति तुक् । 8.4.40 स्तोः श्चुना श्चुः । इति तकारस्य चकारः ।

9. The निष्ठा functions as a Verb in the 1st case. Participles are very common in literature, especially in the Bhagavad Gita and the Upanishads. (The 2nd to 7th case forms of निष्ठा are adjective-nouns). Notice that many words in the vernacular in Hindi are clearly seen in the निष्ठा forms, because these transcend past/present/future in usage!

10. Converting between क्त and क्तवत् Verb forms is easy, just replace ending त with तवत् ।

11. A Root governing two objects is called द्विकर्मक-धातुः । The karika which lists 16 द्विकर्मक-धातवः

दुह्याच्पच्दण्डुधिप्रच्छि चिब्रूशासुजिमन्थ-मुषाम् ।

कर्मयुक् स्यादकथितं तथा स्यान्नीहृकृष्वहाम् ॥

1014 दुह् , 863 याच् , 996 पच् , 1926 दण्ड् , 1438 रुध् , 1413 प्रच्छ् , 1251/1629 चि , 1044 ब्रू (1063 वच्) , 1075 शास् , 946 जि , 1511

मन्थ् , 1530 मुष् । In these 12 Roots, the direct object is in 2<sup>nd</sup> case while the secondary object is in 1<sup>st</sup> case.

901 नी , 899 हृ , 990 कृष् , 1004 वह् । In these 4 Roots, it is vice versa, the direct object will be in 1<sup>st</sup> case while the secondary object goes in 2<sup>nd</sup> case.

षोपदेशाः Roots have an initial षकारः in the Dhatupatha.
The following verse is given in Siddhanta Kaumudi

सेकृ – सृप् – सृ – स्तृ – सृज् – स्तृ – स्त्यान्ये दन्त्याजन्तसादयः ।

एकाचः षोपदेशाः ष्वष्क – स्विदु – स्वदु – स्वञ्ज् –स्वप् –स्मिङः ॥

दन्त्यः केवलदन्त्यो न तु दन्तोष्ठजोऽपि , ष्वष्कादीनां पृथग्ग्रहणाज्ज्ञापकात् ।

The Dhatupatha consists of two types of statements.
- The main statements or sutras name the Dhatus explicitly. So, these are called Dhatu Sutras. The Dhatus are placed in ganas or groups (1c to 10c) for ease of deriving the Sarvadhatuka affixed verbs and words. There are 1943 explicit Dhatu Sutras according to the Kashika Vritti and also verified by Siddhanta Kaumudi.
- The other statements are called Gana Sutras. There are the statements that qualify or give additional information for one or more Dhatus. Also, these statements give the information regarding the beginning of a gana and ending of a gana. Note that the ganas or grouping is relevant only for Sarvadhatuka Affixes. When using the Ardhadhatuka Afixes, the entire Dhatupatha of 1943 Dhatus is one set only.

Some versions exist of the Dhatupatha that give alternate Dhatu Sutras. These are referred to as पाठ भेदः । Some grammarians have researched and noticed that the actual count of Dhatus used in Sanskrit literature is more than 1943. Some books accordingly give

2056 Dhatus or even more. All in all, some 2456 Dhatus can be listed by taking the Dhatus from each version. However, many agree that the frequently encountered Dhatus in Sanskrit literature is only around 600.

The key to proper grasp of Sanskrit Grammar, especially the formation of Verbs from Dhatus, is in a sound understanding of the Maheshwar Sutras, Pratyaharas, Place & Effort of Enunciation, Homogeneous Letters and Sandhi. All of this has been lucidly explained. Knowing very clearly the Tag letters and the Final and Penultimate Letters in Dhatus is again of paramount importance.

*Prayer*

Traditionally a prayer is chanted before the beginning of any work or study.

गुरुर्ब्रह्मा गुरुर्विष्णुः गुरुर्देवो महेश्वरः ।

गुरुः साक्षात् परं ब्रह्म तस्मै श्री गुरवे नमः ॥

In Sanskrit, the opening prayer specific to a task is called मङ्गलाचरणम् Mangalacharanam. We honor the Grammarians and also recite the first 11 Sutras from Panini's Ashtadhyayi.

येनाक्षरसमाम्नायम् अधिगम्य महेश्वरात् । कृत्स्नं व्याकरणं प्रोक्तं तस्मै पाणिनये नमः ॥

वाक्यकारं वररुचिं भाष्यकारं पतञ्जलिम् । पाणिनिं सूत्रकारं च प्रणतोऽस्मि मुनित्रयम् ॥

वृद्धिरादैच् । अदेङ्गुणः । इकोगुणवृद्धी । न धातुलोपआर्धधातुके । किङति च। दीधी वेवीटाम् । हलोऽनन्तराः संयोगः । मुखनासिकावचनिऽनुनासिकः । तुल्यास्यप्रयत्नं सवर्णम् । नाज्झलौ । ईदूदेद् द्विवचनं प्रगृह्यम् ॥

जय गुरुदेव

**1 भू सत्तायाम्** 2 एध वृद्धौ 3 स्पर्ध सङ्घर्षे 4 गाधृ प्रतिष्ठालिप्सयोर्ग्रन्थे च 5 बाधृ विलोडने 6 नाथृ 7 नाधृ याच्ञोपतापैश्वर्याशीषिषु 8 दध धारणे 9 स्कुदि आप्रवणे 10 श्विदि श्वैत्ये 11 वदि अभिवादनस्तुत्योः 12 भदि कल्याणे सुखे च 13 मदि स्तुतिमोदमदस्वप्नकान्तिगतिषु 14 स्पदि किञ्चित् चलने 15 क्लिदि परिदेवने 16 मुद हर्षे 17 दद दाने 18 घ्यद 19 स्वर्द आस्वादने 20 उर्द माने क्रीडायां च 21 कुर्द 22 खुर्द 23 गुर्द 24 गुद क्रीडायाम् एव 25 षूद क्षरणे 26 ह्लाद अव्यक्ते शब्दे 27 ह्लादी सुखे च 28 स्वाद आस्वादने 29 पर्द कुत्सिते शब्दे 30 यती प्रयत्ने 31 युतृ 32 जुतृ भासने 33 विथृ 34 वेथृ याचने 35 श्रथि शैथिल्ये 36 ग्रथि कौटिल्ये 37 कत्थ श्लाघायाम् 38 अत सातत्यगमने 39 चिती संज्ञाने 40 च्युतिर् आसेचने 41 श्च्युतिर् क्षरणे 42 मन्थ विलोडने 43 कुथि 44 पुथि 45 लुथि 46 मथि हिंसासङ्क्लेशनयोः 47 षिध गत्याम् 48 षिधू शास्त्रे माङ्गल्ये च 49 खादृ भक्षणे 50 खद स्थैर्ये हिंसायां च 51 बद स्थैर्ये 52 गद व्यक्तायां वाचि 53 रद विलेखने 54 नद अव्यक्ते शब्दे 55 अर्द गतौ याचने च 56 नर्द 57 गर्द शब्दे 58 तर्द हिंसायाम् 59 कर्द कुत्सिते शब्दे 60 खर्द दन्दशूके 61 अति 62 अदि बन्धने 63 इदि परमैश्वर्ये 64 बिदि अवयवे 65 गडि वदनैकदेशे 66 णिदि कुत्सायाम् 67 टुनदि समृद्धौ 68 चदि आह्लादने दीप्तौ च 69 त्रदि चेष्टायाम् 70 कदि 71 क्रदि 72 क्लदि आह्वाने रोदने च 73 क्लिदि परिदेवने 74 शुन्ध शुद्धौ 75 शीकृ सेचने 76 लोकृ दर्शने 77 श्लोकृ सङ्घाते 78 द्रेकृ 79 ध्रेकृ शब्दोत्साहयोः 80 रेकृ शङ्कायाम् 81 सेकृ 82 स्रेकृ 83 स्रकि 84 श्रकि 85 श्लकि गतौ 86 शकि शङ्कायाम् 87 अकि लक्षणे 88 वकि कौटिल्ये 89 मकि मण्डने 90 कक लौल्ये 91 कुक 92 वृक आदाने 93 चक तृप्तौ प्रतिघाते च 94 ककि 95 वकि 96 श्वकि 97 त्रकि 98 ढौकृ 99 त्रौकृ 100 ष्वष्क 101 वस्क 102 मस्क 103 टिकृ 104 टीकृ 105 तिकृ 106 तीकृ 107 रघि 108 लघि गत्यर्थाः 109 अघि 110 वघि 111 मघि गत्याक्षेपे 112 राघृ 113 लाघृ 114 द्राघृ सामर्थ्ये 115 श्लाघृ कत्थने 116 फक्क नीचैर्गतौ 117 तक हसने 118 तकि कृच्छ्रजीवने 119 बुक्क भषणे 120 कख हसने 121 ओखृ 122 राखृ 123 लाखृ 124 द्राखृ 125 ध्राखृ शोषणालमर्थ्योः 126 शाखृ 127 श्लाखृ व्याप्तौ 128 उख 129 उखि 130 वख 131 वखि 132 मख

133 मखि 134 णख 135 णखि 136 रख 137 रखि 138 लख 139 लखि 140 इख 141 इखि 142 ईखि 143 वल्ग 144 रगि 145 लगि 146 अगि 147 वगि 148 मगि 149 तगि 150 त्वगि 151 श्रगि 152 श्लगि 153 इगि 154 रिगि 155 लिगि गत्यर्थाः 156 युगि 157 जुगि 158 बुगि वर्जने 159 घघ हसने 160 मघि मण्डने 161 शिघि आघ्राणे 162 वर्च दीप्तौ 163 षच सेचने सेवने च 164 लोचृ दर्शने 165 शच व्यक्तायां वाचि 166 श्वच 167 श्वचि गतौ 168 कच बन्धने 169 कचि 170 काचि दीप्तिबन्धनयोः 171 मच 172 मुचि कल्कने 173 मचि धारणोच्छ्रायपूजनेषु 174 पचि व्यक्तीकरणे 175 ष्टुच प्रसादे 176 ऋज गतिस्थानार्जनोपार्जनेषु 177 ऋजि 178 भृजी भर्जने 179 एजृ 180 भ्रेजृ 181 भ्राजृ दीप्तौ 182 ईज गतिकुत्सनयोः 183 शुच शोके 184 कुच शब्दे तारे 185 कुञ्च 186 क्रुञ्च कौटिल्याल्पीभावयोः 187 लुञ्च अपनयने 188 अञ्चु गतिपूजनयोः 189 वञ्चु 190 चञ्चु 191 तञ्चु 192 त्वञ्चु 193 म्रुञ्चु 194 म्लुञ्चु 195 म्रुचु 196 म्लुचु गत्यर्थाः 197 ग्रुचु 198 ग्लुचु 199 कुजु 200 खुजु स्तेयकरणे 201 ग्लुञ्चु 202 षस्ज गतौ 203 गुजि अव्यक्ते शब्दे 204 अर्च पूजायाम् 205 म्लेच्छ अव्यक्ते शब्दे 206 लछ 207 लाछि लक्षणे 208 वाछि इच्छायाम् 209 आछि आयामे 210 ह्रीछ लज्जायाम् 211 हुर्छा कौटिल्ये 212 मुर्छा मोहसमुच्छ्राययोः 213 स्फुर्छा विस्तृतौ 214 युच्छ प्रमादे 215 उछि उञ्छे 216 उछी विवासे 217 ध्रज 218 ध्रजि 219 ध्रृज 220 ध्रृजि 221 ध्वज 222 ध्वजि गतौ 223 कूज अव्यक्ते शब्दे 224 अर्ज 225 षर्ज अर्जने 226 गर्ज शब्दे 227 तर्ज भर्त्सने 228 कर्ज व्यथने 229 खर्ज पूजने च 230 अज गतिक्षेपणयोः 231 तेज पालने 232 खज मन्थे 233 खजि गतिवैकल्ये 234 एजृ कम्पने 235 टुओस्फूर्जा वज्रनिर्घोषे 236 क्षि क्षये 237 क्षीज अव्यक्ते शब्दे 238 लज 239 लजि भर्त्सने 240 लाज 241 लाजि भर्जने च 242 जज 243 जजि युद्धे 244 तुज हिंसायाम् 245 तुजि पालने 246 गज 247 गजि 248 गृज 249 गृजि 250 मुज 251 मुजि शब्दार्थाः 252 वज 253 व्रज गतौ 254 अट्ट अतिक्रमहिंसनयोः 255 वेष्ट वेष्टने 256 चेष्ट चेष्टायाम् 257 गोष्ट 258 लोष्ट सङ्घाते 259 घट्ट चलने 260 स्फुट विकसने 261 अठि गतौ 262 वठि एकचर्यायाम् 263 मठि 264 कठि शोके 265 मुठि पालने 266 हेठ विबाधायाम् 267 एठ च 268 हिडि गत्यनादरयोः 269 हुडि संघाते 270 कुडि दाहे 271 वडि विभाजने 272 मडि

च 273 भडि परिभाषणे 274 पिडि सङ्घाते 275 मुडि मार्जने 276 तुडि तोडने 277 हुडि वरणे 278 चडि कोपे 279 शडि रुजायां सङ्घाते च 280 तडि ताडने 281 पडि गतौ 282 कडि मदे 283 खडि मन्थे 284 हेड्‌ 285 होड्‌ अनादरे 286 बाड्‌ आप्लाव्ये 287 द्राड्‌ 288 ध्राड्‌ विशरणे 289 शाड्‌ श्लाघायाम् 290 शौट्‌ गर्वे 291 यौट्‌ बन्धे 292 म्लेट्‌ 293 म्रेड्‌ उन्मादे 294 कटे वर्षावरणयोः 295 अट 296 पट गतौ 297 रट परिभाषणे 298 लट बाल्ये 299 शट रुजाविशरणगत्यवसादनेषु 300 वट वेष्टने 301 किट 302 खिट त्रासे 303 शिट 304 षिट अनादरे 305 जट 306 झट सङ्घाते 307 भट भृतौ 308 तट उच्छ्राये 309 खट काङ्क्षायाम् 310 णट नृत्तौ 311 पिट शब्दसङ्घातयोः 312 हट दीप्तौ 313 षट अवयवे 314 लुट विलोडने 315 चिट परप्रेष्ये 316 विट शब्दे 317 बिट आक्रोशे 318 इट 319 किट 320 कटी गतौ 321 मडि भूषायाम् 322 कुडि वैकल्ये 323 मुड 324 प्रुड मर्दने 325 चुडि अल्पीभावे 326 मुडि खण्डने 327 रुटि 328 लुटि स्तेये 329 स्फुटिर् विशरणे 330 पठ व्यक्तायां वाचि 331 वठ स्थौल्ये 332 मठ मदनिवासयोः 333 कठ कृच्छ्रजीवने 334 रट परिभाषणे 335 हठ प्लुतिशठत्वयोः 336 रुठ 337 लुठ 338 उठ उपघाते 339 पिठ हिंसासङ्क्लेशनयोः 340 शठ कैतवे च 341 शुठ गतिप्रतिघाते 342 कुठि च 343 लुठि आलस्ये प्रतिघाते च 344 शुठि शोषणे 345 रुठि 346 लुठि गतौ 347 चुड्डु भावकरणे 348 अड्डु अभियोगे 349 कड्डु कार्कश्ये 350 क्रीड्‌ विहारे 351 तुड्‌ तोडने 352 हुड्‌ 353 हूड्‌ 354 होड्‌ गतौ 355 रौड्‌ अनादरे 356 रोड्‌ 357 लोड्‌ उन्मादे 358 अड उद्यमे 359 लड विलासे 360 कड मदे 361 गडि वदनैकदेशे 362 तिपृ 363 तेपृ 364 ष्टिपृ 365 ष्टेपृ क्षरणार्थाः 366 ग्लेपृ दैन्ये 367 टुवेपृ कम्पने 368 केपृ 369 गेपृ 370 ग्लेपृ च 371 मेपृ 372 रेपृ 373 लेपृ गतौ 374 त्रपूष् लज्जायाम् 375 कपि चलने 376 रबि 377 लबि 378 अबि शब्दे 379 लबि अवस्रंसने च 380 कबृ वर्णे 381 क्लीबृ अधाष्टर्ये 382 क्षीबृ मदे 383 शीभृ कत्थने 384 चीभृ च 385 रेभृ शब्दे 386 ष्टभि 387 स्कभि प्रतिबन्धे 388 जभी 389 जृभि गात्रविनामे 390 शल्भ कत्थने 391 वल्भ भोजने 392 गल्भ धाष्टर्ये 393 श्रम्भु प्रमादे 394 ष्टुभु स्तम्भे 395 गुपू रक्षणे 396 धूप सन्तापे 397 जप 398 जल्प व्यक्तायां वाचि 399 चप सान्त्वने 400 षप समवाये 401 रप 402 लप व्यक्तायां वाचि 403 चुप मन्दायां

गतौ 404 तुप 405 तुम्प 406 त्रुप 407 त्रुम्प 408 तुफ 409 तुम्फ 410 त्रुफ 411 त्रुम्फ हिंसार्थाः 412 पर्प 413 रफ 414 रफि 415 अर्ब 416 पर्ब 417 लर्ब 418 बर्ब 419 मर्ब 420 कर्ब 421 खर्ब 422 गर्ब 423 शर्ब 424 षर्ब 425 चर्ब गतौ 426 कुबि आच्छादने 427 लुबि 428 तुबि अर्दने 429 चुबि वक्त्रसंयोगे 430 षृभु 431 षृम्भु हिंसार्थौ 432 शुभ 433 शुम्भ भाषणे । भासन इत्येके 434 घिणि 435 घुणि 436 घृणि ग्रहणे 437 घुण 438 घूर्ण भ्रमणे 439 पण व्यवहारे स्तुतौ च 440 पन च 441 भाम क्रोधे 442 क्षमूष् सहने 443 कमु कान्तौ 444 अण 445 रण 446 वण 447 भण 448 मण 449 कण 450 क्वण 451 व्रण 452 भ्रण 453 ध्वण शब्दार्थाः 454 ओणृ अपनयने 455 शोणृ वर्णगत्योः 456 श्रोणृ सङ्घाते 457 श्लोणृ च 458 पैणृ गतिप्रेरणश्लेषणेषु 459 धृण शब्दे 460 कनी दीप्तिकान्तिगतिषु 461 ष्टन 462 वन शब्दे 463 वन 464 षण सम्भक्तौ 465 अम गत्यादिषु 466 द्रम 467 हम्म 468 मीमृ गतौ 469 चमु 470 छमु 471 जमु 472 झमु अदने 473 क्रमु पादविक्षेपे 474 अय 475 वय 476 पय 477 मय 478 चय 479 तय 480 णय गतौ 481 दय दानगतिरक्षणहिंसादानेषु 482 रय गतौ 483 ऊयी तन्तुसन्ताने 484 पूयी विशरणे दुर्गन्धे च 485 क्नूयी शब्दे उन्दने च 486 क्ष्मायी विधूनने 487 स्फायी 488 ओप्यायी वृद्धौ 489 तायृ सन्तानपालनयोः 490 शल चलनसंवरणयोः 491 वल 492 वल्ल संवरणे सञ्चरणे च 493 मल 494 मल्ल धारणे 495 भल 496 भल्ल परिभाषण-हिंसादानेषु 497 कल शब्दसङ्ख्यानयोः 498 कल्ल अव्यक्ते शब्दे 499 तेवृ 500 देवृ देवने 501 षेवृ 502 गेवृ 503 ग्लेवृ 504 पेवृ 505 मेवृ 506 म्लेवृ सेवने 507 रेवृ प्लवगतौ 508 मव्य बन्धने 509 सूक्ष्र्य 510 ईक्ष्र्य 511 ईर्ष्य ईष्यार्थाः 512 हय गतौ 513 शुच्य अभिषवे 514 हर्य गतिकान्त्योः 515 अल भूषणपर्याप्तिवारणेषु 516 ज्रिफला विशरणे 517 मील 518 श्मील 519 स्मील 520 क्ष्मील निमेषणे 521 पील प्रतिष्टम्भे 522 णील वर्णे 523 शील समाधौ 524 कील बन्धने 525 कूल आवरणे 526 शूल रुजायां सङ्घोषे च 527 तूल निष्कर्षे 528 पूल सङ्घाते 529 मूल प्रतिष्ठायाम् 530 फल निष्पत्तौ 531 चुल्ल भावकरणे 532 फुल्ल विकसने 533 चिल्ल शैथिल्ये भावकरणे च 534 तिल गतौ 535 वेलृ 536 चेलृ 537 केलृ 538 खेलृ 539 क्ष्वेलृ 540 वेल्ल चलने 541 पेलृ 542 फेलृ 543 शेलृ गतौ 544 स्खल सञ्चलने 545 खल

सञ्चये 546 गल अदने 547 षल गतौ 548 दल विशरणे 549 श्वल   550 श्वल्ल आशुगमने 551 खोलृ   552 खोरृ गतिप्रतिघाते 553 धोरृ गतिचातुर्ये 554 त्सर छद्मगतौ 555 क्मर हूर्छ्ने 556 अभ्र   557 वभ्र   558 मभ्र   559 चर गत्यर्थाः 560 ष्ठिवु निरसने  561 जि जये 562 जीव प्राणधारणे 563 पीव 564 मीव   565 तीव   566 णीव स्थौल्ये 567 क्षीवु   568 क्षेवु निरसने 569 उर्वी   570 तुर्वी   571 थुर्वी   572 दुर्वी   573 धुर्वी हिंसार्थाः  574 गुर्वी उद्यमने 575 मुर्वी बन्धने  576 पुर्व   577 पर्व   578 मर्व पूरणे 579 चर्व अदने 580 भर्व हिंसायाम् 581 कर्व   582 खर्व   583 गर्व दर्पे 584 अर्व   585 शर्व   586 षर्व हिंसायाम् 587 इवि व्याप्तौ 588 पिवि   589 मिवि   590 णिवि सेचने 591 हिवि   592 दिवि   593 धिवि   594 जिवि प्रीणनार्थाः 595 रिवि   596 रवि   597 धवि गत्यर्थाः 598 कृवि हिंसाकरणयोश्च  599 मव बन्धने 600 अव रक्षणगतिकान्तिप्रीतितृप्त्यवगमप्रवेशश्रवणस्वाम्यर्थयाचनक्रियेच्छादीप्त्यवा प्त्यालिङ्गनहिंसा- दानभागवृद्धिषु 601 धावु गतिशुद्ध्योः  602 धुक्ष  603 धिक्ष सन्दीपनक्लेशनजीवनेषु 604 वृक्ष वरणे 605 शिक्ष विद्योपादाने 606 भिक्ष भिक्षायामलाभे लाभे च 607 क्लेश अव्यक्तायां वाचि  608 दक्ष वृद्धौ शीघ्रार्थे च 609 दीक्ष मौण्ड्येज्योपनयननियमव्रतादेशेषु 610 ईक्ष दर्शने  611 ईष गतिहिंसादर्शनेषु 612 भाष व्यक्तायां वाचि 613 वर्ष स्नेहने  614 गेषृ अन्विच्छायाम्  615 पेषृ प्रयत्ने  616 जेषृ   617 णेषृ   618 एषृ   619 प्रेषृ गतौ 620 रेषृ   621 हेषृ   622 ह्रेषृ अव्यक्ते शब्दे 623 कासृ शब्दकुत्सायाम्  624 भासृ दीप्तौ 625 णासृ   626 रासृ शब्दे 627 णस कौटिल्ये  628 भ्यस भये 629 आङःशसि इच्छायाम्  630 ग्रसु   631 ग्लसु अदने 632 ईह चेष्टायाम् 633 बहि   634 महि वृद्धौ  635 अहि गतौ 636 गर्ह   637 गल्ह कुत्सायाम् 638 बर्ह 639 बल्ह प्राधान्ये 640 वर्ह   641 वल्ह परिभाषणहिंसाच्छादनेषु 642 प्लिह गतौ 643 वेह   644 जेह   645 वाह प्रयत्ने 646 द्राह निद्राक्षये  647 काशृ दीप्तौ 648 ऊह वितर्के 649 गाहू विलोडने 650 गृहू ग्रहणे 651 ग्लह च 652 घुषि कान्तिकरणे  653 घुषिर् अविशब्दने  654 अक्षू व्याप्तौ  655 तक्षू 656 त्वक्षू तनूकरणे 657 उक्ष सेचने 658 रक्ष पालने 659 णिक्ष चुम्बने 660 त्रक्ष   661 ष्ट्रक्ष   662 णक्ष गतौ 663 वक्ष रोषे  664 मृक्ष सङ्घाते  665 तक्ष त्वचने  666 सूर्क्ष आदरे  667 काक्षि   668 वाक्षि   669 माक्षि काङ्क्षायाम्

670 द्राक्षि   671 ध्राक्षि   672 ध्वाक्षि घोरवासिते च   673 चूष पाने 674 तूष
तुष्टौ 675 पूष वृद्धौ 676 मूष स्तेये 677 लूष   678 रूष भूषायाम् 679 शूष
प्रसवे 680 यूष हिंसायाम् 681 जूष च   682 भूष अलङ्कारे 683 ऊष रुजायाम्
684 ईष उञ्छे 685 कष   686 खष   687 शिष   688 जष   689 झष   690
शष   691 वष   692 मष   693 रुष   694 रिष हिंसार्थाः 695 भष भर्त्सने 696
उष दाहे 697 जिषु   698 विषु   699 मिषु सेचने   700 पुष पुष्टौ 701 श्रिषु
702 श्लिषु   703 प्रुषु   704 प्लुषु दाहे 705 पृषु   706 वृषु   707 मृषु सेचने
708 घृषु सङ्घर्षे 709 हृषु अलीके 710 तुस   711 ह्रस   712 ह्लस   713 रस
शब्दे 714 लस श्लेषणक्रीडनयोः 715 घसॢ अदने 716 जर्ज   717 चर्च   718
झर्झ परिभाषणहिंसातर्जनेषु 719 पिसृ   720 पेसृ गतौ 721 हसे हसने 722
णिश समाधौ   723 मिश   724 मश शब्दे रोषकृते च 725 शव गतौ 726 शश
प्लुतगतौ 727 शसु हिंसायाम् 728 शंसु स्तुतौ 729 चह परिकल्कने 730 मह
पूजायाम् 731 रह त्यागे 732 रहि गतौ 733 दृह   734 दृहि   735 बृह   736
बृहि वृद्धौ 737 तुहिर्   738 दुहिर्   739 उहिर् अर्दने 740 अर्ह पूजायाम्   741
घुत दीप्तौ 742 श्विता वर्णे 743 ञिमिदा स्नेहने 744 ञिष्विदा स्नेहन-
मोचनयोः 745 रुच दीप्तावभिप्रीतौ च 746 घुट परिवर्तने 747 रुट   748 लुट
749 लुठ प्रतीघाते 750 शुभ दीप्तौ 751 क्षुभ सञ्चलने 752 णभ   753 तुभ
हिंसायाम्   754 संसु अवस्रंसने 755 ध्वंसु   756 भ्रंसु अवस्रंसने   757 स्रम्भु
विश्वासे 758 वृतु वर्तने 759 वृधु वृद्धौ 760 शृधु शब्दकुत्सायाम्   761 स्यन्दू
प्रस्रवणे 762 कृपू सामर्थ्ये . 763 घट चेष्टायाम् 764 व्यथ भयसञ्चलनयोः
765 प्रथ प्रख्याने 766 प्रस विस्तारे 767 म्रद मर्दने 768 स्खद स्खदने 769
क्षजि गतिदानयोः 770 दक्ष गतिहिंसनयोः   771 क्रप कृपायां गतौ च 772
कदि   773 क्रदि   774 क्लदि वैक्लब्ये   775 ञित्वरा सम्भ्रमे 776 ज्वर रोगे
777 गड सेचने 778 हेड वेष्टने 779 वट   780 भट परिभाषणे 781 णट नृत्तौ
782 ष्टक प्रतिघाते 783 चक तृप्तौ 784 कख्खे हसने 785 रगे शङ्कायाम् 786
लगे सङ्गे 787 ह्रगे   788 ह्लगे   789 घगे   790 ष्टगे संवरणे 791 कगे नोच्यते
792 अक   793 अग कुटिलायां गतौ 794 कण   795 रण गतौ 796 चण   797
शण   798 श्रण दाने च 799 श्रथ   800 क्नथ   801 क्रथ   802 क्लथ
हिंसार्थाः 803 वन च   804 ज्वल दीप्तौ 805 ह्वल   806 ह्मल चलने 807 स्मृ

आध्याने 808 दृ भये 809 नृ नये 810 श्रा पाके 811 मारणतोषणनिशामनेषु ज्ञा 812 कम्पने चलिः 813 छदिर् ऊर्जने 814 जिह्वोन्मथने लडिः 815 मदी हर्षग्लेपनयोः 816 ध्वन शब्दे 817 स्वन अवतंसने 818 शमो दर्शने 819 यमोऽपरिवेषणे 820 स्खदिर् अवपरिभ्यां च 821 फण गतौ 822 राजृ दीप्तौ 823 टुभ्राजृ 824 टुभ्राशृ 825 टुभ्लाशृ दीप्तौ 826 स्यमु 827 स्वन 828 ध्वन शब्दे 829 षम 830 ष्टम अवैकल्ये 831 ज्वल दीप्तौ 832 चल कम्पने 833 जल घातने 834 टल 835 ट्वल वैक्लव्ये 836 ष्ठल स्थाने 837 हल विलेखने 838 णल गन्धे 839 पल गतौ 840 बल प्राणने धान्यावरोधने च 841 पुल महत्त्वे 842 कुल संस्त्याने बन्धुषु च 843 शल 844 हुल 845 पतॄ गतौ 846 क्वथे निष्पाके 847 पथे गतौ 848 मथे विलोडने 849 टुवम उद्गिरणे 850 भ्रमु चलने 851 क्षर सञ्चलने 852 षह मर्षणे 853 रमु क्रीडायाम् 854 षद्लृ विशरणगत्यवसादनेषु 855 शद्लृ शातने 856 क्रुश आह्वाने रोदने च 857 कुच सम्पर्चनकौटिल्यप्रतिष्टम्भविलेखनेषु 858 बुध अवगमने 859 रुह बीजजन्मनि प्रादुर्भावे च 860 कस गतौ 861 हिक्क अव्यक्ते शब्दे 862 अञ्चु गतौ याचने च 863 टुयाचृ याच्ञायाम् 864 रेट्ट परिभाषणे 865 चते 866 चदे याचने 867 प्रोथृ पर्याप्तौ 868 मिदृ 869 मेदृ मेधाहिंसनयोः 870 मेधृ सङ्गमे च 871 णिदृ 872 णेदृ कुत्सासन्निकर्षयोः 873 शृधु 874 मृधु उन्दने 875 बुधिर् बोधने 876 उबुन्दिर् निशामने 877 वेणृ गतिज्ञानचिन्ता-निशामनवादित्रग्रहणेषु 878 खनु अवदारणे 879 चीवृ आदानसंवरणयोः 880 चायृ पूजानिशामनयोः 881 व्यय गतौ 882 दाशृ दाने 883 भेषृ भये 884 भ्रेषृ 885 भ्लेषृ गतौ 886 अस गतिदीप्त्यादानेषु 887 स्पश बाधनस्पर्शनयोः 888 लष कान्तौ 889 चष भक्षणे 890 छष हिंसायाम् 891 झष आदान-संवरणयोः 892 भ्रक्ष 893 भ्लक्ष अदने 894 दासृ दाने 895 माह माने 896 गुहू संवरणे 897 श्रिञ् सेवायाम् 898 भृञ् भरणे 899 हृञ् हरणे 900 धृञ् धारणे 901 णीञ् प्रापणे 902 धेट् पाने 903 ग्लै 904 म्लै हर्षक्षये 905 घै न्यक्करणे 906 द्रै स्वप्ने 907 ध्रै तृप्तौ 908 ध्यै चिन्तायाम् 909 रै शब्दे 910 स्त्यै 911 ष्ट्यै शब्दसङ्घातयोः 912 खे खदने 913 क्षै 914 जै 915 षै क्षये 916 कै 917 गै शब्दे 918 शै 919 श्रै पाके 920 पै 921 ओवै शोषणे 922 ष्टै 923 ष्णै वेष्टने 924 दैप् शोधने 925 पा पाने 926 घ्रा गन्धोपादाने 927 ध्मा

शब्दाग्निसंयोगयोः 928 ष्ठा गतिनिवृत्तौ 929 म्ना अभ्यासे 930 दाण् दाने 931 ह्लृ कौटिल्ये 932 स्वृ शब्दोपतापयोः 933 स्मृ चिन्तायाम् 934 ह्वृ संवरणे 935 सृ गतौ 936 ऋ गतिप्रापणयोः 937 गृ 938 घृ सेचने 939 ध्वृ हूर्च्छने 940 स्रु गतौ 941 षु प्रसवैश्वर्ययोः 942 श्रु श्रवणे 943 ध्रु स्थैर्ये 944 दु 945 द्रु गतौ 946 जि 947 ज्रि अभिभवे 948 ष्मिङ् ईषद्धसने 949 गुङ् अव्यक्ते शब्दे 950 गाङ् गतौ 951 कुङ् 952 घुङ् 953 उङ् 954 दुङ् शब्दे 955 च्युङ् 956 ज्युङ् 957 प्रुङ् 958 प्लुङ् गतौ 959 रुङ् गतिरेषणयोः 960 धृङ् अवध्वंसने 961 मेङ् प्रणिदाने 962 देङ् रक्षणे 963 श्यैङ् गतौ 964 प्यैङ् वृद्धौ 965 त्रैङ् पालने 966 पूङ् पवने 967 मूङ् बन्धने 968 डीङ् विहायसा गतौ 969 तृ प्लवन-तरणयोः 970 गुप गोपने 971 तिज निशाने 972 मान पूजायाम् 973 बध बन्धने 974 रभ राभस्ये 975 डुलभष् प्राप्तौ 976 ष्वञ्ज परिष्वङ्गे 977 हद पुरीषोत्सर्गे 978 जिष्विदा अव्यक्ते शब्दे 979 स्कन्दिर् गतिशोषणयोः 980 यभ मैथुने 981 णम प्रह्वत्वे शब्दे च 982 गमॢ 983 सृपॢ गतौ 984 यम उपरमे 985 तप सन्तापे 986 त्यज हानौ 987 षञ्ज सङ्गे 988 दृशिर् प्रेक्षणे 989 दंश दशने 990 कृष विलेखने 991 दह भस्मीकरणे 992 मिह सेचने 993 कित निवासे रोगापनयने च 994 दान खण्डने 995 शान तेजने 996 डुपचष् पाके 997 षच समवाये 998 भज सेवायाम् 999 रञ्ज रागे 1000 शप आक्रोशे 1001 त्विष दीप्तौ 1002 यज देवपूजासङ्गतिकरणदानेषु 1003 डुवप् बीजसन्ताने 1004 वह प्रापणे 1005 वस निवासे 1006 वेञ् तन्तुसन्ताने 1007 व्येञ् संवरणे 1008 ह्वेञ् स्पर्धायां शब्दे च 1009 वद व्यक्तायां वाचि 1010 टुओश्वि गतिवृद्ध्योः

**1011 अद भक्षणे** 1012 हन हिंसागत्योः 1013 द्विष अप्रीतौ 1014 दुह प्रपूरणे 1015 दिह उपचये 1016 लिह आस्वादने 1017 चक्षिङ् व्यक्तायां वाचि 1018 ईर गतौ कम्पने च 1019 ईड स्तुतौ 1020 ईश ऐश्वर्ये 1021 आस उपवेशने 1022 आङःशासु इच्छायाम् 1023 वस आच्छादने 1024 कसि गतिशासनयोः 1025 णिसि चुम्बने 1026 णिजि शुद्धौ 1027 शिजि अव्यक्ते शब्दे 1028 पिजि वर्णे 1029 वृजी वर्जने 1030 पृची सम्पर्चने 1031 षूङ् प्राणिगर्भविमोचने 1032 शीङ् स्वप्ने 1033 यु मिश्रणेऽमिश्रणे च 1034 रु शब्दे 1035 णु स्तुतौ 1036 टुक्षु शब्दे 1037 क्ष्णु तेजने 1038 ष्णु प्रस्रवणे 1039 ऊर्णुञ् आच्छादने

1040 घु अभिगमने 1041 षु प्रसवैश्वर्ययोः 1042 कु शब्दे 1043 ष्टुञ् स्तुतौ 1044 ब्रूञ् व्यक्तायां वाचि 1045 इण् गतौ 1046 इङ् अध्ययने 1047 इक् स्मरणे 1048 वी गतिव्याप्तिप्रजन-कान्त्यसनखादनेषु 1049 या प्रापणे 1050 वा गतिगन्धनयोः 1051 भा दीप्तौ 1052 ष्णा शौचे 1053 श्रा पाके 1054 द्रा कुत्सायां गतौ 1055 प्सा भक्षणे 1056 पा रक्षणे 1057 रा दाने 1058 ला आदाने 1059 दाप् लवने 1060 ख्या प्रकथने 1061 प्रा पूरणे 1062 मा माने 1063 वच परिभाषणे 1064 विद ज्ञाने 1065 अस भुवि 1066 मृजू शुद्धौ 1067 रुदिर् अश्रुविमोचने 1068 जिष्वप शये 1069 श्वस प्राणने 1070 अन च 1071 जक्ष भक्षहसनयोः 1072 जागृ निद्राक्षये 1073 दरिद्रा दुर्गतौ 1074 चकासृ दीप्तौ 1075 शासु अनुशिष्टौ 1076 दीधीङ् दीप्तिदेवनयोः 1077 वेवीङ् वेतिना तुल्ये 1078 षस 1079 षस्ति स्वप्ने 1080 वश कान्तौ 1081 चकरीतं च 1082 ह्रुङ् अपनयने

**1083 हु दानादनयोः** 1084 जिभी भये 1085 ह्री लज्जायाम् 1086 पृ पालन-पूरणयोः 1087 डुभृञ् धारणपोषणयोः 1088 माङ् माने शब्दे च 1089 ओहाङ् गतौ 1090 ओहाक् त्यागे 1091 डुदाञ् दाने 1092 डुधाञ् धारणपोषणयोः 1093 णिजिर् शौचपोषणयोः 1094 विजिर् पृथग्भावे 1095 विष्लृ व्याप्तौ 1096 घृ क्षरणदीप्त्योः 1097 ह्व प्रसह्यकरणे 1098 ऋ 1099 सृ गतौ 1100 भस भर्त्सनदीप्त्योः 1101 कि ज्ञाने 1102 तुर त्वरणे 1103 धिष शब्दे 1104 धन धान्ये 1105 जन जनने 1106 गा स्तुतौ

**1107 दिवु** क्रीडा-विजिगीषा-व्यवहार-द्युति-स्तुति-मोद-मद-स्वप्न-कान्ति-गतिषु 1108 षिवु तन्तुसन्ताने 1109 स्रिवु गतिशोषणयोः 1110 ष्ठिवु निरसने 1111 ष्णुसु अदने 1112 ष्णसु निरसने 1113 क्नसु ह्वरणदीप्त्योः 1114 व्युष दाहे 1115 प्लुष च 1116 नृती गात्रविक्षेपे 1117 त्रसी उद्वेगे 1118 कुथ पूतीभावे 1119 पुथ हिंसायाम् 1120 गुध परिवेष्टने 1121 क्षिप प्रेरणे 1122 पुष्प विकसने 1123 तिम 1124 ष्टिम 1125 ष्टीम आर्द्रीभावे 1126 व्रीड चोदने लज्जायां च 1127 इष गतौ 1128 षह 1129 षुह चक्यर्थे 1130 जॄष 1131 झॄष वयोहानौ 1132 षूङ् प्राणिप्रसवे 1133 दूङ् परितापे । 1134 दीङ् क्षये 1135 डीङ् विहायसा गतौ 1136 धीङ् आधारे 1137 मीङ् हिंसायाम्

1138 रीङ् श्रवणे 1139 लीङ् श्लेषणे 1140 व्रीङ् वृणोत्यर्थे 1141 पीङ् पाने 1142 माङ् माने 1143 ईङ् गतौ 1144 प्रीङ् प्रीतौ 1145 शो तनूकरणे 1146 छो छेदने 1147 षो अन्तकर्मणि 1148 दो अवखण्डने 1149 जनी प्रादुर्भावे 1150 दीपी दीप्तौ 1151 पूरी आप्यायने 1152 तूरी गतित्वरणहिंसनयोः 1153 धूरी 1154 गूरी हिंसागत्योः 1155 घूरी 1156 जूरी हिंसावयोहान्योः 1157 शूरी हिंसास्तम्भनयोः 1158 चूरी दाहे 1159 तप ऐश्वर्ये वा 1160 वृतु वरणे 1161 क्लिश उपतापे 1162 काशृ दीप्तौ 1163 वाशृ शब्दे 1164 मृष तितिक्षायाम् 1165 ईशुचिर् पूतीभावे । 1166 णह बन्धने 1167 रञ्ज रागे 1168 शप आक्रोशे 1169 पद गतौ 1170 खिद दैन्ये 1171 विद सत्तायाम् 1172 बुध अवगमने 1173 युध सम्प्रहारे 1174 अनोरुध कामे 1175 अण प्राणने 1176 मन ज्ञाने 1177 युज समाधौ 1178 सृज विसर्गे 1179 लिश अल्पीभावे 1180 राधोऽकर्मकाद् वृद्धावेव 1181 व्यध ताडने 1182 पुष पुष्टौ 1183 शुष शोषणे 1184 तुष प्रीतौ 1185 दुष वैकृत्ये 1186 शिलष आलिङ्गने 1187 शक विभाषितो मर्षणे 1188 ष्विदा गात्रप्रक्षरणे 1189 क्रुध क्रोधे 1190 क्षुध बुभुक्षायाम् 1191 शुध शौचे 1192 षिधु संराद्धौ 1193 रध हिंसासंराद्ध्योः 1194 णश अदर्शने 1195 तृप प्रीणने 1196 दृप हर्षमोहनयोः 1197 द्रुह जिघांसायाम् 1198 मुह वैचित्ये 1199 ष्णुह उद्गिरणे 1200 ष्णिह प्रीतौ 1201 शमु उपशमे 1202 तमु काङ्क्षायाम् 1203 दमु उपशमे 1204 श्रमु तपसि खेदे च 1205 भ्रमु अनवस्थाने 1206 क्षमू सहने 1207 क्लमु ग्लानौ 1208 मदी हर्षे 1209 असु क्षेपणे 1210 यसु प्रयत्ने 1211 जसु मोक्षणे 1212 तसु उपक्षये 1213 दसु च 1214 वसु स्तम्भे 1215 व्युष विभागे 1216 प्लुष दाहे 1217 बिस प्रेरणे 1218 कुस संश्लेषणे 1219 बुस उत्सर्गे 1220 मुस खण्डने 1221 मसी परिणामे 1222 लुट विलोडने 1223 उच समवाये 1224 भृशु 1225 भ्रंशु अधःपतने 1226 वृश वरणे 1227 कृश तनूकरणे 1228 जितृषा पिपासायाम् 1229 हृष तुष्टौ 1230 रुष 1231 रिष हिंसायाम् 1232 डिप क्षेपे 1233 कुप क्रोधे 1234 गुप व्याकुलत्वे 1235 युप 1236 रुप 1237 लुप विमोहने 1238 लुभ गार्ध्ये 1239 क्षुभ सञ्चलने 1240 णभ 1241 तुभ हिंसायाम् 1242 क्लिदू आर्द्रीभावे 1243 जिमिदा स्नेहने 1244 जिक्ष्विदा स्नेहनमोचनयोः 1245 ऋधु वृद्धौ 1246 गृधु अभिकाङ्क्षायाम्

**1247 षुञ् अभिषवे** 1248 षिञ् बन्धने 1249 शिञ् निशाने 1250 डुमिञ् प्रक्षेपणे 1251 चिञ् चयने 1252 स्तृञ् आच्छादने 1253 कृञ् हिंसायाम् 1254 वृञ् वरणे 1255 धुञ् कम्पने 1256 टुदु उपतापे 1257 हि गतौ वृद्धौ च 1258 पृ प्रीतौ 1259 स्पृ प्रीति-पालनयोः 1260 आप्ॢ व्याप्तौ 1261 शक्ॢ शक्तौ 1262 राध 1263 साध संसिद्धौ 1264 अशू व्याप्तौ सङ्घाते च 1265 ष्टिघ आस्कन्दने 1266 तिक 1267 तिग गतौ च 1268 षघ हिंसायाम् 1269 ञिधृषा प्रागल्भ्ये 1270 दम्भु दम्भने 1271 ऋधु वृद्धौ 1272 अह व्याप्तौ 1273 दघ घातने पालने च 1274 चमु भक्षणे 1275 रि 1276 क्षि 1277 चिरि 1278 जिरि 1279 दाश 1280 दृ हिंसायाम्

**1281 तुद व्यथने** 1282 णुद प्रेरणे 1283 दिश अतिसर्जने 1284 भ्रस्ज पाके 1285 क्षिप प्रेरणे 1286 कृष विलेखने 1287 ऋषी गतौ 1288 जुषी प्रीतिसेवनयोः 1289 ओविजी भयचलनयोः 1290 ओलजी 1291 ओलस्जी व्रीडायाम् 1292 ओव्रश्चू छेदने 1293 व्यच व्याजीकरणे 1294 उछि उञ्छे 1295 उछी विवासे 1296 ऋच्छ गतीन्द्रियप्रलयमूर्तिभावेषु 1297 मिच्छ उत्क्लेशे 1298 जर्ज 1299 चर्च 1300 झर्झ परिभाषणभर्त्सनयोः 1301 त्वच संवरणे 1302 ऋच स्तुतौ 1303 उब्ज आर्जवे 1304 उज्झ उत्सर्गे 1305 लुभ विमोहने 1306 रिफ कत्थनयुद्धनिन्दाहिंसादानेषु 1307 तृप 1308 तृम्फ तृप्तौ 1309 तुप 1310 तुम्प 1311 तुफ 1312 तुम्फ हिंसायाम् 1313 दृप 1314 दृम्फ उत्क्लेशे 1315 ऋफ 1316 ऋम्फ हिंसायाम् 1317 गुफ 1318 गुम्फ ग्रन्थे 1319 उभ 1320 उम्भ पूरणे 1321 शुभ 1322 शुम्भ शोभार्थे 1323 दृभी ग्रन्थे 1324 चृती हिंसाश्रन्थनयोः 1325 विध विधाने 1326 जुड गतौ 1327 मृड सुखने 1328 पृड च 1329 पृण प्रीणने 1330 वृण च 1331 मृण हिंसायाम् 1332 तुण कौटिल्ये 1333 पुण कर्मणि शुभे 1334 मुण प्रतिज्ञाने 1335 कुण शब्दोपकरणयोः 1336 शुन गतौ 1337 द्रुण हिंसागतिकौटिल्येषु 1338 घुण 1339 घूर्ण भ्रमणे 1340 षुर ऐश्वर्यदीप्त्योः 1341 कुर शब्दे 1342 खुर छेदने 1343 मुर संवेष्टने 1344 क्षुर विलेखने 1345 घुर भीमार्थशब्दयोः 1346 पुर अग्रगमने 1347 वृहू उद्यमने 1348 तृहू 1349 स्तृहू 1350 तृंहू हिंसार्थाः 1351 इष इच्छायाम् 1352 मिष स्पर्धायाम् 1353 किल श्वैत्य-क्रीडनयोः 1354 तिल स्नेहने 1355 चिल वसने 1356 चल विलसने 1357 इल स्वप्नक्षेपणयोः

1358 विल संवरणे   1359 बिल भेदने   1360 णिल गहने   1361 हिल भावकरणे
1362 शिल   1363 षिल उच्छे   1364 मिल श्लेषणे   1365 लिख अक्षरविन्यासे
1366 कुट कौटिल्ये   1367 पुट संश्लेषणे   1368 कुच सङ्कोचने   1369 गुज शब्दे
1370 गुड रक्षायाम्   1371 डिप क्षेपे   1372 छुर छेदने   1373 स्फुट विकसने
1374 मुट आक्षेपमर्दनयोः   1375 त्रुट छेदने   1376 तुट कलहकर्मणि   1377 चुट
1378 छुट छेदने   1379 जुड बन्धने   1380 कड मदे   1381 लुट संश्लेषणे   1382
कृड घनत्वे   1383 कुड बाल्ये   1384 पुड उत्सर्गे   1385 घुट प्रतिघाते   1386 तुड
तोडने   1387 थुड   1388 स्थुड संवरणे   1389 स्फुर   1390 स्फुल सञ्चलने
1391 स्फुड   1392 चुड   1393 ब्रुड संवरणे   1394 क्रुड   1395 भृड निमज्जन
इत्येके   1396 गुरी उद्गमने   1397 णू स्तवने   1398 धू विधूनने   1399 गु
पुरीषोत्सर्गे 1400 ध्रु गतिस्थैर्ययोः 1401 कुङ् शब्दे   1402 पृङ् व्यायामे   1403
मृङ् प्राणत्यागे   1404 रि   1405 पि गतौ   1406 धि धारणे   1407 क्षि
निवासगत्योः   1408 षू प्रेरणे   1409 कृ विक्षेपे   1410 गृ निगरणे   1411 दृङ्
आदरे   1412 धृङ् अवस्थाने   1413 प्रच्छ ज्ञीप्सायाम्   1414 सृज विसर्गे 1415
टुमस्जो शुद्धौ   1416 रुजो भङ्गे   1417 भुजो कौटिल्ये   1418 छुप स्पर्शे 1419
रुश   1420 रिश हिंसायाम्   1421 लिश गतौ   1422 स्पृश संस्पर्शने   1423 विच्छ
गतौ   1424 विश प्रवेशने   1425 मृश आमर्शने   1426 णुद प्रेरणे   1427 षद्ऌ
विशरणगत्यवसादनेषु   1428 शद्ऌ शातने   1429 मिल सङ्गमे   1430 मुच्ऌ
मोक्षणे   1431 लुप्ऌ छेदने   1432 विद्ऌ लाभे   1433 लिप उपदेहे   1434 षिच
क्षरणे   1435 कृती छेदने   1436 खिद परिघाते   1437 पिश अवयवे

**1438 रुधिर् आवरणे** 1439 भिदिर् विदारणे 1440 छिदिर् द्वैधीकरणे 1441
रिचिर् विरेचने 1442 विचिर् पृथग्भावे 1443 क्षुदिर् सम्पेषणे   1444 युजिर्
योगे   1445 उछृदिर् दीप्तिदेवनयोः 1446 उतृदिर् हिंसाऽनादरयोः   1447 कृती
वेष्टने   1448 जिइन्धी दीप्तौ   1449 खिद दैन्ये 1450 विद विचारणे   1451
शिष्ऌ विशेषणे 1452 पिष्ऌ सञ्चूर्णने 1453 भञ्जो आमर्दने 1454 भुज
पालनाभ्यवहारयोः 1455 तृह   1456 हिसि हिंसायाम् 1457 उन्दी क्लेदने
1458 अञ्जु व्यक्तिम्रक्षणकान्तिगतिषु 1459 तञ्चू सङ्कोचने   1460 ओविजी
भयचलनयोः 1461 वृजी वर्जने 1462 पृची सम्पर्के

**1463 तनु विस्तारे** 1464 षणु दाने 1465 क्षणु हिंसायाम् 1466 क्षिणु च 1467 ऋणु गतौ 1468 तृणु अदने 1469 घृणु दीप्तौ 1470 वनु याचने 1471 मनु अवबोधने 1472 डुकृञ् करणे

**1473 डुक्रीञ् द्रव्यविनिमये** 1474 प्रीञ् तर्पणे कान्तौ च 1475 श्रीञ् पाके 1476 मीञ् हिंसायाम् 1477 षिञ् बन्धने 1478 स्कुञ् आप्रवणे 1479 युञ् बन्धने 1480 क्नुञ् शब्दे 1481 द्रूञ् हिंसायाम् 1482 पूञ् पवने 1483 लूञ् छेदने 1484 स्तृञ् आच्छादने 1485 कृञ् हिंसायाम् 1486 वृञ् वरणे 1487 धूञ् कम्पने 1488 शॄ हिंसायाम् 1489 पॄ पालनपूरणयोः 1490 वॄ वरणे 1491 भॄ भर्त्सने 1492 मॄ हिंसायाम् 1493 दॄ विदारणे 1494 जॄ वयोहानौ 1495 नॄ नये 1496 कॄ हिंसायाम् 1497 ऋॄ गतौ 1498 गॄ शब्दे 1499 ज्या वयोहानौ 1500 री गतिरेषणयोः 1501 ली श्लेषणे 1502 क्ली वरणे 1503 प्ली गतौ 1504 व्री वरणे 1505 भ्री भये 1506 क्षीष् हिंसायाम् 1507 ज्ञा अवबोधने 1508 बन्ध बन्धने 1509 वृधु सम्भक्तौ 1510 श्रन्थ विमोचन-प्रतिहर्षयोः 1511 मन्थ विलोडने 1512 श्रन्थ 1513 ग्रन्थ सन्दर्भे 1514 कुन्थ संश्लेषणे 1515 मृद क्षोदे 1516 मृड च 1517 गुध रोषे 1518 कुष निष्कर्षे 1519 क्षुभ सञ्चलने 1520 णभ 1521 तुभ हिंसायाम् 1522 क्लिशू विबाधने 1523 अश भोजने 1524 उध्रस उञ्छे 1525 इष आभीक्ष्ण्ये 1526 विष विप्रयोगे 1527 प्रुष 1528 प्लुष स्नेहनसेवनपूरणेषु 1529 पुष पुष्टौ 1530 मुष स्तेये 1531 खच भूतप्रादुर्भावे 1532 हेठ च 1533 ग्रह उपादाने

**1534 चुर स्तेये** 1535 चिति स्मृत्याम् 1536 यत्रि सङ्कोचने 1537 स्फुडि परिहासे 1538 लक्ष दर्शनाङ्कनयोः 1539 कुद्रि अनृतभाषणे 1540 लड उपसेवायाम् 1541 मिदि स्नेहने 1542 ओलडि उत्क्षेपणे 1543 जल अपवारणे 1544 पीड अवगाहने 1545 नट अवस्यन्दने 1546 श्रथ प्रयत्ने 1547 बध संयमने 1548 पॄ पूरणे 1549 ऊर्ज बलप्राणनयोः 1550 पक्ष परिग्रहे 1551 वर्ण 1552 चूर्ण प्रेरणे 1553 प्रथ प्रख्याने 1554 पृथ प्रक्षेपे 1555 षम्ब सम्बन्धने 1556 शम्ब च 1557 भक्ष अदने 1558 कुट्ट छेदनभर्त्सनयोः 1559 पुट्ट 1560 चुट्ट अल्पीभावे 1561 अट्ट 1562 षुट्ट अनादरे 1563 लुण्ठ स्तेये 1564 शठ 1565 श्वठ असंस्कारगत्योः 1566 तुजि 1567 पिजि

हिंसाबलादाननिकेतनेषु 1568 पिस गतौ 1569 षान्त्व सामप्रयोगे 1570 श्वल्क 1571 वल्क परिभाषणे 1572 ष्णिह स्नेहने 1573 स्मिट अनादरे 1574 शिलष श्लेषणे 1575 पथि गतौ 1576 पिच्छ कुट्टने 1577 छदि संवरणे 1578 श्रण दाने 1579 तड आघाते 1580 खड 1581 खडि 1582 कडि भेदने 1583 कुडि रक्षणे 1584 गुडि वेष्टने 1585 खुडि खण्डने 1586 वटि विभाजने 1587 मडि भूषायां हर्षे च 1588 भडि कल्याणे 1589 छर्द वमने 1590 पुस्त 1591 बुस्त आदरानादरयोः 1592 चुद सञ्चोदने 1593 नक्क 1594 धक्क नाशने 1595 चक्क 1596 चुक्क व्यथने 1597 क्षल शौचकर्मणि 1598 तल प्रतिष्ठायाम् 1599 तुल उन्माने 1600 दुल उत्क्षेपे 1601 पुल महत्त्वे 1602 चुल समुच्छ्राये 1603 मूल रोहणे 1604 कल 1605 विल क्षेपे 1606 बिल भेदने 1607 तिल स्नेहने 1608 चल भृतौ 1609 पाल रक्षणे 1610 लूष हिंसायाम् 1611 शुल्ब माने 1612 शूर्प च 1613 चुट छेदने 1614 मुट सञ्चूर्णने 1615 पडि 1616 पसि नाशने 1617 व्रज मार्ग-संस्कारगत्योः 1618 शुल्क अतिस्पर्शने 1619 चपि गत्याम् 1620 क्षपि क्षान्त्याम् 1621 छजि कृच्छ्रजीवने 1622 श्वर्त गत्याम् 1623 श्वभ्र च 1624 ज्ञप ज्ञानज्ञापनमारणतोषणनिशाननिशामनेषु 1625 यम च परिवेषणे 1626 चह परिकल्कने 1627 रह त्यागे 1628 बल प्राणने 1629 चिञ् चयने 1630 घट्ट चलने 1631 मुस्त सङ्घाते 1632 खट्ट संवरणे 1633 षट्ट 1634 स्फिट्ट 1635 चुबि हिंसायाम् 1636 पूल सङ्घाते 1637 पुंस अभिवर्धने 1638 टकि बन्धने 1639 धूस कान्तिकरणे 1640 कीट वर्णे 1641 चूर्ण सङ्कोचने 1642 पूज पूजायाम् 1643 अर्क स्तवने 1644 शुठ आलस्ये 1645 शुठि शोषणे 1646 जुड प्रेरणे 1647 गज 1648 मार्ज शब्दार्थौ 1649 मर्च च 1650 घृ प्रस्रवणे 1651 पचि विस्तारवचने 1652 तिज निशाने 1653 कृत संशब्दने 1654 वर्ध छेदनपूरणयोः 1655 कुबि आच्छादने 1656 लुबि 1657 तुबि अदर्शने 1658 ह्लप व्यक्तायां वाचि 1659 चुटि छेदने 1660 इल प्रेरणे 1661 म्रक्ष म्लेच्छने 1662 म्लेच्छ अव्यक्तायां वाचि 1663 ब्रूस 1664 बर्ह हिंसायाम् 1665 गुर्द पूर्वनिकेतने 1666 जसि रक्षणे 1667 ईड स्तुतौ 1668 जसु हिंसायाम् 1669 पिडि सङ्घाते 1670 रुष रोषे 1671 डिप क्षेपे 1672 ष्टुप समुच्छ्राये 1673 चित सञ्चेतने 1674 दशि दंशने 1675 दसि दर्शनदंशनयोः 1676 डप 1677 डिप सङ्घाते 1678 तत्रि कुटुम्बधारणे 1679 मत्रि गुप्तपरिभाषणे 1680 स्पश

ग्रहणसंश्लेषणयोः 1681 तर्ज 1682 भर्स तर्जने 1683 बस्त 1684 गन्ध अर्दने 1685 विष्क हिंसायाम् 1686 निष्क परिमाणे 1687 लल ईप्सायाम् 1688 कूण सङ्कोचे 1689 तूण पूरणे 1690 भ्रूण आशाविशङ्कयोः 1691 शठ श्लाघायाम् 1692 यक्ष पूजायाम् 1693 स्यम वितर्के 1694 गूर उद्यमने 1695 शम 1696 लक्ष आलोचने 1697 कुत्स अवक्षेपणे 1698 त्रुट छेदने 1699 गल स्रवणे 1700 भल आभण्डने 1701 कूट आप्रदाने 1702 कुट्ट प्रतापने 1703 वञ्चु प्रलम्भने 1704 वृष शक्तिबन्धने 1705 मद तृप्तियोगे 1706 दिवु परिकूजने 1707 गृ विज्ञाने 1708 विद चेतनाख्याननिवासेषु 1709 मान स्तम्भे 1710 यु जुगुप्सायाम् 1711 कुस्म नाम्नो वा 1712 चर्च अध्ययने 1713 बुक्क भाषणे 1714 शब्द उपसर्गादाविष्कारे च 1715 कण निमीलने 1716 जभि नाशने 1717 षूद क्षरणे 1718 जसु ताडने 1719 पश बन्धने 1720 अम रोगे 1721 चट 1722 स्फुट भेदने 1723 घट सङ्घाते 1724 दिवु मर्दने 1725 अर्ज प्रतियत्ने 1726 घुषिर् विशब्दने 1727 आङःक्रन्द सातत्ये 1728 लस शिल्पयोगे 1729 तसि 1730 भूष अलङ्करणे 1731 अर्ह पूजायाम् 1732 ज्ञा नियोगे 1733 भज विश्राणने 1734 शृधु प्रसहने 1735 यत निकारोपस्कारयोः 1736 रक 1737 लग आस्वादने 1738 अञ्चु विशेषणे 1739 लिगि चित्रीकरणे 1740 मुद संसर्गे 1741 त्रस धारणे 1742 उध्रस उञ्छे 1743 मुच प्रमोचने मोदने च 1744 वस स्नेहच्छेदापहरणेषु 1745 चर संशये 1746 च्यु सहने 1747 भुवोऽवकल्कने 1748 कृपेश्र 1749 ग्रस ग्रहणे 1750 पुष धारणे 1751 दल विदारणे 1752 पट 1753 पुट 1754 लुट 1755 तुजि 1756 मिजि 1757 पिजि 1758 लुजि 1759 भजि 1760 लघि 1761 त्रसि 1762 पिसि 1763 कुसि 1764 दशि 1765 कुशि 1766 घट 1767 घटि 1768 बृहि 1769 बर्ह 1770 बल्ह 1771 गुप 1772 धूप 1773 विच्छ 1774 चीव 1775 पुथ 1776 लोकृ 1777 लोचृ 1778 णद 1779 कुप 1780 तर्क 1781 वृतु 1782 वृधु भाषार्थाः 1783 रुट 1784 लजि 1785 अजि 1786 दसि 1787 भृशि 1788 रुशि 1789 शीक 1790 रुसि 1791 नट 1792 पुटि 1793 जि 1794 चि 1795 रघि 1796 लघि 1797 अहि 1798 रहि 1799 महि च 1800 लडि 1801 तड 1802 नल च 1803 पूरी आप्यायने 1804 रुज हिंसायाम् 1805 ष्वद आस्वादने 1806 युज 1807 पृच संयमने 1808 अर्च पूजायाम्

1809 षह मर्षणे  1810 ईर क्षेपे  1811 ली द्रवीकरणे  1812 वृजी वर्जने  1813 वृञ् आवरणे  1814 जॄ वयोहानौ  1815 ज्रि च  1816 रिच वियोजन-सम्पर्चनयोः  1817 शिष असर्वोपयोगे  1818 तप दाहे  1819 तृप तृप्तौ  1820 छृदी सन्दीपने  1821 दृभी भये  1822 दृभ सन्दर्भे  1823 श्रथ मोक्षणे  1824 मी गतौ  1825 ग्रन्थ बन्धने  1826 शीक आमर्षणे  1827 चीक च  1828 अर्द हिंसायाम्  1829 हिसि हिंसायाम्  1830 अर्ह पूजायाम्  1831 आङः षद पद्धर्थे  1832 शुन्ध शौचकर्मणि  1833 छद अपवारणे  1834 जुष परितर्कणे  1835 धूञ् कम्पने  1836 प्रीञ् तर्पणे  1837 श्रन्थ  1838 ग्रन्थ सन्दर्भे  1839 आपॢ लम्भने  1840 तनु श्रद्धोपकरणयोः  1841 वद सन्देशवचने  1842 वच परिभाषणे  1843 मान पूजायाम्  1844 भू प्राप्तौ  1845 गर्ह विनिन्दने  1846 मार्ग अन्वेषणे  1847 कठि शोके  1848 मृजू शौचालङ्करणयोः  1849 मृष तितिक्षायाम्  1850 धृष प्रसहने  1851 कथ वाक्यप्रबन्धे  1852 वर ईप्सायाम्  1853 गण सङ्ख्याने  1854 शठ  1855 श्वठ सम्यगवभाषणे  1856 पट  1857 वट ग्रन्थे  1858 रह त्यागे  1859 स्तन  1860 गदी देवशब्दे  1861 पत गतौ वा  1862 पष अनुपसर्गात्  1863 स्वर आक्षेपे  1864 रच प्रतियत्ने  1865 कल गतौ सङ्ख्याने च  1866 चह परिकल्कने  1867 मह पूजायाम्  1868 सार  1869 कृप  1870 श्रथ दौर्बल्ये  1871 स्पृह ईप्सायाम्  1872 भाम क्रोधे  1873 सूच पैशुन्ये  1874 खेट भक्षणे  1875 क्षोट क्षेपे  1876 गोम उपलेपने  1877 कुमार क्रीडायाम्  1878 शील उपधारणे  1879 साम सान्त्वप्रयोगे  1880 वेल कालोपदेशे  1881 पल्पूल लवनपवनयोः 1882 वात सुखसेवनयोः  1883 गवेष मार्गणे  1884 वास उपसेवायाम्  1885 निवास आच्छादने  1886 भाज पृथक्कर्मणि  1887 सभाज प्रीतिदर्शनयोः  1888 ऊन परिहाणे  1889 ध्वन शब्दे  1890 कूट परितापे ।  1891 सङ्केत  1892 ग्राम  1893 कुण  1894 गुण चामन्त्रणे  1895 केत श्रावणे निमन्त्रणे च  1896 कूण सङ्कोचनेऽपि  1897 स्तेन चौर्ये  1898 पद गतौ  1899 गृह ग्रहणे  1900 मृग अन्वेषणे  1901 कुह विस्मापने  1902 शूर  1903 वीर विक्रान्तौ  1904 स्थूल परिबृंहणे  1905 अर्थ उपयाच्ञायाम्  1906 सत्र सन्तान-क्रियायाम्  1907 गर्व माने  1908 सूत्र वेष्टने  1909 मूत्र प्रस्रवणे  1910 रूक्ष पारुष्ये  1911 पार  1912 तीर कर्मसमाप्तौ  1913 पुट संसर्गे  1914 धेक दर्शन इत्येके  1915 कत्र शैथिल्ये

1916 बष्क दर्शने  1917 चित्र चित्रीकरणे  1918 अंस समाघाते  1919 वट विभाजने  1920 लज प्रकाशने  1921 मिश्र सम्पर्के  1922 सङ्ग्राम युद्धे  1923 स्तोम श्लाघायाम्  1924 छिद्र कर्णभेदने  1925 अन्ध दृष्ट्युपघाते  1926 दण्ड दण्डनिपातने  1927 अङ्क पदे लक्षणे च  1928 अङ्ग च  1929 सुख  1930 दुःख तत्क्रियायाम्  1931 रस आस्वादनस्नेहनयोः  1932 व्यय वित्तसमुत्सर्गे  1933 रूप रूपक्रियायाम्  1934 छेद द्वैधीकरणे  1935 छद अपवारणे  1936 लाभ प्रेरणे  1937 व्रण गात्रविचूर्णने  1938 वर्ण वर्णक्रियाविस्तारगुणवचनेषु  1939 पर्ण हरितभावे  1940 विष्क दर्शने  1941 क्षिप प्रेरणे  1942 वस निवासे  1943 तुत्थ आवरणे ॥

------------समाप्तः-----------

Some Dhatus are listed in the Ganapatha book. The Ganapatha is a collection of stems that is an Appendix to the Ashtadhyayi. These stems are used as Dhatus, i.e. derived to make Verbs, and are also used as noun stems, i.e. declined to make Nouns.

3.1.27 कण्ड्वादिभ्यो यक् । This Ashtadhyayi Sutra points to the Ganapatha. It says that the Stems beginning with कण्डूञ् shall take the vikarana यक् ।

अथ कण्ड्वादिः ।

| Dhatu /Noun Stem | Meaning |
| --- | --- |
| कण्डूञ् | गात्रविघर्षणे । |
| मन्तु | अपराधे । |
| वल्गु | पूजामाधुर्ययोः । |
| असु (मनस्) | उपतापे । असु असूञ् इत्येके । |
| लेट् लोट् | धौर्त्ये पूर्वभावे स्वप्ने च । दीप्तावित्येके । लेला दीप्तौ इत्येके । |
| इरस् इरज् इरञ् | ईर्ष्यायाम् । |
| उषस् | प्रभातभावे । |
| वेद | धौर्त्ये स्वप्ने च । |
| मेधा | आशुग्रहणे । |
| कुषुभ (नमस्) | क्षेपे । |
| मगध | परिवेष्टने । नीचदास्य इत्यन्ये । |
| तन्तस् पम्पस् (पपस्) | दुःखे । |
| सुख दुःख | तत् क्रियायाम् । (भिक्ष चरम अवर) |
| सपर | पूजायाम् । |
| अरर (अरर्) | आराकर्मणि । |

| भिषज् | चिकित्सायाम् । |
|---|---|
| भिष्णज् | उपसेवायाम् । |
| इषुध | शरधारणे । |
| चरण (वरण) | गतौ । |
| चुरण | चौर्ये । |
| तुरण | त्वरायाम् । |
| भुरण | धारणपोषणयोः । |
| गद्द्रद | वाक्स्खलने । |
| एला केला खेला | विलासे । वेला शेला इला इत्यन्ये । |
| लेखा | स्खलने च । अदन्तोऽयमित्येके (लेख) । |
| लिट् | अल्पकुत्सनयोः । |
| लाट् | जीवने । |
| ह्रणीङ् | रोषणे लज्जायां च । |
| महीङ् | पूजायाम् । |
| रेखा | श्लाघासादनयोः । |
| द्रवस् | परितापपरिचरणयोः । |
| तिरस् | अन्तर्द्धौ । |
| अगद | नीरोगत्वे । |
| उरस् | बलार्थः । |
| तरण (तरिण) | गतौ । |
| पयस् | प्रसृतौ । |
| सम्भूयस् | प्रभूतभावे । |
| अम्बर सम्बर | सम्भरणे । |

आकृतिगणोऽयम् । इति कण्डवादिः ॥

| | | | | | | | |
|---|---|---|---|---|---|---|---|
| 2c | 1081 | चर्करीतं | _ | 2c | 1053 | श्रा | श्रा |
| 2c | 1060 | ख्या | ख्या | 1c | 928 | ष्ठा | स्था |
| 1c | 950 | गाङ् | गा | 2c | 1052 | ष्णा | स्ना |
| 3c | 1106 | गा | गा | 3c | 1089 | ओहाङ् | हा |
| 1c | 926 | घ्रा | घ्रा | 3c | 1090 | ओहाक् | हा |
| 1c | 811 | ज्ञा | ज्ञा | 2c | 1045 | इण् | इ |
| 9c | 1507 | ज्ञा | ज्ञा | 2c | 1046 | इङ् | इ |
| 10c | 1732 | ज्ञा | ज्ञा | 2c | 1047 | इक् | इ |
| 9c | 1499 | ज्या | ज्या | 3c | 1101 | कि | कि |
| 2c | 1073 | दरिद्रा | दरिद्रा | 1c | 236 | क्षि | क्षि |
| 1c | 930 | दाण् | दा | 5c | 1276 | क्षि | क्षि |
| 2c | 1059 | दाप् | दा | 6c | 1407 | क्षि | क्षि |
| 3c | 1091 | डुदाञ् | दा | 5c | 1251 | चिञ् | चि |
| 2c | 1054 | द्रा | द्रा | 10c | 1629 | चिञ् | चि |
| 3c | 1092 | डुधाञ् | धा | 10c | 1794 | चि | चि |
| 1c | 927 | ध्मा | ध्मा | 5c | 1277 | चिरि | चिरि |
| 1c | 925 | पा | पा | 1c | 561 | जि | जि |
| 2c | 1056 | पा | पा | 1c | 946 | जि | जि |
| 2c | 1061 | प्रा | प्रा | 10c | 1793 | जि | जि |
| 2c | 1055 | प्सा | प्सा | 5c | 1278 | जिरि | जिरि |
| 2c | 1051 | भा | भा | 1c | 947 | ज्रि | ज्रि |
| 2c | 1062 | मा | मा | 10c | 1815 | ज्रि | ज्रि |
| 3c | 1088 | माङ् | मा | 6c | 1406 | धि | धि |
| 4c | 1142 | माङ् | मा | 6c | 1405 | पि | पि |
| 1c | 929 | म्ना | म्ना | 5c | 1250 | डुमिञ् | मि |
| 2c | 1049 | या | या | 5c | 1275 | रि | रि |
| 2c | 1057 | रा | रा | 6c | 1404 | रि | रि |
| 2c | 1058 | ला | ला | 5c | 1249 | शिञ् | शि |
| 2c | 1050 | वा | वा | 1c | 897 | श्रिञ् | श्रि |
| 1c | 810 | श्रा | श्रा | 1c | 1010 | टुओश्वि | श्वि |

| 5c | 1248 | षिञ् | सि | 4c | 1140 | ब्रीङ् | ब्री |
|---|---|---|---|---|---|---|---|
| 9c | 1477 | षिञ् | सि | 9c | 1504 | त्री | त्री |
| 1c | 948 | ष्मिङ् | स्मि | 9c | 1502 | व्ली | व्ली |
| 5c | 1257 | हि | हि | 2c | 1032 | शीङ् | शी |
| 4c | 1143 | ईङ् | ई | 9c | 1475 | श्रीञ् | श्री |
| 9c | 1473 | डुक्रीञ् | क्री | 3c | 1085 | ह्री | ह्री |
| 9c | 1506 | क्षीष् | क्षी | 1c | 953 | उङ् | उ |
| 1c | 968 | डीङ् | डी | 2c | 1039 | ऊर्णुञ् | ऊर्णु |
| 4c | 1135 | डीङ् | डी | 1c | 951 | कुङ् | कु |
| 4c | 1134 | दीङ् | दी | 2c | 1042 | कु | कु |
| 2c | 1076 | दीधीङ् | दीधी | 6c | 1401 | कुङ् | कु |
| 4c | 1136 | धीङ् | धी | 2c | 1036 | टुक्षु | क्षु |
| 1c | 901 | णीञ् | नी | 2c | 1037 | क्ष्णु | क्ष्णु |
| 4c | 1141 | पीङ् | पी | 1c | 949 | गुङ् | गु |
| 4c | 1144 | प्रीङ् | प्री | 6c | 1399 | गु | गु |
| 9c | 1474 | प्रीञ् | प्री | 1c | 952 | घुङ् | घु |
| 10c | 1836 | प्रीञ् | प्री | 1c | 954 | ङुङ् | ङु |
| 9c | 1503 | प्ली | प्ली | 1c | 955 | च्युङ् | च्यु |
| 3c | 1084 | जिभी | भी | 10c | 1746 | च्यु | च्यु |
| 9c | 1505 | भ्री | भ्री | 1c | 956 | ज्युङ् | ज्यु |
| 4c | 1137 | मीङ् | मी | 1c | 944 | दु | दु |
| 9c | 1476 | मीञ् | मी | 5c | 1256 | टुदु | दु |
| 10c | 1824 | मी | मी | 2c | 1040 | द्यु | द्यु |
| 4c | 1138 | रीङ् | री | 1c | 945 | दु | दु |
| 9c | 1500 | री | री | 5c | 1255 | धुञ् | धु |
| 4c | 1139 | लीङ् | ली | 1c | 943 | ध्रु | ध्रु |
| 9c | 1501 | ली | ली | 6c | 1400 | ध्रु | ध्रु |
| 10c | 1811 | ली | ली | 2c | 1035 | ण | नु |
| 2c | 1048 | वी | वी | 1c | 957 | प्रुङ् | पु |
| 2c | 1077 | वेवीङ् | वेवी | 1c | 958 | प्लुङ् | प्लु |

| | | | | | | | |
|---|---|---|---|---|---|---|---|
| 2c | 1033 | यु | यु | 9c | 1483 | लूञ् | लू |
| 9c | 1479 | युञ् | यु | 2c | 1031 | षूङ् | सू |
| 10c | 1710 | यु | यु | 4c | 1132 | षूङ् | सू |
| 1c | 959 | रुङ् | रु | 6c | 1408 | षू | सू |
| 2c | 1034 | रु | रु | 1c | 936 | ऋ | ऋ |
| 1c | 942 | श्रु | श्रु | 3c | 1098 | ऋ | ऋ |
| 1c | 941 | षु | सु | 5c | 1253 | कृञ् | कृ |
| 2c | 1041 | षु | सु | 8c | 1472 | डुकृञ् | कृ |
| 5c | 1247 | षुञ् | सु | 1c | 937 | गृ | गृ |
| 9c | 1478 | स्कुञ् | स्कु | 10c | 1707 | गृ | गृ |
| 2c | 1038 | ष्णु | स्णु | 1c | 938 | घृ | घृ |
| 2c | 1043 | ष्टुञ् | स्तु | 3c | 1096 | घृ | घृ |
| 1c | 940 | स्तु | स्तु | 10c | 1650 | घृ | घृ |
| 3c | 1083 | हु | हु | 2c | 1072 | जागृ | जागृ |
| 2c | 1082 | ह्नुङ् | ह्नु | 5c | 1280 | दृ | दृ |
| 9c | 1480 | क्रूञ् | क्रू | 6c | 1411 | दृङ् | दृ |
| 4c | 1133 | दूङ् | दू | 1c | 900 | धृञ् | धृ |
| 9c | 1481 | द्रूञ् | द्रू | 1c | 960 | धृङ् | धृ |
| 5c |  | धूञ् | धू | 6c | 1412 | धृङ् | धृ |
| 6c | 1398 | धू | धू | 1c | 939 | ध्वृ | ध्वृ |
| 9c | 1487 | धूञ् | धू | 5c | 1258 | पृ | पृ |
| 10c | 1835 | धूञ् | धू | 6c | 1402 | पृङ् | पृ |
| 6c | 1397 | णू | नू | 1c | 898 | भृञ् | भृ |
| 1c | 966 | पूङ् | पू | 3c | 1087 | डुभृञ् | भृ |
| 9c | 1482 | पूञ् | पू | 6c | 1403 | मृङ् | मृ |
| 2c | 1044 | ब्रूञ् | ब्रू | 5c | 1254 | वृञ् | वृ |
| 1c | 1 | भू | भू | 9c | 1509 | वृङ् | वृ |
| 10c | 1747 | भू | भू | 10c | 1813 | वृञ् | वृ |
| 10c | 1844 | भू | भू | 1c | 935 | सृ | सृ |
| 1c | 967 | मूङ् | मू | 3c | 1099 | सृ | सृ |

| 5c | 1252 | स्तृज् | स्तृ | 9c | 1486 | वृज् | वृ |
| 5c | 1259 | स्पृ | स्पृ | 9c | 1490 | वृ | वृ |
| 1c | 807 | स्मृ | स्मृ | 9c | 1488 | शृ | शृ |
| 1c | 933 | स्मृ | स्मृ | 9c | 1484 | स्तृज् | स्तृ |
| 5c |  | स्मृ | स्मृ | 1c | 962 | देङ् | दे |
| 1c | 932 | स्वृ | स्वृ | 1c | 902 | धेट् | धे |
| 1c | 899 | हृज् | हृ | 1c | 961 | मेङ् | मे |
| 3c | 1097 | हृ | हृ | 1c | 1006 | वेञ् | वे |
| 1c | 931 | ह्वृ | ह्वृ | 1c | 1007 | ब्येञ् | ब्ये |
| 1c | 934 | ह्वृ | ह्वृ | 1c | 1008 | ह्वेञ् | ह्वे |
| 9c | 1497 | ॠ | ॠ | 1c | 916 | कै | कै |
| 6c | 1409 | कॄ | कॄ | 1c | 913 | क्षै | क्षै |
| 9c | 1485 | कॄज् | कॄ | 1c | 912 | खै | खै |
| 9c | 1496 | कॄ | कॄ | 1c | 917 | गै | गै |
| 6c | 1410 | गॄ | गॄ | 1c | 903 | ग्लै | ग्लै |
| 9c | 1498 | गॄ | गॄ | 1c | 914 | जै | जै |
| 4c | 1130 | जॄष् | जॄ | 1c | 965 | त्रैङ् | त्रै |
| 9c | 1494 | जॄ | जॄ | 1c | 924 | दैप् | दै |
| 10c | 1814 | जॄ | जॄ | 1c | 905 | द्यै | द्यै |
| 4c | 1131 | झॄष् | झॄ | 1c | 906 | द्रै | द्रै |
| 1c | 969 | तॄ | तॄ | 1c | 908 | ध्यै | ध्यै |
| 1c | 808 | दॄ | दॄ | 1c | 907 | धै | धै |
| 9c | 1493 | दॄ | दॄ | 1c | 920 | पै | पै |
| 1c | 809 | नॄ | नॄ | 1c | 964 | प्यैङ् | प्यै |
| 9c | 1495 | नॄ | नॄ | 1c | 904 | म्लै | म्लै |
| 3c | 1086 | पॄ | पॄ | 1c | 909 | रै | रै |
| 9c | 1489 | पॄ | पॄ | 1c | 921 | ओवै | वै |
| 10c | 1548 | पॄ | पॄ | 1c | 918 | शै | शै |
| 9c | 1491 | भॄ | भॄ | 1c | 963 | श्यैङ् | श्यै |
| 9c | 1492 | मॄ | मॄ | 1c | 919 | श्रै | श्रै |

| 1c | 915 | पै | सै | 1c | 97 | त्रकि | त्रङ्क् |
| 1c | 922 | ष्टै | स्तै | 1c | 99 | त्रौकृ | त्रौक् |
| 1c | 910 | स्त्यै | स्त्यै | 1c | 78 | द्रेकृ | द्रेक् |
| 1c | 911 | ष्ट्यै | स्त्यै | 10c | 1594 | धक्क् | धक्क् |
| 1c | 923 | ष्णै | स्नै | 1c | 79 | ध्रेकृ | ध्रेक् |
| 4c | 1146 | छो | छो | 10c | 1593 | नक्क् | नक्क् |
| 4c | 1148 | दो | दो | 10c | 1686 | निष्क | निष्क् |
| 4c | 1145 | शो | शो | 1c | 116 | फक्क् | फक्क् |
| 4c | 1147 | षो | सो | 1c | 119 | बुक्क् | बुक्क् |
| 1c | 792 | अक | अक् | 10c | 1713 | बुक्क | बुक्क् |
| 1c | 87 | अकि | अङ्क् | 1c | 89 | मकि | मङ्क् |
| 10c | 1643 | अर्क | अर्क् | 1c | 102 | मस्क | मस्क् |
| 1c | 90 | कक | कक् | 10c | 1736 | रक | रक् |
| 1c | 94 | ककि | कङ्क् | 1c | 80 | रेकृ | रेक् |
| 1c | 91 | कुक | कुक् | 1c | 76 | लोकृ | लोक् |
| 1c | 93 | चक | चक् | 10c | 1776 | लोकृ | लोक् |
| 1c | 783 | चक | चक् | 1c | 88 | वकि | वङ्क् |
| 10c | 1595 | चक्क | चक्क् | 1c | 95 | वकि | वङ्क् |
| 10c | 1827 | चीक | चीक् | 10c | 1571 | वल्क | वल्क् |
| 10c | 1596 | चुक्क | चुक्क् | 1c | 101 | वस्क | वस्क् |
| 10c | 1638 | टकि | टङ्क् | 10c | 1685 | विष्क | विष्क् |
| 1c | 103 | टिकृ | टिक् | 1c | 92 | वृक | वृक् |
| 1c | 104 | टीकृ | टीक् | 4c | 1187 | शक | शक् |
| 1c | 98 | ढौकृ | ढौक् | 5c | 1261 | शक्कृ | शक् |
| 1c | 117 | तक | तक् | 1c | 86 | शकि | शङ्क् |
| 1c | 118 | तकि | तङ्क् | 1c | 75 | शीकृ | शीक् |
| 10c | 1780 | तर्क | तर्क् | 10c | 1789 | शीक | शीक् |
| 1c | 105 | तिकृ | तिक् | 10c | 1826 | शीक | शीक् |
| 5c | 1266 | तिक | तिक् | 10c | 1618 | शुल्क | शुल्क् |
| 1c | 106 | तीकृ | तीक् | 1c | 84 | श्रकि | श्रङ्क् |

| 1c | 85 | श्रकि | श्रङ्क् | 1c | 122 | राखृ | राख् |
| 1c | 77 | श्रोकृ | श्रोक् | 1c | 138 | लख | लख् |
| 1c | 96 | श्वकि | श्वङ्क् | 1c | 139 | लखि | लङ्ख् |
| 10c | 1570 | श्वल्क | श्वल्क् | 1c | 123 | लाखृ | लाख् |
| 1c | 100 | ष्वष्क | ष्वष्क् | 6c | 1365 | लिख | लिख् |
| 1c | 81 | सेकृ | सेक् | 1c | 130 | वख | वख् |
| 1c | 782 | ष्टक | स्तक् | 1c | 131 | वखि | वङ्ख् |
| 1c | 83 | स्रकि | स्रङ्क् | 1c | 126 | शाखृ | शाख् |
| 1c | 82 | स्रेकृ | स्रेक् | 1c | 127 | श्लाखृ | श्लाख् |
| 1c | 861 | हिक्कि | हिक्क् | 10c | 1930 | दुःख | दुःख् |
| 10c | 1927 | अङ्क | अङ्क् | 10c | 1929 | सुख | सुख् |
| 10c | 1914 | धेक | धेक् | 1c | 793 | अग | अग् |
| 10c | 1916 | बष्क | बष्क् | 1c | 146 | अगि | अङ्ग् |
| 10c | 1940 | विष्क | विष्क् | 1c | 153 | इगि | इङ्ग् |
| 1c | 140 | इख | इख् | 1c | 791 | कगे | कग् |
| 1c | 141 | इखि | इङ्ख् | 1c | 157 | जुगि | जुङ्ग् |
| 1c | 142 | ईखि | ईङ्ख् | 1c | 149 | तगि | तङ्ग् |
| 1c | 128 | उख | उख् | 5c | 1267 | तिग | तिग् |
| 1c | 129 | उखि | उङ्ख् | 1c | 150 | त्वगि | त्वङ्ग् |
| 1c | 121 | ओखृ | ओख् | 1c | 158 | बुगि | बुङ्ग् |
| 1c | 120 | कख | कख् | 1c | 148 | मगि | मङ्ग् |
| 1c | 784 | कखे | कख् | 10c | 1846 | मार्ग | मार्ग् |
| 1c | 124 | द्राखृ | द्राख् | 1c | 156 | युगि | युङ्ग् |
| 1c | 125 | ध्राखृ | ध्राख् | 1c | 785 | रगे | रग् |
| 1c | 134 | णख | नख् | 1c | 144 | रगि | रङ्ग् |
| 1c | 135 | णखि | नङ्ख् | 1c | 154 | रिगि | रिङ्ग् |
| 1c | 132 | मख | मख् | 1c | 786 | लगे | लग् |
| 1c | 133 | मखि | मङ्ख् | 10c | 1737 | लग | लग् |
| 1c | 136 | रख | रख् | 1c | 145 | लगि | लङ्ग् |
| 1c | 137 | रखि | रङ्ख् | 1c | 155 | लिगि | लिङ्ग् |

| | | | | | | | |
|---|---|---|---|---|---|---|---|
| 10c | 1739 | लिगि | लिङ्ग् | 1c | 862 | अञ्चु | अञ्च् |
| 1c | 147 | वगि | वङ्ग् | 10c | 1738 | अञ्चु | अञ्च् |
| 1c | 143 | वल्ग | वल्ग् | 1c | 204 | अर्च | अर्च् |
| 1c | 151 | श्रगि | श्रङ्ग् | 10c | 1808 | अर्च | अर्च् |
| 1c | 152 | श्लगि | श्लङ्ग् | 4c | 1223 | उच | उच् |
| 1c | 789 | षगे | सग् | 6c | 1302 | ऋच | ऋच् |
| 1c | 790 | ष्टगे | स्तग् | 1c | 168 | कच | कच् |
| 1c | 787 | ह्गे | ह्ग् | 1c | 169 | कचि | कञ्च् |
| 1c | 788 | ह्लगे | ह्लग् | 1c | 170 | काचि | काञ्च् |
| 10c | 1928 | अङ्ग | अङ्ग् | 1c | 184 | कुच | कुच् |
| 10c | 1900 | मृग | मृग् | 1c | 857 | कुच | कुच् |
| 1c | 109 | अघि | अङ्घ् | 6c | 1368 | कुच | कुच् |
| 1c | 159 | घघ | घघ् | 1c | 185 | कुञ्च | कुञ्च् |
| 5c | 1273 | दघ | दघ् | 1c | 186 | कुञ्च | कुञ्च् |
| 1c | 114 | द्राघृ | द्राघ् | 9c | 1531 | खच | खच् |
| 1c | 111 | मघि | मङ्घ् | 1c | 197 | ग्रुचु | ग्रुच् |
| 1c | 160 | मघि | मङ्घ् | 1c | 198 | ग्लुचु | ग्लुच् |
| 1c | 107 | रघि | रङ्घ् | 1c | 201 | ग्लुञ्चु | ग्लुञ्च् |
| 10c | 1795 | रघि | रङ्घ् | 1c | 190 | चञ्चु | चञ्च् |
| 1c | 112 | राघृ | राघ् | 1c | 717 | चर्च | चर्च् |
| 10c | 1760 | लघि | लङ्घ् | 6c | 1299 | चर्च | चर्च् |
| 10c | 1796 | लघि | लङ्घ् | 10c | 1712 | चर्च | चर्च् |
| 1c | 108 | लघि | लन्घ् | 1c | 191 | तञ्चु | तञ्च् |
| 1c | 113 | लाघृ | लाघ् | 7c | 1459 | तञ्चू | तञ्च् |
| 1c | 110 | वघि | वङ्घ् | 6c | 1301 | त्वच | त्वच् |
| 1c | 161 | शिघि | शिङ्घ् | 1c | 192 | त्वञ्चु | त्वञ्च् |
| 1c | 115 | श्लाघृ | श्लाघ् | 1c | 996 | डुपचष् | पच् |
| 5c | 1268 | षघ | सघ् | 1c | 174 | पचि | पञ्च् |
| 5c | 1265 | ष्टिघ | स्तिघ् | 10c | 1651 | पचि | पञ्च् |
| 1c | 188 | अञ्चु | अञ्च् | 2c | 1030 | पृची | पृच् |

| | | | |
|---|---|---|---|
| 7c | 1462 | पृची | पृच् |
| 10c | 1807 | पृच | पृच् |
| 1c | 171 | मच | मच् |
| 1c | 173 | मचि | मञ्च् |
| 10c | 1649 | मर्च | मर्च् |
| 6c | 1430 | मुच्चृ | मुच् |
| 10c | 1743 | मुच | मुच् |
| 1c | 172 | मुचि | मुञ्च् |
| 1c | 195 | म्रुचु | म्रुच् |
| 1c | 193 | म्रुञ्चु | म्रुञ्च् |
| 1c | 196 | म्लुचु | म्लुच् |
| 1c | 194 | म्लुञ्चु | म्लुञ्च् |
| 1c | 863 | टुयाचृ | याच् |
| 7c | 1441 | रिचिर् | रिच् |
| 10c | 1816 | रिच | रिच् |
| 1c | 745 | रुच | रुच् |
| 1c | 187 | लुञ्च | लुञ्च् |
| 1c | 164 | लोचृ | लोच् |
| 10c | 1777 | लोचृ | लोच् |
| 2c | 1063 | वच | वच् |
| 10c | 1842 | वच | वच् |
| 1c | 189 | वञ्चु | वञ्च् |
| 10c | 1703 | वञ्चु | वञ्च् |
| 1c | 162 | वर्च | वर्च् |
| 7c | 1442 | विचिर् | विच् |
| 6c | 1293 | व्यच | व्यच् |
| 6c | 1292 | ओव्रश्चू | व्रश्च् |
| 1c | 165 | शच | शच् |
| 1c | 183 | शुच | शुच् |
| 4c | 1165 | ईशुचिर् | शुच् |
| 1c | 166 | श्वच | श्वच् |
| 1c | 167 | श्वचि | श्वञ्च् |
| 1c | 163 | षच | सच् |
| 1c | 997 | षच | सच् |
| 6c | 1434 | षिच | सिच् |
| 1c | 175 | ष्टुच | स्तुच् |
| 10c | 1864 | रच | रच् |
| 10c | 1873 | सूच | सूच् |
| 1c | 209 | आछि | आञ्छ् |
| 1c | 216 | उछ्री | उच्छ् |
| 6c | 1295 | उछ्री | उच्छ् |
| 1c | 215 | उछि | उञ्छ् |
| 6c | 1294 | उछि | उञ्छ् |
| 6c | 1296 | ऋच्छ | ऋच्छ् |
| 10c | 1576 | पिच्छ | पिच्छ् |
| 6c | 1413 | प्रच्छ | प्रच्छ् |
| 6c | 1297 | मिच्छ | मिच्छ् |
| 1c | 212 | मुच्छी | मुर्च्छ् |
| 1c | 205 | म्लेच्छ | म्लेच्छ् |
| 10c | 1662 | म्लेच्छ | म्लेच्छ् |
| 1c | 214 | युच्छ | युच्छ् |
| 1c | 206 | लछ | लच्छ् |
| 1c | 207 | लाछि | लाञ्छ् |
| 1c | 208 | वाछि | वाञ्छ् |
| 6c | 1423 | विच्छ | विच्छ् |
| 10c | 1773 | विच्छ | विच्छ् |
| 1c | 213 | स्फुच्छी | स्फुर्च्छ् |
| 1c | 211 | हुच्छी | हुर्च्छ् |
| 1c | 210 | ह्रीछ | ह्रीच्छ् |
| 1c | 230 | अज | अज् |

| 7c | 1458 | अञ्जू | अञ्ज् | 1c | 243 | जजि | जञ्ज् |
| 10c | 1785 | अजि | अञ्ज् | 1c | 716 | जर्ज | जर्ज् |
| 1c | 224 | अर्ज | अर्ज् | 6c | 1298 | जर्ज | जर्ज् |
| 10c | 1725 | अर्ज | अर्ज् | 1c | 227 | तर्ज | तर्ज् |
| 1c | 182 | ईज | ईज् | 10c | 1681 | तर्ज | तर्ज् |
| 6c | 1303 | उब्ज | उब्ज् | 1c | 971 | तिज | तिज् |
| 10c | 1549 | ऊर्ज | ऊर्ज् | 10c | 1652 | तिज | तिज् |
| 1c | 176 | ऋज | ऋज् | 1c | 244 | तुज | तुज् |
| 1c | 177 | ऋजि | ऋञ्ज् | 1c | 245 | तुजि | तुञ्ज् |
| 1c | 179 | एजृ | एज् | 10c | 1566 | तुजि | तुञ्ज् |
| 1c | 234 | एजृ | एज् | 10c | 1755 | तुजि | तुञ्ज् |
| 1c | 228 | कर्ज | कर्ज् | 1c | 231 | तेज | तेज् |
| 1c | 199 | कुजु | कुज् | 1c | 986 | त्यज | त्यज् |
| 1c | 223 | कूज | कूज् | 1c | 219 | धृज | धृज् |
| 1c | 769 | क्षजि | क्षञ्ज् | 1c | 220 | धृजि | धृञ्ज् |
| 1c | 237 | क्षीज | क्षीज् | 1c | 217 | ध्रज | ध्रज् |
| 1c | 232 | खज | खज् | 1c | 218 | ध्रजि | ध्रञ्ज् |
| 1c | 233 | खजि | खञ्ज् | 1c | 221 | ध्वज | ध्वज् |
| 1c | 229 | खर्ज | खर्ज् | 1c | 222 | ध्वजि | ध्वञ्ज् |
| 1c | 200 | खुजु | खुज् | 3c | 1093 | णिजिर् | निज् |
| 1c | 246 | गज | गज् | 2c | 1026 | णिजि | निञ्ज् |
| 10c | 1647 | गज | गज् | 2c | 1028 | पिजि | पिञ्ज् |
| 1c | 247 | गजि | गञ्ज् | 10c | 1567 | पिजि | पिञ्ज् |
| 1c | 226 | गर्ज | गर्ज् | 10c | 1757 | पिजि | पिञ्ज् |
| 6c | 1369 | गुज | गुज् | 10c | 1642 | पूज | पूज् |
| 1c | 203 | गुजि | गुञ्ज् | 1c | 998 | भज | भज् |
| 1c | 248 | गृज | गृज् | 10c | 1733 | भज | भज् |
| 1c | 249 | गृजि | गृञ्ज् | 7c | 1453 | भञ्जो | भञ्ज् |
| 10c | 1621 | छजि | छञ्ज् | 10c | 1759 | भजि | भञ्ज् |
| 1c | 242 | जज | जज् | 6c | 1417 | भुजो | भुज् |

| | | | | | | | |
|---|---|---|---|---|---|---|---|
| 7c | 1454 | भुज | भुज् | 1c | 252 | वज | वज् |
| 1c | 178 | भृजी | भृज् | 3c | 1094 | विजिर् | विज् |
| 6c | 1284 | भ्रस्ज | भ्रस्ज् | 6c | 1289 | ओविजी | विज् |
| 1c | 181 | भ्राजृ | भ्राज् | 7c | 1460 | ओविजी | विज् |
| 1c | 823 | टुभ्राजृ | भ्राज् | 2c | 1029 | वृजी | वृज् |
| 1c | 180 | भ्रेजृ | भ्रेज् | 7c | 1461 | वृजी | वृज् |
| 6c | 1415 | टुमस्जो | मस्ज् | 10c | 1812 | वृजी | वृज् |
| 10c | 1648 | मार्ज | मार्ज् | 1c | 253 | व्रज | व्रज् |
| 10c | 1756 | मिजि | मिञ्ज् | 10c | 1617 | व्रज | व्रज् |
| 1c | 250 | मुज | मुज् | 2c | 1027 | शिजि | शिञ्ज् |
| 1c | 251 | मुजि | मुञ्ज् | 1c | 987 | षञ्ज | सञ्ज् |
| 2c | 1066 | मृजू | मृज् | 1c | 225 | षर्ज | सर्ज् |
| 10c | 1848 | मृजू | मृज् | 1c | 202 | षस्ज | सस्ज् |
| 1c | 1002 | यज | यज् | 4c | 1178 | सृज | सृज् |
| 4c | 1177 | युज | युज् | 6c | 1414 | सृज | सृज् |
| 7c | 1444 | युजिर् | युज् | 1c | 235 | टुओस्फूर्जा | स्फूर्ज् |
| 10c | 1806 | युज | युज् | 1c | 976 | ष्वञ्ज | स्वञ्ज् |
| 1c | 999 | रञ्ज | रञ्ज् | 10c | 1886 | भाज | भाज् |
| 4c | 1167 | रञ्ज | रञ्ज् | 10c | 1920 | लज | लज् |
| 1c | 822 | राजृ | राज् | 10c | 1887 | सभाज | सभाज् |
| 6c | 1416 | रुजो | रुज् | 6c | 1304 | उज्झ | उज्झ् |
| 10c | 1804 | रुज | रुज् | 1c | 718 | झर्झ | झर्झ् |
| 1c | 238 | लज | लज् | 6c | 1300 | झर्झ | झर्झ् |
| 6c | 1290 | ओलजी | लज् | 1c | 295 | अट | अट् |
| 1c | 239 | लजि | लञ्ज् | 1c | 254 | अट्ट | अट्ट् |
| 10c | 1784 | लजि | लञ्ज् | 10c | 1561 | अट्ट | अट्ट् |
| 6c | 1291 | ओलस्जी | लस्ज् | 1c | 318 | इट | इट् |
| 1c | 240 | लाज | लाज् | 1c | 294 | कटे | कट् |
| 1c | 241 | लाजि | लाञ्ज् | 1c | 320 | कटी | कट् |
| 10c | 1758 | लुजि | लुञ्ज् | 1c | 301 | किट | किट् |

| 1c | 319 | किट | किट् | 6c | 1375 | त्रुट | त्रुड् |
| 10c | 1640 | कीट | कीट् | 10c | 1698 | त्रुट | त्रुड् |
| 6c | 1366 | कुट | कुट् | 1c | 310 | णट | नट् |
| 10c | 1558 | कुट्ट | कुट्ट् | 1c | 781 | णट | नट् |
| 10c | 1702 | कुट्ट | कुट्ट् | 10c | 1545 | नट | नट् |
| 10c | 1701 | कूट | कूट् | 10c | 1791 | नट | नट् |
| 1c | 309 | खट | खट् | 1c | 296 | पट | पट् |
| 10c | 1632 | खट्ट | खट्ट् | 10c | 1752 | पट | पट् |
| 1c | 302 | खिट | खिट् | 1c | 311 | पिट | पिट् |
| 1c | 257 | गोष्ट | गोष्ट् | 6c | 1367 | पुट | पुट् |
| 1c | 763 | घट | घट् | 10c | 1753 | पुट | पुट् |
| 10c | 1723 | घट | घट् | 10c | 1559 | पुट्ट | पुट्ट् |
| 10c | 1766 | घट | घट् | 10c | 1792 | पुटि | पुण्ट् |
| 1c | 259 | घट्ट | घट्ट् | 1c | 317 | बिट | बिट् |
| 10c | 1630 | घट्ट | घट्ट् | 1c | 307 | भट | भट् |
| 10c | 1767 | घटि | घण्ट् | 1c | 780 | भट | भट् |
| 1c | 746 | घुट | घुट् | 6c | 1374 | मुट | मुट् |
| 6c | 1385 | घुट | घुट् | 10c | 1614 | मुट | मुट् |
| 10c | 1721 | चट | चट् | 1c | 292 | म्लेट् | म्लेट् |
| 1c | 315 | चिट | चिट् | 1c | 291 | यौट् | यौट् |
| 6c | 1377 | चुट | चुट् | 1c | 297 | रट | रट् |
| 10c | 1613 | चुट | चुट् | 1c | 334 | रट | रट् |
| 10c | 1560 | चुट्ट | चुट्ट् | 1c | 747 | रुट | रुट् |
| 10c | 1659 | चुटि | चुण्ट् | 10c | 1783 | रुट | रुट् |
| 1c | 256 | चेष्ट | चेष्ट् | 1c | 327 | रुटि | रुण्ट् |
| 6c | 1378 | छुट | छुट् | 1c | 864 | रेट् | रेट् |
| 1c | 305 | जट | जट् | 1c | 298 | लट | लट् |
| 1c | 306 | झट | झट् | 1c | 314 | लुट | लुट् |
| 1c | 308 | तट | तट् | 1c | 748 | लुट | लुट् |
| 6c | 1376 | तुट | तुट् | 4c | 1222 | लुट | लुट् |

| | | | | | | | |
|---|---|---|---|---|---|---|---|
| 6c | 1381 | लुट | लुट् | 10c | 1919 | वट | वट् |
| 10c | 1754 | लुट | लुट् | 1c | 261 | अठि | अण्ठ् |
| 1c | 328 | लुटि | लुण्ट् | 1c | 338 | उठ | उठ् |
| 1c | 258 | लोष्ट | लोष्ट् | 1c | 267 | एठ | एठ् |
| 1c | 300 | वट | वट् | 1c | 333 | कठ | कठ् |
| 1c | 779 | वट | वट् | 1c | 264 | कठि | कण्ठ् |
| 10c | 1586 | वटि | वण्ट् | 10c | 1847 | कठि | कण्ठ् |
| 1c | 316 | विट | विट् | 1c | 342 | कुठि | कुण्ठ् |
| 1c | 255 | वेष्ट | वेष्ट् | 1c | 330 | पठ | पठ् |
| 1c | 299 | शट | शट् | 1c | 339 | पिठ | पिठ् |
| 1c | 303 | शिट | शिट् | 1c | 332 | मठ | मठ् |
| 1c | 290 | शौटृ | शौट् | 1c | 263 | मठि | मण्ठ् |
| 1c | 313 | षट | सट् | 1c | 265 | मुठि | मुण्ठ् |
| 10c | 1633 | षट्ट | सट्ट् | 1c | 336 | रुठ | रुठ् |
| 1c | 304 | षिट | सिट् | 1c | 345 | रुठि | रुण्ठ् |
| 10c | 1562 | षुट्ट | सुट्ट् | 1c | 337 | लुठ | लुठ् |
| 10c | 1634 | स्फिट्ट | स्फिट्ट् | 1c | 749 | लुठ | लुठ् |
| 1c | 260 | स्फुट | स्फुट् | 1c | 343 | लुठि | लुण्ठ् |
| 1c | 329 | स्फुटिर् | स्फुट् | 1c | 346 | लुठि | लुण्ठ् |
| 6c | 1373 | स्फुट | स्फुट् | 10c | 1563 | लुण्ठ | लुण्ठ् |
| 10c | 1722 | स्फुट | स्फुट् | 1c | 331 | वठ | वठ् |
| 10c | 1573 | स्मिट | स्मिट् | 1c | 262 | वठि | वण्ठ् |
| 1c | 312 | हट | हट् | 1c | 340 | शठ | शठ् |
| 10c | 1890 | कूट | कूट् | 10c | 1564 | शठ | शठ् |
| 10c | 1896 | कूट | कूट् | 10c | 1691 | शठ | शठ् |
| 10c | 1875 | क्षोट | क्षोट् | 1c | 341 | शुठ | शुठ् |
| 10c | 1874 | खेट | खेट् | 10c | 1644 | शुठ | शुठ् |
| 10c | 1856 | पट | पट् | 1c | 344 | शुठि | शुण्ठ् |
| 10c | 1913 | पुट | पुट् | 10c | 1645 | शुठि | शुण्ठ् |
| 10c | 1857 | वट | वट् | 10c | 1565 | श्वठ | श्वठ् |

| 1c | 335 | हठ | हठ् | 6c | 1370 | गुड | गुड् |
|---|---|---|---|---|---|---|---|
| 9c | 1532 | हिठ | हिठ् | 10c | 1584 | गुडि | गुण्ड् |
| 1c | 266 | हेठ | हेठ् | 1c | 278 | चडि | चण्ड् |
| 9c | 1532 | हेठ | हेठ् | 6c | 1392 | चुड | चुड् |
| 10c | 1854 | शठ | शठ् | 1c | 347 | चुड्डु | चुड्ड् |
| 10c | 1855 | श्वठ | श्वठ् | 1c | 325 | चुडि | चुण्ड् |
| 1c | 358 | अड | अड् | 6c | 1326 | जुड | जुड् |
| 1c | 348 | अड्डु | अड्ड् | 6c | 1379 | जुड | जुड् |
| 2c | 1019 | ईड | ईड् | 10c | 1646 | जुड | जुड् |
| 10c | 1667 | ईड | ईड् | 10c | 1579 | तड | तड् |
| 10c | 1542 | ओलडि | ओलण्ड् | 10c | 1801 | तड | तड् |
| 1c | 360 | कड | कड् | 1c | 280 | तडि | तण्ड् |
| 6c | 1380 | कड | कड् | 1c | 351 | तुड्र | तुड् |
| 1c | 349 | कड्डु | कड्ड् | 6c | 1386 | तुड | तुड् |
| 1c | 282 | कडि | कण्ड् | 1c | 276 | तुडि | तुण्ड् |
| 10c | 1582 | कडि | कण्ड् | 6c | 1387 | थुड | थुड् |
| 6c | 1383 | कुड | कुड् | 1c | 287 | द्राड्र | द्राड् |
| 1c | 270 | कुडि | कुण्ड् | 1c | 288 | ध्राड्र | ध्राड् |
| 1c | 322 | कुडि | कुण्ड् | 1c | 281 | पडि | पण्ड् |
| 10c | 1583 | कुडि | कुण्ड् | 10c | 1615 | पडि | पण्ड् |
| 6c | 1382 | कृड | कृड् | 1c | 274 | पिडि | पिण्ड् |
| 1c | 350 | क्रीड्र | क्रीड् | 10c | 1669 | पिडि | पिण्ड् |
| 6c | 1394 | क्रुड | क्रुड् | 10c | 1544 | पीड | पीड् |
| 10c | 1580 | खड | खड् | 6c | 1384 | पुड | पुड् |
| 1c | 283 | खडि | खण्ड् | 6c | 1328 | पृड | पृड् |
| 10c | 1581 | खडि | खण्ड् | 1c | 324 | प्रुड | प्रुड् |
| 10c | 1585 | खुडि | खुण्ड् | 1c | 286 | बाड्र | बाड् |
| 1c | 777 | गड | गड् | 1c | 273 | भडि | भण्ड् |
| 1c | 65 | गडि | गण्ड् | 10c | 1588 | भडि | भण्ड् |
| 1c | 361 | गडि | गण्ड् | 6c | 1395 | भृड | भृड् |

| | | | | | | | |
|---|---|---|---|---|---|---|---|
| 1c | 272 | मडि | मण्ड् | 1c | 778 | हेड | हेड् |
| 1c | 321 | मडि | मण्ड् | 1c | 285 | होड्ढ | होड् |
| 10c | 1587 | मडि | मण्ड् | 1c | 354 | होड्ढ | होड् |
| 1c | 323 | मुड | मुड् | 10c | 1926 | दण्ड | दण्ड् |
| 1c | 275 | मुडि | मुण्ड् | 1c | 444 | अण | अण् |
| 1c | 326 | मुडि | मुण्ड् | 4c | 1175 | अण | अण् |
| 6c | 1327 | मृड | मृड् | 8c | 1467 | ऋणु | ऋण् |
| 9c | 1516 | मृड | मृड् | 1c | 454 | ओनृ | ओण् |
| 1c | 293 | म्रेड्ढ | म्रेड् | 1c | 449 | कण | कण् |
| 1c | 356 | रोड्ढ | रोड् | 1c | 794 | कण | कण् |
| 1c | 355 | रौड्ढ | रौड् | 10c | 1715 | कण | कण् |
| 1c | 359 | लड | लड् | 6c | 1335 | कुण | कुण् |
| 1c | 814 | लडि: | लड् | 10c | 1688 | कूण | कूण् |
| 10c | 1540 | लड | लड् | 1c | 450 | क्रण | क्रण् |
| 10c | 1800 | लडि | लण्ड् | 8c | 1465 | क्षणु | क्षण् |
| 1c | 357 | लोड्ढ | लोड् | 8c | 1466 | क्षिणु | क्षिण् |
| 1c | 271 | वडि | वण्ड् | 1c | 434 | चिणि | चिण्ण् |
| 4c | 1126 | त्रीड | त्रीड् | 1c | 437 | घुण | घुण् |
| 6c | 1393 | व्रुड | व्रुड् | 6c | 1338 | घुण | घुण् |
| 1c | 279 | शडि | शण्ड् | 1c | 435 | घुणि | घुण्ण् |
| 1c | 289 | शाड्ढ | शाड् | 1c | 438 | घूर्ण | घूर्ण् |
| 6c | 1388 | स्थुड | स्थुड् | 6c | 1339 | घूर्ण | घूर्ण् |
| 6c | 1391 | स्फुड | स्फुड् | 8c | 1469 | घृणु | घृण् |
| 10c | 1537 | स्फुडि | स्फुण्ड् | 1c | 436 | घृणि | घृण्ण् |
| 1c | 268 | हिडि | हिण्ड् | 1c | 796 | चण | चण् |
| 1c | 352 | हुड्ढ | हुड् | 10c | 1552 | चूर्ण | चूर्ण् |
| 1c | 269 | हुडि | हुण्ड् | 10c | 1641 | चूर्ण | चूर्ण् |
| 1c | 277 | हुडि | हुण्ड् | 6c | 1332 | तुण | तुण् |
| 1c | 353 | हूड्ढ | हूड् | 10c | 1689 | तूण | तूण् |
| 1c | 284 | हेड्ढ | हेड् | 8c | 1468 | तृणु | तृण् |

| | | | | | | | |
|---|---|---|---|---|---|---|---|
| 6c | 1337 | द्रुण | द्रुण् | 10c | 1894 | गुण | गुण् |
| 1c | 459 | ध्रण | ध्रण् | 10c | 1939 | पर्ण | पर्ण् |
| 1c | 453 | ध्वण | ध्वण् | 10c | 1938 | वर्ण | वर्ण् |
| 1c | 439 | पण | पण् | 10c | 1937 | व्रण | व्रण् |
| 6c | 1333 | पुण | पुण् | 1c | 38 | अत | अत् |
| 6c | 1329 | पृण | पृण् | 1c | 61 | अति | अन्त् |
| 1c | 458 | पैनृ | पैनृ | 1c | 993 | कित | कित् |
| 1c | 821 | फण | फण् | 6c | 1435 | कृती | कृत् |
| 1c | 447 | भण | भण् | 7c | 1447 | कृती | कृत् |
| 1c | 452 | भ्रण | भ्रण् | 10c | 1653 | कृत | कृत् |
| 10c | 1690 | भ्रूण | भ्रूण् | 1c | 865 | चते | चत् |
| 1c | 448 | मण | मण् | 1c | 39 | चिती | चित् |
| 6c | 1334 | मुण | मुण् | 10c | 1673 | चित | चित् |
| 6c | 1331 | मृण | मृण् | 10c | 1535 | चिति | चिन्त् |
| 1c | 445 | रण | रण् | 6c | 1324 | चृती | चृत् |
| 1c | 795 | रण | रण् | 1c | 40 | च्युतिर् | च्युत् |
| 1c | 446 | वण | वण् | 1c | 32 | जुतृ | जुत् |
| 10c | 1551 | वर्ण | वर्ण् | 1c | 741 | द्युत | द्युत् |
| 6c | 1330 | वृण | वृण् | 4c | 1116 | नृती | नृत् |
| 1c | 877 | वेणृ | वेण् | 1c | 845 | पतॄ | पत् |
| 1c | 451 | व्रण | व्रण् | 10c | 1590 | पुस्त | पुस्त् |
| 1c | 797 | शण | शण् | 10c | 1683 | बस्त | बस्त् |
| 1c | 455 | शोणृ | शोण् | 10c | 1591 | बुस्त | बुस्त् |
| 1c | 798 | श्रण | श्रण् | 10c | 1631 | मुस्त | मुस्त् |
| 10c | 1578 | श्रण | श्रण् | 1c | 30 | यती | यत् |
| 1c | 456 | श्रोणृ | श्रोण् | 10c | 1735 | यत | यत् |
| 1c | 457 | श्लोणृ | श्लोण् | 1c | 31 | युतृ | युत् |
| 1c | 464 | षण | सण् | 1c | 758 | वृतु | वृत् |
| 10c | 1893 | कुण | कुण् | 4c | 1160 | वृतु | वृत् |
| 10c | 1853 | गण | गण् | 10c | 1781 | वृतु | वृत् |

| | | | | | | | |
|---|---|---|---|---|---|---|---|
| 1c | 41 | श्र्युतिर् | श्र्युत् | 1c | 848 | मथे | मथ् |
| 10c | 1622 | श्वर्त | श्वर्त् | 1c | 42 | मन्थ | मन्थ् |
| 1c | 742 | श्वित्ता | श्वित् | 1c | 46 | मथि | मन्थ् |
| 2c | 1079 | षस्ति | संस्त् | 9c | 1511 | मन्थ | मन्थ् |
| 10c | 1895 | केत | केत् | 1c | 45 | लुथि | लुन्थ् |
| 10c | 1861 | पत | पत् | 1c | 33 | विथृ | विथ् |
| 10c | 1882 | वात | वात् | 1c | 34 | वेथृ | वेथ् |
| 10c | 1891 | सङ्केत | सङ्केत् | 1c | 764 | व्यथ | व्यथ् |
| 1c | 37 | कत्थ | कत्थ् | 1c | 799 | श्रथ | श्रथ् |
| 4c | 1118 | कुथ | कुथ् | 10c | 1546 | श्रथ | श्रथ् |
| 1c | 43 | कुथि | कुन्थ् | 10c | 1823 | श्रथ | श्रथ् |
| 9c | 1514 | कुन्थ | कुन्थ् | 1c | 35 | श्रथि | श्रन्थ् |
| 1c | 800 | क्रथ | क्रथ् | 9c | 1510 | श्रन्थ | श्रन्थ् |
| 1c | 801 | क्रथ | क्रथ् | 9c | 1512 | श्रन्थ | श्रन्थ् |
| 1c | 802 | क्लथ | क्लथ् | 10c | 1837 | श्रन्थ | श्रन्थ् |
| 1c | 846 | क्वथे | क्वथ् | 10c | 1905 | अर्थ | अर्थ् |
| 1c | 36 | ग्रथि | ग्रन्थ् | 10c | 1851 | कथ | कथ् |
| 9c | 1513 | ग्रन्थ | ग्रन्थ् | 10c | 1943 | तुत्थ | तुत्थ् |
| 10c | 1825 | ग्रन्थ | ग्रन्थ् | 10c | 1870 | श्रथ | श्रथ् |
| 10c | 1838 | ग्रन्थ | ग्रन्थ् | 2c | 1011 | अद | अद् |
| 1c | 6 | नाथृ | नाथ् | 1c | 62 | अदि | अन्द् |
| 1c | 847 | पथे | पथ् | 1c | 55 | अर्द | अर्द् |
| 10c | 1575 | पथि | पन्थ् | 10c | 1828 | अर्द | अर्द् |
| 4c | 1119 | पुथ | पुथ् | 10c | 1727 | आङ्ःक्रन्द | आक्रन्द् |
| 10c | 1775 | पुथ | पुथ् | 10c | 1831 | आङ्ःषद | आसद् |
| 1c | 44 | पुथि | पुन्थ् | 1c | 63 | इदि | इन्द् |
| 10c | 1554 | पृथ | पृथ् | 7c | 1457 | उन्दी | उन्द् |
| 1c | 765 | प्रथ | प्रथ् | 1c | 20 | उर्द | उर्द् |
| 10c | 1553 | प्रथ | प्रथ् | 1c | 70 | कदि | कन्द् |
| 1c | 867 | प्रोथृ | प्रोथ् | 1c | 772 | कदि | कन्द् |

| | | | | | | | |
|---|---|---|---|---|---|---|---|
| 1c | 59 | कर्द | कर्द् | 10c | 1589 | छर्द | छर्द् |
| 1c | 21 | कुर्द | कुर्द् | 7c | 1440 | छिदिर् | छिद् |
| 1c | 71 | क्रदि | क्रन्द् | 7c | 1445 | उच्छृदिर् | छृद् |
| 1c | 773 | क्रदि | क्रन्द् | 10c | 1820 | छृदी | छृद् |
| 1c | 72 | क्लदि | क्लन्द् | 1c | 58 | तर्द | तर्द् |
| 1c | 774 | क्लदि | क्लन्द् | 6c | 1281 | तुद | तुद् |
| 4c | 1242 | क्लिदू | क्लिद् | 7c | 1446 | उतृदिर् | तृद् |
| 1c | 15 | क्लिदि | क्लिन्द् | 1c | 69 | त्रदि | त्रन्द् |
| 1c | 73 | क्लिदि | क्लिन्द् | 1c | 17 | दद | दद् |
| 7c | 1443 | क्षुदिर् | क्षुद् | 1c | 54 | णद | नद् |
| 4c | 1244 | जिक्ष्विदा | क्ष्विद् | 10c | 1778 | णद | नद् |
| 1c | 50 | खद | खद् | 1c | 67 | टुनदि | नन्द् |
| 1c | 60 | खर्द | खर्द् | 1c | 56 | नर्द | नर्द् |
| 1c | 49 | खादृ | खाद् | 1c | 871 | णिदृ | निद् |
| 4c | 1170 | खिद | खिद् | 1c | 66 | णिदि | निन्द् |
| 6c | 1436 | खिद | खिद् | 6c | 1282 | णुद | नुद् |
| 7c | 1449 | खिद | खिद् | 6c | 1426 | णुद | नुद् |
| 1c | 22 | खुर्द | खुर्द् | 1c | 872 | णेदृ | नेद् |
| 1c | 52 | गद | गद् | 4c | 1169 | पद | पद् |
| 10c | 1860 | गदी | गद् | 1c | 29 | पर्द | पर्द् |
| 1c | 57 | गर्द | गर्द् | 1c | 51 | बद | बद् |
| 1c | 24 | गुद | गुद् | 1c | 64 | बिदि | बिन्द् |
| 1c | 23 | गुर्द | गुर्द् | 1c | 876 | उबुन्दिर् | बुन्द् |
| 10c | 1665 | गुर्द | गुर्द् | 1c | 12 | भदि | भन्द् |
| 1c | 866 | चदे | चद् | 7c | 1439 | भिदिर् | भिद् |
| 1c | 68 | चदि | चन्द् | 1c | 815 | मदी | मद् |
| 10c | 1592 | चुद | चुद् | 4c | 1208 | मदी | मद् |
| 1c | 813 | छदिर् | छद् | 10c | 1705 | मद | मद् |
| 10c | 1833 | छद | छद् | 1c | 13 | मदि | मन्द् |
| 10c | 1577 | छदि | छन्द् | 1c | 743 | जिमिदा | मिद् |

| | | | | | | | |
|---|---|---|---|---|---|---|---|
| 1c | 868 | मिदृ | मिद् | 1c | 14 | स्पदि | स्पन्द् |
| 4c | 1243 | ञिमिदा | मिद् | 1c | 761 | स्यन्दू | स्यन्द् |
| 10c | 1541 | मिदि | मिन्द् | 1c | 18 | ष्वद | स्वद् |
| 1c | 16 | मुद | मुद् | 10c | 1805 | ष्वद | स्वद् |
| 10c | 1740 | मुद | मुद् | 1c | 19 | स्वर्द | स्वर्द् |
| 9c | 1515 | मृद | मृद् | 1c | 28 | स्वाद | स्वाद् |
| 1c | 869 | मेदृ | मेद् | 1c | 744 | ञिष्विदा | स्विद् |
| 1c | 767 | म्रद | म्रद् | 1c | 978 | ञिष्विदा | स्विद् |
| 1c | 53 | रद | रद् | 4c | 1188 | ष्विदा | स्विद् |
| 2c | 1067 | रुदिर् | रुद् | 4c | 1188 | ञिष्विदा | स्विद् |
| 1c | 1009 | वद | वद् | 1c | 977 | हद | हद् |
| 10c | 1841 | वद | वद् | 1c | 26 | ह्लाद | ह्लाद् |
| 1c | 11 | वदि | वन्द् | 1c | 27 | ह्लादी | ह्लाद् |
| 2c | 1064 | विद | विद् | 10c | 1935 | छद | छद् |
| 4c | 1171 | विद | विद् | 10c | 1934 | छेद | छेद् |
| 6c | 1432 | विदॢ | विद् | 10c | 1898 | पद | पद् |
| 7c | 1450 | विद | विद् | 7c | 1448 | ञिइन्धी | इन्ध् |
| 10c | 1708 | विद | विद् | 4c | 1245 | ऋधु | ऋध् |
| 1c | 855 | शदॢ | शद् | 5c | 1271 | ऋधु | ऋध् |
| 6c | 1428 | शदॢ | शद् | 1c | 2 | एध | एध् |
| 10c | 1714 | शब्द | शब्द् | 4c | 1189 | क्रुध | क्रुध् |
| 1c | 10 | श्विदि | श्विन्द् | 4c | 1190 | क्षुध | क्षुध् |
| 1c | 854 | षदॢ | सद् | 10c | 1684 | गन्ध | गन्ध् |
| 6c | 1427 | षदॢ | सद् | 1c | 4 | गाधृ | गाध् |
| 1c | 25 | षूद | सूद् | 4c | 1120 | गुध | गुध् |
| 10c | 1717 | षूद | सूद् | 9c | 1517 | गुध | गुध् |
| 1c | 979 | स्कन्दिर् | स्कन्द् | 4c | 1246 | गृधु | गृध् |
| 1c | 9 | स्कुदि | स्कुन्द् | 1c | 8 | दध | दध् |
| 1c | 768 | स्खद | स्खद् | 1c | 7 | नाधृ | नाध् |
| 1c | 820 | स्खदिर् | स्खद् | 1c | 973 | बध | बध् |

| | | | | | | | |
|---|---|---|---|---|---|---|---|
| 10c | 1547 | बध | बध् | 10c | 1925 | अन्ध | अन्ध् |
| 9c | 1508 | बन्ध | बन्ध् | 2c | 1070 | अन | अन् |
| 1c | 5 | बाधृ | बाध् | 1c | 460 | कनी | कन् |
| 1c | 858 | बुध | बुध् | 1c | 878 | खनु | खन् |
| 1c | 875 | बुधिर् | बुध् | 3c | 1105 | जन | जन् |
| 4c | 1172 | बुध | बुध् | 4c | 1149 | जनी | जन् |
| 1c | 874 | मृधृ | मृध् | 8c | 1463 | तनु | तन् |
| 1c | 870 | मेधृ | मेध् | 10c | 1840 | तनु | तन् |
| 4c | 1173 | युध | युध् | 1c | 994 | दान | दान् |
| 4c | 1193 | रध | रध् | 3c | 1104 | धन | धन् |
| 4c | 1180 | राध | राध् | 1c | 816 | ध्वन | ध्वन् |
| 5c | 1262 | राध | राध् | 1c | 828 | ध्वन | ध्वन् |
| 4c | 1174 | अनोरुध | रुध् | 1c | 440 | पन | पन् |
| 7c | 1438 | रुधिर् | रुध् | 4c | 1176 | मन | मन् |
| 10c | 1654 | वर्ध | वर्ध् | 8c | 1471 | मनु | मन् |
| 6c | 1325 | विध | विध् | 1c | 972 | मान | मान् |
| 1c | 759 | वृधु | वृध् | 10c | 1709 | मान | मान् |
| 10c | 1782 | वृधु | वृध् | 10c | 1843 | मान | मान् |
| 4c | 1181 | व्यध | व्यध् | 1c | 462 | वन | वन् |
| 4c | 1191 | शुध | शुध् | 1c | 463 | वन | वन् |
| 1c | 74 | शुन्ध | शुन्ध् | 1c | 803 | वन | वन् |
| 10c | 1832 | शुन्ध | शुन्ध् | 8c | 1470 | वनु | वन् |
| 1c | 760 | शृधु | शृध् | 1c | 995 | शान | शान् |
| 1c | 873 | शृधु | शृध् | 6c | 1336 | शुन | शुन् |
| 10c | 1734 | शृधु | शृध् | 8c | 1464 | षणु | सन् |
| 5c | 1263 | साध | साध् | 1c | 461 | ष्टन | स्तन् |
| 1c | 47 | षिध | सिध् | 1c | 817 | स्वन | स्वन् |
| 1c | 48 | षिधू | सिध् | 1c | 827 | स्वन | स्वन् |
| 4c | 1192 | षिधु | सिध् | 2c | 1012 | हन | हन् |
| 1c | 3 | स्पर्ध | स्पर्ध् | 10c | 1888 | ऊन | ऊन् |

| 10c | 1889 | ध्वन | ध्वन् | 10c | 1676 | डप | डप् |
| 10c | 1859 | स्तन | स्तन् | 4c | 1232 | डिप | डिप् |
| 10c | 1897 | स्तेन | स्तेन् | 6c | 1371 | डिप | डिप् |
| 5c | 1260 | आपू | आप् | 10c | 1671 | डिप | डिप् |
| 10c | 1839 | आपू | आप् | 10c | 1677 | डिप | डिप् |
| 1c | 375 | कपि | कम्प् | 1c | 985 | तप | तप् |
| 4c | 1233 | कुप | कुप् | 4c | 1159 | तप | तप् |
| 10c | 1779 | कुप | कुप् | 10c | 1818 | तप | तप् |
| 1c | 762 | कृपू | कृप् | 1c | 362 | तिपृ | तिप् |
| 10c | 1748 | कृप | कृप् | 1c | 404 | तुप | तुप् |
| 1c | 368 | केपृ | केप् | 6c | 1309 | तुप | तुप् |
| 1c | 771 | क्रप | क्रप् | 1c | 405 | तुम्प | तुम्प् |
| 10c | 1620 | क्षपि | क्षम्प् | 6c | 1310 | तुम्प | तुम्प् |
| 4c | 1121 | क्षिप | क्षिप् | 4c | 1195 | तृप | तृप् |
| 6c | 1285 | क्षिप | क्षिप् | 6c | 1307 | तृप | तृप् |
| 1c | 395 | गुपू | गुप् | 10c | 1819 | तृप | तृप् |
| 1c | 970 | गुप | गुप् | 1c | 363 | तेपृ | तेप् |
| 4c | 1234 | गुप | गुप् | 1c | 374 | त्रपूष् | त्रप् |
| 10c | 1771 | गुप | गुप् | 1c | 406 | त्रुप | त्रुप् |
| 1c | 369 | गेपृ | गेप् | 1c | 407 | त्रुम्प | त्रुम्प् |
| 1c | 366 | ग्लेपृ | ग्लेप् | 4c | 1150 | दीपी | दीप् |
| 1c | 370 | ग्लेपृ | ग्लेप् | 4c | 1196 | दृप | दृप् |
| 1c | 399 | चप | चप् | 6c | 1313 | दृप | दृप् |
| 10c | 1626 | चप | चप् | 1c | 396 | धूप | धूप् |
| 10c | 1619 | चपि | चम्प् | 10c | 1772 | धूप | धूप् |
| 1c | 403 | चुप | चुप् | 1c | 412 | पर्प | पर्प् |
| 6c | 1418 | छुप | छुप् | 4c | 1122 | पुष्प | पुष्प् |
| 1c | 397 | जप | जप् | 1c | 371 | मेपृ | मेप् |
| 1c | 398 | जल्प | जल्प् | 4c | 1235 | युप | युप् |
| 10c | 1624 | झप | झप् | 1c | 401 | रप | रप् |

| 4c | 1236 | रुप | रुप् | 6c | 1312 | तुम्फ | तुम्फ् |
| 1c | 372 | रेपृ | रेप् | 6c | 1308 | तृम्फ | तृम्फ् |
| 1c | 402 | लप | लप् | 1c | 410 | त्रुफ | त्रुफ् |
| 6c | 1433 | लिप | लिप् | 1c | 411 | त्रुम्फ | त्रुम्फ् |
| 4c | 1237 | लुप | लुप् | 6c | 1314 | दृम्फ | दृम्फ् |
| 6c | 1431 | लुपू | लुप् | 1c | 413 | रफ | रफ् |
| 1c | 373 | लेपृ | लेप् | 1c | 414 | रफि | रम्फ् |
| 1c | 1003 | डुवप | वप् | 6c | 1306 | रिफ | रिफ् |
| 1c | 367 | टुवेपृ | वेप् | 1c | 378 | अबि | अम्ब् |
| 1c | 1000 | शप | शप् | 1c | 415 | अर्ब | अर्ब् |
| 4c | 1168 | शप | शप् | 1c | 380 | कबृ | कब् |
| 10c | 1612 | शूर्प | शूर्प् | 1c | 420 | कर्ब | कर्ब् |
| 1c | 400 | षप | सप् | 1c | 426 | कुबि | कुम्ब् |
| 1c | 983 | सृपू | सृप् | 10c | 1655 | कुबि | कुम्ब् |
| 1c | 364 | ष्टिपृ | स्तिप् | 1c | 381 | क्लीबृ | क्लीब् |
| 10c | 1672 | ष्टुप | स्तुप् | 1c | 382 | क्षीबृ | क्षीब् |
| 1c | 365 | ष्टेपृ | स्तेप् | 1c | 421 | खर्ब | खर्ब् |
| 2c | 1068 | ज्ष्वप | स्वप् | 1c | 422 | गर्ब | गर्ब् |
| 10c | 1658 | ह्लप | ह्लप् | 1c | 425 | चर्ब | चर्ब् |
| 10c | 1869 | कृप | कृप् | 1c | 429 | चुबि | चुम्ब् |
| 10c | 1941 | क्षप | क्षप् | 10c | 1635 | चुबि | चुम्ब् |
| 10c | 1941 | क्षिप | क्षिप् | 1c | 428 | तुबि | तुम्ब् |
| 10c | 1933 | रूप | रूप् | 10c | 1657 | तुबि | तुम्ब् |
| 6c | 1315 | ऋफ | ऋफ् | 1c | 416 | पर्ब | पर्ब् |
| 6c | 1316 | ऋम्फ | ऋम्फ् | 1c | 418 | बर्ब | बर्ब् |
| 6c | 1317 | गुफ | गुफ् | 1c | 419 | मर्ब | मर्ब् |
| 6c | 1318 | गुम्फ | गुम्फ् | 1c | 376 | रबि | रम्ब् |
| 1c | 408 | तुफ | तुफ् | 1c | 377 | लबि | लम्ब् |
| 6c | 1311 | तुफ | तुफ् | 1c | 379 | लबि | लम्ब् |
| 1c | 409 | तुम्फ | तुम्फ् | 1c | 417 | लर्ब | लर्ब् |

| | | | | | | | |
|---|---|---|---|---|---|---|---|
| 1c | 427 | लुबि | लुम्ब् | 1c | 975 | डुलभष् | लभ् |
| 10c | 1656 | लुबि | लुम्ब् | 4c | 1238 | लुभ | लुभ् |
| 10c | 1556 | शम्ब | शम्ब् | 6c | 1305 | लुभ | लुभ् |
| 1c | 423 | शर्ब | शर्ब् | 1c | 391 | वलभ | वल्भ् |
| 10c | 1611 | शुल्ब | शुल्ब् | 1c | 390 | शलभ | शल्भ् |
| 10c | 1555 | षम्ब | सम्ब् | 1c | 383 | शीभृ | शीभ् |
| 1c | 424 | षर्ब | सर्ब् | 1c | 432 | शुभ | शुभ् |
| 6c | 1319 | उभ | उभ् | 1c | 750 | शुभ | शुभ् |
| 6c | 1320 | उम्भ | उम्भ् | 6c | 1321 | शुभ | शुभ् |
| 1c | 751 | क्षुभ | क्षुभ् | 1c | 433 | शुम्भ | शुम्भ् |
| 4c | 1239 | क्षुभ | क्षुभ् | 6c | 1322 | शुम्भ | शुम्भ् |
| 9c | 1519 | क्षुभ | क्षुभ् | 1c | 393 | श्रम्भु | श्रम्भ् |
| 1c | 392 | गल्भ | गल्भ् | 1c | 430 | षृभु | सृभ् |
| 1c | 384 | चीभृ | चीभ् | 1c | 431 | षृम्भु | सृम्भ् |
| 1c | 388 | जभी | जम्भ् | 1c | 387 | स्कभि | स्कम्भ् |
| 10c | 1716 | जभि | जम्भ् | 1c | 386 | ष्टभि | स्तम्भ् |
| 1c | 389 | जृभि | जृम्भ् | 1c | 394 | ष्टुभ | स्तुभ् |
| 1c | 753 | तुभ | तुभ् | 1c | 757 | स्रम्भु | स्रम्भ् |
| 4c | 1241 | तुभ | तुभ् | 10c | 1936 | लाभ | लाभ् |
| 9c | 1521 | तुभ | तुभ् | 1c | 465 | अम | अम् |
| 5c | 1270 | दम्भु | दम्भ् | 10c | 1720 | अम | अम् |
| 6c | 1323 | दृभी | दृभ् | 1c | 443 | कमु | कम् |
| 10c | 1821 | दृभी | दृभ् | 10c | 1711 | कुस्म | कुस्म् |
| 10c | 1822 | दृभ | दृभ् | 1c | 473 | क्रमु | क्रम् |
| 1c | 752 | णभ | नभ् | 4c | 1207 | क्लमु | क्लम् |
| 4c | 1240 | णभ | नभ् | 1c | 442 | क्षमूष् | क्षम् |
| 9c | 1520 | णभ | नभ् | 4c | 1206 | क्षमू | क्षम् |
| 1c | 980 | यभ | यभ् | 1c | 982 | गमू | गम् |
| 1c | 974 | रभ | रभ् | 1c | 469 | चमु | चम् |
| 1c | 385 | रेभृ | रेभ् | 5c | 1274 | चमु | चम् |

| 1c | 470 | छमु | छम् | 10c | 1872 | भाम | भाम् |
| 1c | 471 | जमु | जम् | 10c | 1922 | सङ्ग्राम | सङ्ग्राम् |
| 1c | 472 | झमु | झम् | 10c | 1879 | साम | साम् |
| 4c | 1202 | तमु | तम् | 10c | 1923 | स्तोम | स्तोम् |
| 4c | 1123 | तिम | तिम् | 1c | 474 | अय | अय् |
| 4c | 1203 | दमु | दम् | 1c | 510 | ईर्ष्य | ईर्ष्य् |
| 1c | 466 | द्रम | द्रम् | 1c | 511 | ईर्ष्य | ईर्ष्य् |
| 1c | 981 | णम | नम् | 1c | 483 | ऊयी | ऊय् |
| 1c | 441 | भाम | भाम् | 1c | 485 | कूयी | कूय् |
| 1c | 850 | भ्रमु | भ्रम् | 1c | 486 | क्ष्मायी | क्ष्माय् |
| 4c | 1205 | भ्रमु | भ्रम् | 1c | 478 | चय | चय् |
| 1c | 468 | मीमृ | मीम् | 1c | 880 | चायृ | चाय् |
| 1c | 819 | यमो | यम् | 1c | 479 | तय | तय् |
| 1c | 984 | यम | यम् | 1c | 489 | तायृ | ताय् |
| 10c | 1625 | यम | यम् | 1c | 481 | दय | दय् |
| 1c | 853 | रमु | रम् | 1c | 480 | णय | नय् |
| 1c | 849 | टुवम | वम् | 1c | 476 | पय | पय् |
| 1c | 818 | शमो | शम् | 1c | 484 | पूयी | पूय् |
| 4c | 1201 | शमु | शम् | 1c | 488 | ओप्यायी | प्याय् |
| 10c | 1695 | शम | शम् | 1c | 477 | मय | मय् |
| 4c | 1204 | श्रमु | श्रम् | 1c | 508 | मव्य | मव्य् |
| 1c | 829 | षम | सम् | 1c | 482 | रय | रय् |
| 1c | 830 | ष्टम | स्तम् | 1c | 475 | वय | वय् |
| 4c | 1124 | ष्टिम | स्तिम् | 1c | 881 | व्यय | व्यय् |
| 4c | 1125 | ष्टीम | स्तीम् | 1c | 513 | शुच्य | शुच्य् |
| 1c | 826 | स्यमु | स्यम् | 1c | 509 | सूर्ष्य | सूर्ष्य् |
| 10c | 1693 | स्यम | स्यम् | 1c | 487 | स्फायी | स्फाय् |
| 1c | 467 | हम्म | हम्म् | 1c | 512 | हय | हय् |
| 10c | 1876 | गोम | गोम् | 1c | 514 | हर्य | हर्य् |
| 10c | 1892 | ग्राम | ग्राम् | 10c | 1932 | व्यय | व्यय् |

| 1c | 556 | अभ्र | अभ्र् | 4c | 1151 | पूरी | पूर् |
| 2c | 1018 | ईर | ईर् | 10c | 1803 | पूरी | पूर् |
| 10c | 1810 | ईर | ईर् | 10c | 1679 | मत्रि | मन्त्र् |
| 10c | 1539 | कुद्रि | कुन्द्र् | 1c | 558 | मभ्र | मभ्र् |
| 6c | 1341 | कुर | कुर् | 6c | 1343 | मुर | मुर् |
| 1c | 555 | क्मर | क्मर् | 10c | 1536 | यत्रि | यन्त्र् |
| 1c | 851 | क्षर | क्षर् | 1c | 557 | वभ्र | वभ्र् |
| 6c | 1344 | क्षुर | क्षुर् | 4c | 1157 | शूरी | शूर् |
| 6c | 1342 | खुर | खुर् | 10c | 1623 | श्वभ्र | श्वभ्र् |
| 1c | 552 | खोरृ | खोर् | 6c | 1340 | षुर | सुर् |
| 6c | 1396 | गुरी | गुर् | 6c | 1389 | स्फुर | स्फुर् |
| 4c | 1154 | गूरी | गूर् | 10c | 1915 | कत्र | कत्र् |
| 10c | 1694 | गूर | गूर् | 10c | 1877 | कुमार | कुमार् |
| 6c | 1345 | घुर | घुर् | 10c | 1917 | चित्र | चित्र् |
| 4c | 1155 | घूरी | घूर् | 10c | 1924 | छिद्र | छिद्र् |
| 1c | 559 | चर | चर् | 10c | 1912 | तीर | तीर् |
| 10c | 1745 | चर | चर् | 10c | 1911 | पार | पार् |
| 10c | 1534 | चुर | चुर् | 10c | 1921 | मिश्र | मिश्र् |
| 4c | 1158 | चूरी | चूर् | 10c | 1909 | मूत्र | मूत्र् |
| 6c | 1372 | छुर | छुर् | 10c | 1852 | वर | वर् |
| 4c | 1156 | जूरी | जूर् | 10c | 1903 | वीर | वीर् |
| 1c | 776 | ज्वर | ज्वर् | 10c | 1902 | शूर | शूर् |
| 10c | 1678 | तत्रि | तन्त्र् | 10c | 1906 | सत्र | सत्र् |
| 3c | 1102 | तुर | तुर् | 10c | 1868 | सार | सार् |
| 4c | 1152 | तूरी | तूर् | 10c | 1908 | सूत्र | सूत्र् |
| 1c | 775 | ज्त्वरा | त्वर् | 10c | 1863 | स्वर | स्वर् |
| 1c | 554 | त्सर | त्सर् | 1c | 515 | अल | अल् |
| 4c | 1153 | धूरी | धूर् | 6c | 1357 | इल | इल् |
| 1c | 553 | धोरृ | धोर् | 10c | 1660 | इल | इल् |
| 6c | 1346 | पुर | पुर् | 1c | 497 | कल | कल् |

| 10c | 1604 | कल | कल् | 10c | 1598 | तल | तल् |
|---|---|---|---|---|---|---|---|
| 1c | 498 | कल्ल | कल्ल् | 1c | 534 | तिल | तिल् |
| 6c | 1353 | किल | किल् | 6c | 1354 | तिल | तिल् |
| 1c | 524 | कील | कील् | 10c | 1607 | तिल | तिल् |
| 1c | 842 | कुल | कुल् | 10c | 1599 | तुल | तुल् |
| 1c | 525 | कूल | कूल् | 1c | 527 | तूल | तूल् |
| 1c | 537 | केलृ | केल् | 1c | 548 | दल | दल् |
| 10c | 1597 | क्षल | क्षल् | 10c | 1751 | दल | दल् |
| 1c | 520 | क्ष्मील | क्ष्मील् | 10c | 1600 | दुल | दुल् |
| 1c | 539 | क्ष्वेलृ | क्ष्वेल् | 1c | 838 | णल | नल् |
| 1c | 545 | खल | खल् | 10c | 1802 | नल | नल् |
| 1c | 538 | खेलृ | खेल् | 6c | 1360 | णिल | निल् |
| 1c | 551 | खोलृ | खोल् | 1c | 522 | णील | नील् |
| 1c | 546 | गल | गल् | 1c | 839 | पल | पल् |
| 10c | 1699 | गल | गल् | 10c | 1609 | पाल | पाल् |
| 1c | 812 | चलिः | चल् | 1c | 521 | पील | पील् |
| 1c | 832 | चल | चल् | 1c | 841 | पुल | पुल् |
| 6c | 1356 | चल | चल् | 10c | 1601 | पुल | पुल् |
| 10c | 1608 | चल | चल् | 1c | 528 | पूल | पूल् |
| 6c | 1355 | चिल | चिल् | 10c | 1636 | पूल | पूल् |
| 1c | 533 | चिल्ल | चिल्ल् | 1c | 541 | पेलृ | पेल् |
| 10c | 1602 | चुल | चुल् | 1c | 516 | ञिफला | फल् |
| 1c | 531 | चुल्ल | चुल्ल् | 1c | 530 | फल | फल् |
| 1c | 536 | चेलृ | चेल् | 1c | 532 | फुल्ल | फुल्ल् |
| 1c | 833 | जल | जल् | 1c | 542 | फेल्ह | फेल् |
| 10c | 1543 | जल | जल् | 1c | 840 | बल | बल् |
| 1c | 804 | ज्वल | ज्वल् | 10c | 1628 | बल | बल् |
| 1c | 831 | ज्वल | ज्वल् | 6c | 1359 | बिल | बिल् |
| 1c | 834 | टल | टल् | 10c | 1606 | बिल | बिल् |
| 1c | 835 | ट्वल | ट्वल् | 1c | 495 | भल | भल् |

| | | | | | | | |
|---|---|---|---|---|---|---|---|
| 10c | 1700 | भल | भल् | 1c | 519 | स्मील | स्मील् |
| 1c | 496 | भल्ल | भल्ल् | 1c | 837 | हल | हल् |
| 1c | 493 | मल | मल् | 6c | 1361 | हिल | हिल् |
| 1c | 494 | मल्ल | मल्ल् | 1c | 844 | हुल | हुल् |
| 6c | 1364 | मिल | मिल् | 1c | 806 | ह्मल | ह्मल् |
| 6c | 1429 | मिल | मिल् | 1c | 805 | ह्वल | ह्वल् |
| 1c | 517 | मील | मील् | 10c | 1865 | कल | कल् |
| 1c | 529 | मूल | मूल् | 10c | 1881 | पल्पूल | पल्पूल् |
| 10c | 1603 | मूल | मूल् | 10c | 1880 | वेल | वेल् |
| 10c | 1687 | लल | लल् | 10c | 1878 | शील | शील् |
| 1c | 491 | वल | वल् | 10c | 1904 | स्थूल | स्थूल् |
| 1c | 492 | वल्ल | वल्ल् | 1c | 584 | अर्व | अर्व् |
| 6c | 1358 | विल | विल् | 1c | 600 | अव | अव् |
| 10c | 1605 | विल | विल् | 1c | 587 | इवि | इन्व् |
| 1c | 535 | वेलृ | वेल् | 1c | 569 | उर्वी | उर्व् |
| 1c | 540 | वेल्ल | वेल्ल् | 1c | 581 | कर्व | कर्व् |
| 1c | 490 | शल | शल् | 1c | 598 | कृवि | कृन्व् |
| 1c | 843 | शल | शल् | 1c | 567 | क्षीवु | क्षीव् |
| 6c | 1362 | शिल | शिल् | 1c | 568 | क्षेवु | क्षेव् |
| 1c | 523 | शील | शील् | 1c | 582 | खर्व | खर्व् |
| 1c | 526 | शूल | शूल् | 1c | 583 | गर्व | गर्व् |
| 1c | 543 | शेलृ | शेल् | 1c | 574 | गुर्वी | गुर्व् |
| 1c | 518 | श्मील | श्मील् | 1c | 502 | गेवृ | गेव् |
| 1c | 549 | श्वल | श्वल् | 1c | 503 | ग्लेवृ | ग्लेव् |
| 1c | 550 | श्वल्ल | श्वल्ल् | 1c | 579 | चर्व | चर्व् |
| 1c | 547 | षल | सल् | 1c | 879 | चीवृ | चीव् |
| 6c | 1363 | षिल | सिल् | 10c | 1774 | चीव | चीव् |
| 1c | 544 | स्खल | स्खल् | 1c | 594 | जिवि | जिन्व् |
| 1c | 836 | छल | स्थल् | 1c | 562 | जीव | जीव् |
| 6c | 1390 | स्फुल | स्फुल् | 1c | 565 | तीव | तीव् |

| | | | | | | | |
|---|---|---|---|---|---|---|---|
| 1c | 570 | तुर्वी | तुर्व् | 1c | 507 | रेवृ | रेव् |
| 1c | 499 | तेवृ | तेव् | 1c | 585 | शर्व | शर्व् |
| 1c | 571 | थुर्वी | थुर्व् | 1c | 725 | शव | शव् |
| 1c | 592 | दिवि | दिन्व् | 1c | 560 | ष्टिवु | ष्टिव् |
| 4c | 1107 | दिवु | दिव् | 4c | 1110 | ष्ठिवु | ष्ठिव् |
| 10c | 1706 | दिवु | दिव् | 1c | 586 | षर्व | सर्व् |
| 10c | 1724 | दिवु | दिव् | 10c | 1569 | षान्त्व | सान्त्व् |
| 1c | 572 | दुर्वी | दुर्व् | 4c | 1108 | षिवु | सिव् |
| 1c | 500 | देवृ | देव् | 1c | 501 | षेवृ | सेव् |
| 1c | 597 | धवि | धन्व् | 4c | 1109 | स्निवु | स्निव् |
| 1c | 601 | धावु | धाव् | 1c | 591 | हिवि | हिन्व् |
| 1c | 593 | धिवि | धिन्व् | 10c | 1907 | गर्व | गर्व् |
| 1c | 573 | धुर्वी | धुर्व् | 5c | 1264 | अशू | अश् |
| 1c | 590 | णिवि | निन्व् | 9c | 1523 | अश | अश् |
| 1c | 566 | णीव | नीव् | 2c | 1020 | ईश | ईश् |
| 1c | 577 | पर्व | पर्व् | 1c | 647 | काशृ | काश् |
| 1c | 588 | पिवि | पिन्व् | 4c | 1162 | काशृ | काश् |
| 1c | 563 | पीव | पीव् | 10c | 1765 | कुशि | कुंश् |
| 1c | 576 | पुर्व | पुर्व् | 4c | 1227 | कृश | कृश् |
| 1c | 504 | पेवृ | पेव् | 1c | 856 | क्रुश | क्रुश् |
| 1c | 580 | भर्व | भर्व् | 4c | 1161 | क्लिश | क्लिश् |
| 1c | 578 | मर्व | मर्व् | 9c | 1522 | क्लिशू | क्लिश् |
| 1c | 599 | मव | मव् | 1c | 989 | दंश | दंश् |
| 1c | 589 | मिवि | मिन्व् | 10c | 1674 | दशि | दंश् |
| 1c | 564 | मीव | मीव् | 10c | 1764 | दशि | दंश् |
| 1c | 575 | मुर्वी | मुर्व् | 1c | 882 | दाशृ | दाश् |
| 1c | 505 | मेवृ | मेव् | 5c | 1279 | दाश | दाश् |
| 1c | 506 | म्लेवृ | म्लेव् | 6c | 1283 | दिश | दिश् |
| 1c | 596 | रवि | रन्व् | 1c | 988 | दृशिर् | दृश् |
| 1c | 595 | रिवि | रिन्व् | 4c | 1194 | णश | नश् |

| | | | | | | | |
|---|---|---|---|---|---|---|---|
| 1c | 722 | णिश | निश् | 1c | 684 | ईष | ईष् |
| 10c | 1719 | पश | पश् | 1c | 657 | उक्ष | उक्ष् |
| 6c | 1437 | पिश | पिश् | 1c | 696 | उष | उष् |
| 10c | 1787 | भृशि | भृंश् | 1c | 683 | ऊष | ऊष् |
| 4c | 1224 | भृशु | भृश् | 6c | 1287 | ऋषी | ऋष् |
| 4c | 1225 | भ्रंशु | भ्रंश् | 1c | 618 | एषृ | एष् |
| 1c | 824 | टुभ्राशृ | भ्राश् | 1c | 685 | कष | कष् |
| 1c | 825 | टुभ्लाशृ | भ्लाश् | 1c | 667 | काक्षि | काङ्क्ष् |
| 1c | 724 | मश | मश् | 9c | 1518 | कुष | कुष् |
| 1c | 723 | मिश | मिश् | 1c | 990 | कृष | कृष् |
| 6c | 1425 | मृश | मृश् | 6c | 1286 | कृष | कृष् |
| 6c | 1420 | रिश | रिश् | 1c | 607 | क्लेश | क्लेश् |
| 10c | 1788 | रुशि | रुंश् | 1c | 686 | खष | खष् |
| 6c | 1419 | रुश | रुश् | 1c | 614 | गेषृ | गेष् |
| 4c | 1179 | लिश | लिश् | 1c | 652 | घुषि | घुंष् |
| 6c | 1421 | लिश | लिश् | 1c | 653 | घुषिर् | घुष् |
| 2c | 1080 | वश | वश् | 10c | 1726 | घुषिर् | घुष् |
| 4c | 1163 | वाशृ | वाश् | 1c | 708 | घृषु | घृष् |
| 6c | 1424 | विश | विश् | 2c | 1017 | चक्षिङ् | चक्ष् |
| 4c | 1226 | वृश | वृश् | 1c | 889 | चष | चष् |
| 1c | 726 | शश | शश् | 1c | 673 | चूष | चूष् |
| 1c | 887 | स्पश | स्पश् | 1c | 890 | छष | छष् |
| 10c | 1680 | स्पश | स्पश् | 2c | 1071 | जक्ष | जक्ष् |
| 6c | 1422 | स्पृश | स्पृश् | 1c | 688 | जष | जष् |
| 1c | 654 | अक्षू | अक्ष् | 1c | 697 | जिषु | जिष् |
| 4c | 1127 | इष | इष् | 6c | 1288 | जुषी | जुष् |
| 6c | 1351 | इष | इष् | 10c | 1834 | जुष | जुष् |
| 9c | 1525 | इष | इष् | 1c | 681 | जूष | जूष् |
| 1c | 610 | ईक्ष | ईक्ष् | 1c | 616 | जेषृ | जेष् |
| 1c | 611 | ईष | ईष् | 1c | 689 | झष | झष् |

| | | | | | | | |
|---|---|---|---|---|---|---|---|
| 1c | 891 | झष | झष् | 10c | 1750 | पुष | पुष् |
| 1c | 655 | तक्षू | तक्ष् | 1c | 675 | पूष | पूष् |
| 1c | 665 | तक्ष | तक्ष् | 1c | 705 | पृषु | पृष् |
| 4c | 1184 | तुष | तुष् | 1c | 615 | पेषृ | पेष् |
| 1c | 674 | तूष | तूष् | 1c | 703 | प्रुषु | प्रुष् |
| 4c | 1228 | ञितृषा | तृष् | 9c | 1527 | प्रुष | प्रुष् |
| 1c | 660 | त्रक्ष | त्रक्ष् | 1c | 619 | प्रेषृ | प्रेष् |
| 1c | 656 | त्वक्षू | त्वक्ष् | 1c | 704 | प्लुषु | प्लुष् |
| 1c | 1001 | त्विष | त्विष् | 4c | 1115 | प्लुष | प्लुष् |
| 1c | 608 | दक्ष | दक्ष् | 4c | 1216 | प्लुष | प्लुष् |
| 1c | 770 | दक्ष | दक्ष् | 9c | 1528 | प्लुष | प्लुष् |
| 1c | 609 | दीक्ष | दीक्ष् | 10c | 1557 | भक्ष | भक्ष् |
| 4c | 1185 | दुष | दुष् | 1c | 695 | भष | भष् |
| 1c | 670 | द्राक्षि | द्राङ्क्ष् | 1c | 612 | भाष | भाष् |
| 2c | 1013 | द्विष | द्विष् | 1c | 606 | भिक्ष | भिक्ष् |
| 1c | 603 | धिक्ष | धिक्ष् | 1c | 682 | भूष | भूष् |
| 3c | 1103 | धिष | धिष् | 10c | 1730 | भूष | भूष् |
| 1c | 602 | धुक्ष | धुक्ष् | 1c | 883 | भेषृ | भेष् |
| 5c | 1269 | ञिधृषा | धृष् | 1c | 892 | भ्रक्ष | भ्रक्ष् |
| 10c | 1850 | धृष | धृष् | 1c | 884 | भ्रेषृ | भ्रेष् |
| 1c | 671 | ध्राक्षि | ध्राङ्क्ष् | 1c | 893 | भ्लक्ष | भ्लक्ष् |
| 1c | 672 | ध्वाक्षि | ध्वाङ्क्ष् | 1c | 885 | भ्लेषृ | भ्लेष् |
| 1c | 662 | णक्ष | नक्ष् | 1c | 692 | मष | मष् |
| 1c | 659 | णिक्ष | निक्ष् | 1c | 669 | माक्षि | माङ्क्ष् |
| 1c | 617 | णेषृ | नेष् | 1c | 699 | मिषु | मिष् |
| 10c | 1550 | पक्ष | पक्ष् | 6c | 1352 | मिष | मिष् |
| 7c | 1452 | पिष्ल् | पिष् | 9c | 1530 | मुष | मुष् |
| 1c | 700 | पुष | पुष् | 1c | 676 | मूष | मूष् |
| 4c | 1182 | पुष | पुष् | 1c | 664 | मृक्ष | मृक्ष् |
| 9c | 1529 | पुष | पुष् | 1c | 707 | मृषु | मृष् |

| | | | |
|---|---|---|---|
| 4c | 1164 | मृष | मृष् |
| 10c | 1849 | मृष | मृष् |
| 10c | 1661 | म्रक्ष | म्रक्ष् |
| 10c | 1692 | यक्ष | यक्ष् |
| 1c | 680 | यूष | यूष् |
| 1c | 658 | रक्ष | रक्ष् |
| 1c | 694 | रिष | रिष् |
| 4c | 1231 | रिष | रिष् |
| 1c | 693 | रुष | रुष् |
| 4c | 1230 | रुष | रुष् |
| 10c | 1670 | रुष | रुष् |
| 1c | 678 | रूष | रूष् |
| 1c | 620 | रेषृ | रेष् |
| 10c | 1538 | लक्ष | लक्ष् |
| 10c | 1696 | लक्ष | लक्ष् |
| 1c | 888 | लष | लष् |
| 1c | 677 | लूष | लूष् |
| 10c | 1610 | लूष | लूष् |
| 1c | 663 | वक्ष | वक्ष् |
| 1c | 613 | वर्ष | वर्ष् |
| 1c | 691 | वष | वष् |
| 1c | 668 | वाङ्क्षि | वाङ्क्ष् |
| 1c | 698 | विषु | विष् |
| 3c | 1095 | विषू | विष् |
| 9c | 1526 | विष | विष् |
| 1c | 604 | वृक्ष | वृक्ष् |
| 1c | 706 | वृषु | वृष् |
| 10c | 1704 | वृष | वृष् |
| 4c | 1114 | व्युष | व्युष् |
| 4c | 1215 | व्युष | व्युष् |
| 1c | 690 | शष | शष् |
| 1c | 605 | शिक्ष | शिक्ष् |
| 1c | 687 | शिष | शिष् |
| 7c | 1451 | शिषू | शिष् |
| 10c | 1817 | शिष | शिष् |
| 4c | 1183 | शुष | शुष् |
| 1c | 679 | शूष | शूष् |
| 1c | 701 | श्रिषु | श्रिष् |
| 1c | 702 | क्षिषु | क्षिष् |
| 4c | 1186 | क्षिष | क्षिष् |
| 10c | 1574 | क्षिष | क्षिष् |
| 1c | 666 | सूर्क्ष | सूर्क्ष् |
| 1c | 661 | स्रक्ष | स्रक्ष् |
| 1c | 709 | हृषु | हृष् |
| 4c | 1229 | हृष | हृष् |
| 1c | 621 | हेषृ | हेष् |
| 1c | 622 | हेषृ | हेष् |
| 10c | 1883 | गवेष | गवेष् |
| 10c | 1862 | पष | पष् |
| 10c | 1910 | रूक्ष | रूक्ष् |
| 1c | 886 | अस | अस् |
| 2c | 1065 | अस | अस् |
| 4c | 1209 | असु | अस् |
| 1c | 629 | आङःशसि | आशंस् |
| 2c | 1022 | आङःशास | आशास् |
| 2c | 1021 | आस | आस् |
| 2c | 1024 | कसि | कंस् |
| 1c | 860 | कस | कस् |
| 1c | 623 | कासृ | कास् |
| 10c | 1763 | कुसि | कुंस् |

| 10c | 1697 | कुत्स | कुत्स् | 10c | 1762 | पिसि | पिंस् |
| 4c | 1218 | कुस | कुस् | 1c | 719 | पिसृ | पिस् |
| 4c | 1113 | क्रुसु | क्रुस् | 10c | 1568 | पिस | पिस् |
| 1c | 630 | ग्रसु | ग्रस् | 10c | 1637 | पुंस | पुंस् |
| 10c | 1749 | ग्रस | ग्रस् | 1c | 720 | पेसृ | पेस् |
| 1c | 631 | ग्लसु | ग्लस् | 1c | 766 | प्रस | प्रस् |
| 1c | 715 | घसृ | घस् | 4c | 1217 | बिस | बिस् |
| 2c | 1074 | चकासृ | चकास् | 4c | 1219 | बुस | बुस् |
| 10c | 1666 | जसि | जंस् | 10c | 1663 | ब्रूस | ब्रूस् |
| 4c | 1211 | जसु | जस् | 10c | 1682 | भर्त्स | भर्त्स् |
| 10c | 1668 | जसु | जस् | 3c | 1100 | भस | भस् |
| 10c | 1718 | जसु | जस् | 1c | 624 | भासृ | भास् |
| 10c | 1729 | तसि | तंस् | 1c | 628 | भ्यस | भ्यस् |
| 4c | 1212 | तसु | तस् | 1c | 756 | भ्रंसु | भ्रंस् |
| 1c | 710 | तुस | तुस् | 4c | 1221 | मसी | मस् |
| 10c | 1761 | त्रसि | त्रंस् | 4c | 1220 | मुस | मुस् |
| 4c | 1117 | त्रसी | त्रस् | 4c | 1210 | यसु | यस् |
| 10c | 1741 | त्रस | त्रस् | 1c | 713 | रस | रस् |
| 10c | 1675 | दसि | दंस् | 1c | 626 | रासृ | रास् |
| 10c | 1786 | दसि | दंस् | 10c | 1790 | रुसि | रुंस् |
| 4c | 1213 | दसु | दस् | 1c | 714 | लस | लस् |
| 1c | 894 | दासृ | दास् | 10c | 1728 | लस | लस् |
| 10c | 1639 | धूस | धूस् | 1c | 1005 | वस | वस् |
| 9c | 1524 | उध्रस | ध्रस् | 2c | 1023 | वस | वस् |
| 10c | 1742 | उध्रस | ध्रस् | 4c | 1214 | वसु | वस् |
| 1c | 755 | ध्वंसु | ध्वंस् | 10c | 1744 | वस | वस् |
| 1c | 627 | णस | नस् | 1c | 728 | शंसु | शंस् |
| 1c | 625 | णासृ | नास् | 1c | 727 | शसु | शस् |
| 2c | 1025 | णिसि | निंस् | 2c | 1075 | शासु | शास् |
| 10c | 1616 | पसि | पंस् | 2c | 1069 | श्वस | श्वस् |

| | | | | | | | |
|---|---|---|---|---|---|---|---|
| 2c | 1078 | षस | सस् | 1c | 651 | ग्लह | ग्लह् |
| 4c | 1112 | ष्णसु | स्त्रस् | 1c | 729 | चह | चह् |
| 4c | 1111 | ष्णुसु | स्तुस् | 1c | 644 | जेह | जेह् |
| 1c | 754 | स्रंसु | स्रंस् | 1c | 737 | तुहिर् | तुह् |
| 1c | 721 | हसे | हस् | 6c | 1350 | तृंह | तृंह् |
| 7c | 1456 | हिंसि | हिंस् | 6c | 1348 | तृह | तृह् |
| 10c | 1829 | हिंसि | हिंस् | 7c | 1455 | तृह | तृह् |
| 1c | 711 | ह्रस | ह्रस् | 1c | 991 | दह | दह् |
| 1c | 712 | ह्लस | ह्लस् | 2c | 1015 | दिह | दिह् |
| 10c | 1918 | अंस | अंस् | 1c | 738 | दुहिर् | दुह् |
| 10c | 1885 | निवास | निवास् | 2c | 1014 | दुह | दुह् |
| 10c | 1931 | रस | रस् | 1c | 734 | दृहि | दृंह् |
| 10c | 1942 | वस | वस् | 1c | 733 | दृह | दृह् |
| 10c | 1884 | वास | वास् | 1c | 646 | द्राह | द्राह् |
| 1c | 635 | अहि | अंह् | 4c | 1197 | द्रुह | द्रुह् |
| 10c | 1797 | अहि | अंह् | 4c | 1166 | णह | नह् |
| 1c | 740 | अर्ह | अर्ह् | 1c | 642 | प्लिह | प्लिह् |
| 10c | 1731 | अर्ह | अर्ह् | 1c | 633 | बहि | बंह् |
| 10c | 1830 | अर्ह | अर्ह् | 1c | 638 | बर्ह | बर्ह् |
| 5c | 1272 | अह | अह् | 10c | 1664 | बर्ह | बर्ह् |
| 1c | 632 | ईह | ईह् | 10c | 1769 | बर्ह | बर्ह् |
| 1c | 739 | उहिर् | उह् | 1c | 639 | बल्ह | बल्ह् |
| 1c | 648 | ऊह | ऊह् | 10c | 1770 | बल्ह | बल्ह् |
| 1c | 636 | गर्ह | गर्ह् | 1c | 736 | बृहि | बृंह् |
| 10c | 1845 | गर्ह | गर्ह् | 10c | 1768 | बृहि | बृंह् |
| 1c | 637 | गल्ह | गल्ह् | 1c | 735 | बृह | बृह् |
| 1c | 649 | गाह | गाह् | 1c | 634 | महि | मंह् |
| 1c | 896 | गुह | गुह् | 10c | 1799 | महि | मंह् |
| 1c | 650 | गृह | गृह् | 1c | 730 | मह | मह् |
| 9c | 1533 | ग्रह | ग्रह् | 1c | 895 | माह | माह् |

| 1c | 992 | मिह | मिह् |
| 4c | 1198 | मुह | मुह् |
| 1c | 732 | रहि | रंह् |
| 10c | 1798 | रहि | रंह् |
| 1c | 731 | रह | रह् |
| 10c | 1627 | रह | रह् |
| 1c | 859 | रुह | रुह् |
| 2c | 1016 | लिह | लिह् |
| 1c | 640 | वर्ह | वर्ह् |
| 1c | 641 | वल्ह | वल्ह् |
| 1c | 1004 | वह | वह् |
| 1c | 645 | वाह | वाह् |
| 6c | 1347 | वृह | वृह् |
| 1c | 643 | वेह | वेह् |
| 1c | 852 | षह | सह् |
| 4c | 1128 | षह | सह् |
| 10c | 1809 | षह | सह् |
| 4c | 1129 | षुह | सुह् |
| 6c | 1349 | स्तृह | स्तृह् |
| 4c | 1200 | ष्णिह | स्निह् |
| 10c | 1572 | ष्णिह | स्निह् |
| 4c | 1199 | ष्णुह | स्नुह् |
| 10c | 1901 | कुह | कुह् |
| 10c | 1899 | गृह | गृह् |
| 10c | 1866 | चह | चह् |
| 10c | 1867 | मह | मह् |
| 10c | 1858 | रह | रह् |
| 10c | 1871 | स्पृह | स्पृह् |

7.3.84 सार्वधातुकार्धधातुकयोः । Guna or Vriddhi get applied to Anga with final इक् Vowel (इ , ई , उ , ऊ , ऋ , ॠ , ल़ ) ।

1.2.4 सार्वधातुकमपित् । A Sarvadhatuka Affix that does not have the पकारः Tag letter doesn't cause Guna or Vriddhi

| | | | | | | | | |
|---|---|---|---|---|---|---|---|---|
| 2c | 1045 | इण् | इ | | 5c | 1275 | रि | रि |
| 2c | 1046 | इङ् | इ | | 6c | 1404 | रि | रि |
| 2c | 1047 | इक् | इ | | 5c | 1249 | शिञ् | शि |
| 3c | 1101 | कि | कि | | 1c | 897 | श्रिञ् | श्रि |
| 1c | 236 | क्षि | क्षि | | 1c | 1010 | टुओश्वि | श्वि |
| 5c | 1276 | क्षि | क्षि | | 5c | 1248 | षिञ् | सि |
| 6c | 1407 | क्षि | क्षि | | 9c | 1477 | षिञ् | सि |
| 5c | 1251 | चिञ् | चि | | 1c | 948 | ष्मिङ् | स्मि |
| 10c | 1629 | चिञ् | चि | | 5c | 1257 | हि | हि |
| 10c | 1794 | चि | चि | | 4c | 1143 | ईङ् | ई |
| 5c | 1277 | चिरि | चिरि | | 9c | 1473 | डुक्रीञ् | क्री |
| 1c | 561 | जि | जि | | 9c | 1506 | क्षीष् | क्षी |
| 1c | 946 | जि | जि | | 1c | 968 | डीङ् | डी |
| 10c | 1793 | जि | जि | | 4c | 1135 | डीङ् | डी |
| 5c | 1278 | जिरि | जिरि | | 4c | 1134 | दीङ् | दी |
| 1c | 947 | ज्रि | ज्रि | | 2c | 1076 | दीधीङ् | दीधी |
| 10c | 1815 | ज्रि | ज्रि | | 4c | 1136 | धीङ् | धी |
| 6c | 1406 | धि | धि | | 1c | 901 | णीञ् | नी |
| 6c | 1405 | पि | पि | | 4c | 1141 | पीङ् | पी |
| 5c | 1250 | डुमिञ् | मि | | 4c | 1144 | प्रीङ् | प्री |

| | | | | | | | | |
|---|---|---|---|---|---|---|---|---|
| 9c | 1474 | प्रीञ् | प्री | | 1c | 952 | घुङ् | घु |
| 10c | 1836 | प्रीञ् | प्री | | 1c | 954 | ङुङ् | ङु |
| 9c | 1503 | प्ली | प्ली | | 1c | 955 | च्युङ् | च्यु |
| 3c | 1084 | जिभी | भी | | 10c | 1746 | च्यु | च्यु |
| 9c | 1505 | भ्री | भ्री | | 1c | 956 | ज्युङ् | ज्यु |
| 4c | 1137 | मीङ् | मी | | 1c | 944 | दु | दु |
| 9c | 1476 | मीञ् | मी | | 5c | 1256 | दुदु | दु |
| 10c | 1824 | मी | मी | | 2c | 1040 | द्यु | द्यु |
| 4c | 1138 | रीङ् | री | | 1c | 945 | द्रु | द्रु |
| 9c | 1500 | री | री | | 5c | 1255 | धुञ् | धु |
| 4c | 1139 | लीङ् | ली | | 1c | 943 | ध्रु | ध्रु |
| 9c | 1501 | ली | ली | | 6c | 1400 | ध्रु | ध्रु |
| 10c | 1811 | ली | ली | | 2c | 1035 | णु | नु |
| 2c | 1048 | वी | वी | | 1c | 957 | प्रुङ् | प्रु |
| 2c | 1077 | वेवीङ् | वेवी | | 1c | 958 | प्लुङ् | प्लु |
| 9c | 1504 | व्री | व्री | | 2c | 1033 | यु | यु |
| 4c | 1140 | व्रीङ् | व्री | | 9c | 1479 | युञ् | यु |
| 9c | 1502 | व्ली | व्ली | | 10c | 1710 | यु | यु |
| 2c | 1032 | शीङ् | शी | | 1c | 959 | रुङ् | रु |
| 9c | 1475 | श्रीञ् | श्री | | 2c | 1034 | रु | रु |
| 3c | 1085 | ह्री | ह्री | | 1c | 942 | श्रु | श्रु |
| 1c | 953 | उङ् | उ | | 1c | 941 | षु | सु |
| 2c | 1039 | ऊर्णुञ् | ऊर्णु | | 2c | 1041 | षु | सु |
| 1c | 951 | कुङ् | कु | | 5c | 1247 | षुञ् | सु |
| 2c | 1042 | कु | कु | | 9c | 1478 | स्कुञ् | स्कु |
| 6c | 1401 | कुङ् | कु | | 2c | 1038 | ष्णु | स्नु |
| 2c | 1036 | टुक्षु | क्षु | | 2c | 1043 | ष्टुञ् | स्तु |
| 2c | 1037 | क्ष्णु | क्ष्णु | | 1c | 940 | स्तु | स्तु |
| 1c | 949 | गुङ् | गु | | 3c | 1083 | हु | हु |
| 6c | 1399 | गु | गु | | 2c | 1082 | ह्नुङ् | ह्नु |

| | | | | | | | |
|---|---|---|---|---|---|---|---|
| 9c | 1480 | क्रूञ् | क्रू | 6c | 1411 | दृङ् | दृ |
| 4c | 1133 | दूङ् | दू | 1c | 900 | धृञ् | धृ |
| 9c | 1481 | द्रूञ् | द्रू | 1c | 960 | धृङ् | धृ |
| 5c | 1255 | धूञ् | धू | 6c | 1412 | धृङ् | धृ |
| 6c | 1398 | धू | धू | 1c | 939 | ध्वृ | ध्वृ |
| 9c | 1487 | धूञ् | धू | 5c | 1258 | पृ | पृ |
| 10c | 1835 | धूञ् | धू | 6c | 1402 | पृङ् | पृ |
| 6c | 1397 | णू | नू | 1c | 898 | भृञ् | भृ |
| 1c | 966 | पूङ् | पू | 3c | 1087 | डुभृञ् | भृ |
| 9c | 1482 | पूञ् | पू | 6c | 1403 | मृङ् | मृ |
| 2c | 1044 | ब्रूञ् | ब्रू | 5c | 1254 | वृञ् | वृ |
| 1c | 1 | भू | भू | 9c | 1509 | वृङ् | वृ |
| 10c | 1747 | भू | भू | 10c | 1813 | वृञ् | वृ |
| 10c | 1844 | भू | भू | 1c | 935 | सृ | सृ |
| 1c | 967 | मूङ् | मू | 3c | 1099 | सृ | सृ |
| 9c | 1483 | लूञ् | लू | 5c | 1252 | स्तृञ् | स्तृ |
| 2c | 1031 | षूङ् | सू | 5c | 1259 | स्पृ | स्पृ |
| 4c | 1132 | षूङ् | सू | 1c | 807 | स्मृ | स्मृ |
| 6c | 1408 | षू | सू | 1c | 933 | स्मृ | स्मृ |
| 1c | 936 | ऋ | ऋ | 5c | 1259 | स्मृ | स्मृ |
| 3c | 1098 | ऋ | ऋ | 1c | 932 | स्वृ | स्वृ |
| 5c | 1253 | कृञ् | कृ | 1c | 899 | हृञ् | ह |
| 8c | 1472 | डुकृञ् | कृ | 3c | 1097 | ह | ह |
| 1c | 937 | गृ | गृ | 1c | 931 | ह्वृ | ह्वृ |
| 10c | 1707 | गृ | गृ | 1c | 934 | ह्वृ | ह्वृ |
| 1c | 938 | घृ | घृ | 9c | 1497 | ऋ | ऋ |
| 3c | 1096 | घृ | घृ | 6c | 1409 | कृ | कृ |
| 10c | 1650 | घृ | घृ | 9c | 1485 | कृञ् | कृ |
| 2c | 1072 | जागृ | जागृ | 9c | 1496 | कृ | कृ |
| 5c | 1280 | दृ | दृ | 6c | 1410 | गृ | गृ |

| 9c | 1498 | गृ | गृ |
| 4c | 1130 | जॄष् | जॄ |
| 9c | 1494 | जॄ | जॄ |
| 10c | 1814 | जॄ | जॄ |
| 4c | 1131 | झॄष् | झॄ |
| 1c | 969 | तृ | तृ |
| 1c | 808 | दॄ | दॄ |
| 9c | 1493 | दॄ | दॄ |
| 1c | 809 | नॄ | नॄ |
| 9c | 1495 | नॄ | नॄ |
| 3c | 1086 | पृ | पृ |
| 9c | 1489 | पृ | पृ |
| 10c | 1548 | पृ | पृ |
| 9c | 1491 | भृ | भृ |
| 9c | 1492 | मृ | मृ |
| 9c | 1486 | वृञ् | वृ |
| 9c | 1490 | वृ | वृ |
| 9c | 1488 | शृ | शृ |
| 9c | 1484 | स्तृञ् | स्तृ |

# Roots with Final short Vowel

6.1.71 ह्रस्वस्य पिति कृति तुक् । तुक् augment is added to Roots with final short Vowel (अ , इ , उ , ऋ , ल ), when facing a कृत् affix having प् Tag letter.

6.1.73 छे च । And also the तुक् augment is added to a preceding short vowel when छकारः follows, during Sandhi.

| 1c | | | | | 2c | |
|---|---|---|---|---|---|---|
| 236 | क्षि | 942 | श्रु | | 1033 | यु |
| 561 | जि | 943 | ध्रु | | 1034 | रु |
| 807 | स्मृ | 944 | दु | | 1035 | णु |
| 897 | श्रिञ् | 945 | द्रु | | 1036 | टुक्षु |
| 898 | भृञ् | 946 | जि | | 1037 | क्ष्णु |
| 899 | हृञ् | 947 | ज्रि | | 1038 | ष्णु |
| 900 | धृञ् | 948 | म्लिङ् | | 1039 | ऊर्णुञ् |
| 931 | ह्वृ | 949 | गुङ् | | 1040 | द्यु |
| 932 | स्वृ | 951 | कुङ् | | 1041 | षु |
| 933 | स्मृ | 952 | घुङ् | | 1042 | कु |
| 934 | ह्वृ | 953 | उङ् | | 1043 | ष्टुञ् |
| 935 | सृ | 954 | डुङ् | | 1045 | इण् |
| 936 | ऋ | 955 | च्युङ् | | 1046 | इङ् |
| 937 | गृ | 956 | ज्युङ् | | 1047 | इक् |
| 938 | घृ | 957 | प्रुङ् | | 1072 | जागृ |
| 939 | ध्वृ | 958 | प्लुङ् | | 1082 | ह्नुङ् |
| 940 | स्तु | 959 | रुङ् | | | |
| 941 | षु | 960 | धृङ् | | | |
| | | 1010 | टुओश्वि | | | |

| | | | | | | | | |
|---|---|---|---|---|---|---|---|---|
| 3c | 1083 | हु | 5c | 1276 | क्षि | 10c | 1707 | गृ |
| | 1084 | जिभी | | 1277 | चिरि | 10c | 1710 | यु |
| | 1085 | ह्री | | 1278 | जिरि | 10c | 1746 | च्यु |
| | 1087 | डुभृञ् | | 1280 | दृ | 10c | 1793 | जि |
| | 1096 | घृ | 6c | 1397 | णू | 10c | 1794 | चि |
| | 1097 | हृ | | 1398 | धू | 10c | 1813 | वृञ् |
| | 1098 | ऋ | | 1399 | गु | 10c | 1815 | ज्रि |
| | 1099 | सृ | | 1400 | ध्रु | | | |
| | 1101 | कि | | 1401 | कुङ् | | | |
| 5c | 1247 | षुञ् | | 1402 | पृङ् | | | |
| | 1248 | षिञ् | | 1403 | मृङ् | | | |
| | 1249 | शिञ् | | 1404 | रि | | | |
| | 1250 | डुमिञ् | | 1405 | पि | | | |
| | 1251 | चिञ् | | 1406 | धि | | | |
| | 1252 | स्तृञ् | | 1407 | क्षि | | | |
| | 1253 | कृञ् | | 1408 | षू | | | |
| | 1254 | वृञ् | | 1411 | दृङ् | | | |
| | 1255 | धुञ् | | 1412 | धृङ् | | | |
| | 1255 | धूञ् | | 1472 | डुकृञ् | | | |
| | 1256 | टुदु | | 1477 | षिञ् | | | |
| | 1257 | हि | 8c | 1478 | स्कुञ् | | | |
| | 1258 | पृ | 9c | 1479 | युञ् | | | |
| | 1259 | स्पृ | | 1509 | वृङ् | | | |
| | 1259 | स्मृ | | 1629 | चिञ् | | | |
| | 1275 | रि | | 1650 | घृ | | | |

# Roots with Penultimate short इक् Vowel

7.3.86 पुगन्तलघूपधस्य च । Guna gets applied to Anga with penultimate short इक् Vowel ( इ , उ , ऋ , ऌ ) ।

1.2.4 सार्वधातुकमपित् । A Sarvadhatuka Affix that does not have the पकार: Tag letter doesn't cause Guna or Vriddhi.

Note - 10c Roots will have णिच् ।

| | | | | | | | |
|----|------|--------|--------|----|------|--------|--------|
| 6c | 1357 | इल | इल् | 1c | 315 | चिट | चिट् |
| 10c | 1660 | इल | इल् | 1c | 39 | चिती | चित् |
| 4c | 1127 | इष | इष् | 10c | 1673 | चित | चित् |
| 6c | 1351 | इष | इष् | 6c | 1355 | चिल | चिल् |
| 9c | 1525 | इष | इष् | 7c | 1440 | छिदिर् | छिद् |
| 1c | 301 | किट | किट् | 1c | 697 | जिषु | जिष् |
| 1c | 319 | किट | किट् | 1c | 103 | टिकृ | टिक् |
| 1c | 993 | कित | कित् | 4c | 1232 | डिप | डिप् |
| 6c | 1353 | किल | किल् | 6c | 1371 | डिप | डिप् |
| 4c | 1242 | क्लिदू | क्लिद् | 10c | 1671 | डिप | डिप् |
| 4c | 1161 | क्लिश | क्लिश् | 10c | 1677 | डिप | डिप् |
| 9c | 1522 | क्लिशू | क्लिश् | 1c | 105 | तिकृ | तिक् |
| 8c | 1466 | क्षिणु | क्षिण् | 5c | 1266 | तिक | तिक् |
| 4c | 1121 | क्षिप | क्षिप् | 5c | 1267 | तिग | तिग् |
| 6c | 1285 | क्षिप | क्षिप् | 1c | 971 | तिज | तिज् |
| 4c | 1244 | जिक्ष्विदा | क्ष्विद् | 10c | 1652 | तिज | तिज् |
| 1c | 302 | खिट | खिट् | 1c | 362 | तिपृ | तिप् |
| 4c | 1170 | खिद | खिद् | 4c | 1123 | तिम | तिम् |
| 6c | 1436 | खिद | खिद् | 1c | 534 | तिल | तिल् |
| 7c | 1449 | खिद | खिद् | 6c | 1354 | तिल | तिल् |

| | | | | | | | |
|---|---|---|---|---|---|---|---|
| 10c | 1607 | तिल | तिल् | 1c | 723 | मिश | मिश् |
| 1c | 1001 | त्विष | त्विष् | 1c | 699 | मिषु | मिष् |
| 4c | 1107 | दिवु | दिव् | 6c | 1352 | मिष | मिष् |
| 10c | 1706 | दिवु | दिव् | 1c | 992 | मिह | मिह् |
| 10c | 1724 | दिवु | दिव् | 7c | 1441 | रिचिर् | रिच् |
| 6c | 1283 | दिश | दिश् | 10c | 1816 | रिच | रिच् |
| 2c | 1015 | दिह | दिह् | 6c | 1306 | रिफ | रिफ् |
| 2c | 1013 | द्विष | द्विष् | 6c | 1420 | रिश | रिश् |
| 3c | 1103 | धिष | धिष् | 1c | 694 | रिष | रिष् |
| 3c | 1093 | णिजिर् | निज् | 4c | 1231 | रिष | रिष् |
| 1c | 871 | णिदृ | निद् | 6c | 1365 | लिख | लिख् |
| 6c | 1360 | णिल | निल् | 6c | 1433 | लिप | लिप् |
| 1c | 722 | णिश | निश् | 4c | 1179 | लिश | लिश् |
| 1c | 311 | पिट | पिट् | 6c | 1421 | लिश | लिश् |
| 1c | 339 | पिठ | पिठ् | 2c | 1016 | लिह | लिह् |
| 6c | 1437 | पिश | पिश् | 7c | 1442 | विचिर् | विच् |
| 7c | 1452 | पिषॢ | पिष् | 3c | 1094 | विजिर् | विज् |
| 1c | 719 | पिसृ | पिस् | 6c | 1289 | ओविजी | विज् |
| 10c | 1568 | पिस | पिस् | 7c | 1460 | ओविजी | विज् |
| 1c | 642 | प्लिह | प्लिह् | 1c | 316 | विट | विट् |
| 1c | 317 | बिट | बिट् | 1c | 33 | विथृ | विथ् |
| 6c | 1359 | बिल | बिल् | 2c | 1064 | विद | विद् |
| 10c | 1606 | बिल | बिल् | 4c | 1171 | विद | विद् |
| 4c | 1217 | बिस | बिस् | 6c | 1432 | विदॢ | विद् |
| 7c | 1439 | भिदिर् | भिद् | 7c | 1450 | विद | विद् |
| 1c | 743 | ञिमिदा | मिद् | 10c | 1708 | विद | विद् |
| 1c | 868 | मिदृ | मिद् | 6c | 1325 | विध | विध् |
| 4c | 1243 | ञिमिदा | मिद् | 6c | 1358 | विल | विल् |
| 6c | 1364 | मिल | मिल् | 10c | 1605 | विल | विल् |
| 6c | 1429 | मिल | मिल् | 6c | 1424 | विश | विश् |

| 1c | 698 | विषु | विष् | 1c | 978 | ञिष्विदा | स्विद् |
|---|---|---|---|---|---|---|---|
| 3c | 1095 | विष्लृ | विष् | 4c | 1188 | ष्विदा | स्विद् |
| 9c | 1526 | विष | विष् | 4c | | ञिष्विदा | स्विद् |
| 1c | 303 | शिट | शिट् | 7c | 1456 | हिसि | हिंस् |
| 6c | 1362 | शिल | शिल् | 9c | 1532 | हिठ | हिठ् |
| 1c | 687 | शिष | शिष् | 6c | 1361 | हिल | हिल् |
| 7c | 1451 | शिष्लृ | शिष् | 1c | 128 | उख | उख् |
| 10c | 1817 | शिष | शिष् | 4c | 1223 | उच | उच् |
| 1c | 701 | श्रिषु | श्रिष् | 1c | 338 | उठ | उठ् |
| 1c | 702 | श्लिषु | श्लिष् | 6c | 1319 | उभ | उभ् |
| 4c | 1186 | श्लिष | श्लिष् | 1c | 739 | उहिर् | उह् |
| 10c | 1574 | श्लिष | श्लिष् | 1c | 91 | कुक | कुक् |
| 1c | 742 | श्विता | श्वित् | 1c | 184 | कुच | कुच् |
| 1c | 560 | ष्ठिवु | ष्ठिव् | 1c | 857 | कुच | कुच् |
| 4c | 1110 | ष्ठिवु | ष्ठिव् | 6c | 1368 | कुच | कुच् |
| 6c | 1434 | षिच | सिच् | 1c | 199 | कुजु | कुज् |
| 1c | 304 | षिट | सिट् | 6c | 1366 | कुट | कुट् |
| 1c | 47 | षिध | सिध् | 6c | 1383 | कुड | कुड् |
| 1c | 48 | षिधू | सिध् | 6c | 1335 | कुण | कुण् |
| 4c | 1192 | षिधु | सिध् | 10c | 1893 | कुण | कुण् |
| 6c | 1363 | षिल | सिल् | 4c | 1118 | कुथ | कुथ् |
| 4c | 1108 | षिवु | सिव् | 4c | 1233 | कुप | कुप् |
| 5c | 1265 | ष्ठिघ | स्तिघ् | 10c | 1779 | कुप | कुप् |
| 1c | 364 | ष्टिपृ | स्तिप् | 6c | 1341 | कुर | कुर् |
| 4c | 1124 | ष्टिम | स्तिम् | 1c | 842 | कुल | कुल् |
| 4c | 1200 | ष्णिह | स्निह् | 9c | 1518 | कुष | कुष् |
| 10c | 1572 | ष्णिह | स्निह् | 4c | 1218 | कुस | कुस् |
| 10c | 1573 | स्मिट | स्मिट् | 10c | 1901 | कुह | कुह् |
| 4c | 1109 | स्त्रिवु | स्त्रिव् | 6c | 1394 | क्रुड | क्रुड् |
| 1c | 744 | ञिष्विदा | स्विद् | 4c | 1189 | क्रुध | क्रुध् |

| | | | | | | | |
|---|---|---|---|---|---|---|---|
| 1c | 856 | क्रुश | क्रुश् | 1c | 653 | घुषिर् | घुष् |
| 7c | 1443 | क्षुदिर् | क्षुद् | 10c | 1726 | घुषिर् | घुष् |
| 4c | 1190 | क्षुध | क्षुध् | 6c | 1377 | चुट | चुट् |
| 1c | 751 | क्षुभ | क्षुभ् | 10c | 1613 | चुट | चुट् |
| 4c | 1239 | क्षुभ | क्षुभ् | 6c | 1392 | चुड | चुड् |
| 9c | 1519 | क्षुभ | क्षुभ् | 10c | 1592 | चुद | चुद् |
| 6c | 1344 | क्षुर | क्षुर् | 1c | 403 | चुप | चुप् |
| 1c | 200 | खुजु | खुज् | 10c | 1534 | चुर | चुर् |
| 6c | 1342 | खुर | खुर् | 10c | 1602 | चुल | चुल् |
| 6c | 1369 | गुज | गुज् | 1c | 40 | च्युतिर् | च्युत् |
| 6c | 1370 | गुड | गुड् | 6c | 1378 | छुट | छुट् |
| 10c | 1894 | गुण | गुण् | 6c | 1418 | छुप | छुप् |
| 1c | 24 | गुद | गुद् | 6c | 1372 | छुर | छुर् |
| 4c | 1120 | गुध | गुध् | 6c | 1326 | जुड | जुड् |
| 9c | 1517 | गुध | गुध् | 6c | 1379 | जुड | जुड् |
| 1c | 395 | गुपू | गुप् | 10c | 1646 | जुड | जुड् |
| 1c | 970 | गुप | गुप् | 1c | 32 | जुतृ | जुत् |
| 4c | 1234 | गुप | गुप् | 6c | 1288 | जुषी | जुष् |
| 10c | 1771 | गुप | गुप् | 10c | 1834 | जुष | जुष् |
| 6c | 1317 | गुफ | गुफ् | 1c | 244 | तुज | तुज् |
| 6c | 1396 | गुरी | गुर् | 6c | 1376 | तुट | तुट् |
| 1c | 896 | गुह्ू | गुह् | 1c | 351 | तुड् | तुड् |
| 1c | 197 | ग्रुच् | ग्रुच् | 6c | 1386 | तुड | तुड् |
| 1c | 198 | ग्लुचु | ग्लुच् | 6c | 1332 | तुण | तुण् |
| 1c | 201 | ग्लुञ्चु | ग्लुञ्च् | 6c | 1281 | तुद | तुद् |
| 1c | 746 | घुट | घुट् | 1c | 404 | तुप | तुप् |
| 6c | 1385 | घुट | घुट् | 6c | 1309 | तुप | तुप् |
| 1c | 437 | घुण | घुण् | 1c | 408 | तुफ | तुफ् |
| 6c | 1338 | घुण | घुण् | 6c | 1311 | तुफ | तुफ् |
| 6c | 1345 | घुर | घुर् | 1c | 753 | तुभ | तुभ् |

| | | | | | | | | |
|---|---|---|---|---|---|---|---|---|
| 4c | 1241 | तुभ | तुभ् | | 10c | 1601 | पुल | पुल् |
| 9c | 1521 | तुभ | तुभ् | | 1c | 700 | पुष | पुष् |
| 3c | 1102 | तुर | तुर् | | 4c | 1182 | पुष | पुष् |
| 10c | 1599 | तुल | तुल् | | 9c | 1529 | पुष | पुष् |
| 4c | 1184 | तुष | तुष् | | 10c | 1750 | पुष | पुष् |
| 1c | 710 | तुस | तुस् | | 1c | 324 | भ्रुड | भ्रुड् |
| 1c | 737 | तुहिर् | तुह् | | 1c | 703 | भ्रुष | भ्रुष् |
| 6c | 1375 | त्रुट | त्रुट् | | 9c | 1527 | भ्रुष | भ्रुष् |
| 10c | 1698 | त्रुट | त्रुट् | | 1c | 704 | प्लुषु | प्लुष् |
| 1c | 406 | त्रुप | त्रुप् | | 4c | 1115 | प्लुष | प्लुष् |
| 1c | 410 | त्रुफ | त्रुफ् | | 4c | 1216 | प्लुष | प्लुष् |
| 6c | 1387 | थुड | थुड् | | 9c | 1528 | प्लुष | प्लुष् |
| 10c | 1600 | दुल | दुल् | | 1c | 858 | बुध | बुध् |
| 4c | 1185 | दुष | दुष् | | 1c | 875 | बुधिर् | बुध् |
| 1c | 738 | दुहिर् | दुह् | | 4c | 1172 | बुध | बुध् |
| 2c | 1014 | दुह | दुह् | | 4c | 1219 | बुस | बुस् |
| 1c | 741 | द्युत | द्युत् | | 6c | 1417 | भुजो | भुज् |
| 6c | 1337 | द्रुण | द्रुण् | | 7c | 1454 | भुज | भुज् |
| 4c | 1197 | द्रुह | द्रुह् | | 6c | 1430 | मुच्छ् | मुच् |
| 6c | 1282 | णुद | नुद् | | 10c | 1743 | मुच | मुच् |
| 6c | 1426 | णुद | नुद् | | 6c | 1374 | मुट | मुट् |
| 6c | 1367 | पुट | पुट् | | 10c | 1614 | मुट | मुट् |
| 10c | 1753 | पुट | पुट् | | 1c | 323 | मुड | मुड् |
| 10c | 1913 | पुट | पुट् | | 6c | 1334 | मुण | मुण् |
| 6c | 1384 | पुड | पुड् | | 1c | 16 | मुद | मुद् |
| 6c | 1333 | पुण | पुण् | | 10c | 1740 | मुद | मुद् |
| 4c | 1119 | पुथ | पुथ् | | 6c | 1343 | मुर | मुर् |
| 10c | 1775 | पुथ | पुथ् | | 9c | 1530 | मुष | मुष् |
| 6c | 1346 | पुर | पुर् | | 4c | 1220 | मुस | मुस् |
| 1c | 841 | पुल | पुल् | | 4c | 1198 | मुह | मुह् |

| | | | | | | | |
|---|---|---|---|---|---|---|---|
| 1c | 195 | म्रुचु | म्रुच् | 4c | 1237 | लुप | लुप् |
| 1c | 196 | म्लुचु | म्लुच् | 6c | 1431 | लुप्ऌ | लुप् |
| 4c | 1177 | युज | युज् | 4c | 1238 | लुभ | लुभ् |
| 7c | 1444 | युजिर् | युज् | 6c | 1305 | लुभ | लुभ् |
| 10c | 1806 | युज | युज् | 4c | 1114 | व्युष | व्युष् |
| 1c | 31 | युतृ | युत् | 4c | 1215 | व्युष | व्युष् |
| 4c | 1173 | युध | युध् | 6c | 1393 | व्रुड | व्रुड् |
| 4c | 1235 | युप | युप् | 1c | 183 | शुच | शुच् |
| 1c | 745 | रुच | रुच् | 4c | 1165 | ईशुचिर् | शुच् |
| 6c | 1416 | रुजो | रुज् | 1c | 341 | शुठ | शुठ् |
| 10c | 1804 | रुज | रुज् | 10c | 1644 | शुठ | शुठ् |
| 1c | 747 | रुट | रुट् | 4c | 1191 | शुध | शुध् |
| 10c | 1783 | रुट | रुट् | 6c | 1336 | शुन | शुन् |
| 1c | 336 | रुठ | रुठ् | 1c | 432 | शुभ | शुभ् |
| 2c | 1067 | रुदिर् | रुद् | 1c | 750 | शुभ | शुभ् |
| 4c | 1174 | अनोरुध | रुध् | 6c | 1321 | शुभ | शुभ् |
| 7c | 1438 | रुधिर् | रुध् | 4c | 1183 | शुष | शुष् |
| 4c | 1236 | रुप | रुप् | 1c | 41 | श्र्युतिर् | श्र्युत् |
| 6c | 1419 | रुश | रुश् | 10c | 1929 | सुख | सुख् |
| 1c | 693 | रुष | रुष् | 6c | 1340 | षुर | सुर् |
| 4c | 1230 | रुष | रुष् | 4c | 1129 | षुह | सुह् |
| 10c | 1670 | रुष | रुष् | 1c | 175 | ष्टुच | स्तुच् |
| 1c | 859 | रुह | रुह् | 10c | 1672 | ष्टुप | स्तुप् |
| 1c | 314 | लुट | लुट् | 1c | 394 | ष्टुभु | स्तुभ् |
| 1c | 748 | लुट | लुट् | 6c | 1388 | स्थुड | स्थुड् |
| 4c | 1222 | लुट | लुट् | 4c | 1111 | ष्णुसु | स्नुस् |
| 6c | 1381 | लुट | लुट् | 4c | 1199 | ष्णुह | स्नुह् |
| 10c | 1754 | लुट | लुट् | 1c | 260 | स्फुट | स्फुट् |
| 1c | 337 | लुठ | लुठ् | 1c | 329 | स्फुटिर् | स्फुट् |
| 1c | 749 | लुठ | लुठ् | 6c | 1373 | स्फुट | स्फुट् |

| | | | | | | | | |
|---|---|---|---|---|---|---|---|---|
| 10c | 1722 | स्फुट | स्फुट् | | 8c | 1468 | तृणु | तृण् |
| 6c | 1391 | स्फुड | स्फुड् | | 7c | 1446 | उतृदिर् | तृद् |
| 6c | 1389 | स्फुर | स्फुर् | | 4c | 1195 | तृप | तृप् |
| 6c | 1390 | स्फुल | स्फुल् | | 6c | 1307 | तृप | तृप् |
| 1c | 352 | हुड्ड | हुड् | | 10c | 1819 | तृप | तृप् |
| 1c | 844 | हुल | हुल् | | 4c | 1228 | जितृषा | तृष् |
| 6c | 1302 | ऋच | ऋच् | | 6c | 1348 | तृहू | तृह् |
| 1c | 176 | ऋज | ऋज् | | 7c | 1455 | तृह | तृह् |
| 8c | 1467 | ऋणु | ऋण् | | 4c | 1196 | दृप | दृप् |
| 4c | 1245 | ऋधु | ऋध् | | 6c | 1313 | दृप | दृप् |
| 5c | 1271 | ऋधु | ऋध् | | 6c | 1323 | दृभी | दृभ् |
| 6c | 1315 | ऋफ | ऋफ् | | 10c | 1821 | दृभी | दृभ् |
| 6c | 1287 | ऋषी | ऋष् | | 10c | 1822 | दृभ | दृभ् |
| 6c | 1382 | कृड | कृड् | | 1c | 988 | दृशिर् | दृश् |
| 6c | 1435 | कृती | कृत् | | 1c | 733 | दृह | दृह् |
| 7c | 1447 | कृती | कृत् | | 1c | 219 | धृज | धृज् |
| 1c | 762 | कृपू | कृप् | | 5c | 1269 | जिधृषा | धृष् |
| 10c | 1748 | कृप | कृप् | | 10c | 1850 | धृष | धृष् |
| 10c | 1869 | कृप | कृप् | | 4c | 1116 | नृती | नृत् |
| 4c | 1227 | कृश | कृश् | | 2c | 1030 | पृची | पृच् |
| 1c | 990 | कृष | कृष् | | 7c | 1462 | पृची | पृच् |
| 6c | 1286 | कृष | कृष् | | 10c | 1807 | पृच | पृच् |
| 4c | 1246 | गृधु | गृध् | | 6c | 1328 | पृड | पृड् |
| 1c | 650 | गृह | गृह् | | 6c | 1329 | पृण | पृण् |
| 10c | 1899 | गृह | गृह् | | 10c | 1554 | पृथ | पृथ् |
| 8c | 1469 | घृणु | घृण् | | 1c | 705 | पृषु | पृष् |
| 1c | 708 | घृषु | घृष् | | 1c | 735 | बृह | बृह् |
| 6c | 1324 | चृती | चृत् | | 1c | 178 | भृजी | भृज् |
| 7c | 1445 | उच्छृदिर् | छृद् | | 6c | 1395 | भृड | भृड् |
| 10c | 1820 | छृदी | छृद् | | 4c | 1224 | भृशु | भृश् |

| | | | | | | | |
|---|---|---|---|---|---|---|---|
| 10c | 1900 | मृग | मृग् | | 6c | 1414 | सृज | सृज् |
| 2c | 1066 | मृजू | मृज् | | 1c | 983 | सृपॢ | सृप् |
| 10c | 1848 | मृजू | मृज् | | 1c | 430 | षृभु | सृभ् |
| 6c | 1327 | मृड | मृड् | | 6c | 1349 | स्तृहू | स्तृह् |
| 9c | 1516 | मृड | मृड् | | 6c | 1422 | स्पृश | स्पृश् |
| 6c | 1331 | मृण | मृण् | | 10c | 1871 | स्पृह | स्पृह् |
| 9c | 1515 | मृद | मृद् | | 1c | 709 | हृषु | हृष् |
| 1c | 874 | मृधु | मृध् | | 4c | 1229 | हृष | हृष् |
| 6c | 1425 | मृश | मृश् | | | | | |
| 1c | 707 | मृषु | मृष् | | | | | |
| 4c | 1164 | मृष | मृष् | | | | | |
| 10c | 1849 | मृष | मृष् | | | | | |
| 1c | 92 | वृक | वृक् | | | | | |
| 2c | 1029 | वृजी | वृज् | | | | | |
| 7c | 1461 | वृजी | वृज् | | | | | |
| 10c | 1812 | वृजी | वृज् | | | | | |
| 6c | 1330 | वृण | वृण् | | | | | |
| 1c | 758 | वृतु | वृत् | | | | | |
| 4c | 1160 | वृतु | वृत् | | | | | |
| 10c | 1781 | वृतु | वृत् | | | | | |
| 1c | 759 | वृधु | वृध् | | | | | |
| 10c | 1782 | वृधु | वृध् | | | | | |
| 4c | 1226 | वृश | वृश् | | | | | |
| 1c | 706 | वृषु | वृष् | | | | | |
| 10c | 1704 | वृष | वृष् | | | | | |
| 6c | 1347 | वृहू | वृह् | | | | | |
| 1c | 760 | शृधु | शृध् | | | | | |
| 1c | 873 | शृधु | शृध् | | | | | |
| 10c | 1734 | शृधु | शृध् | | | | | |
| 4c | 1178 | सृज | सृज् | | | | | |

# Roots with Final Conjunct

| | | | | | | | |
|---|---|---|---|---|---|---|---|
| 1c | 87 | अकि | अङ्क् | 1c | 861 | हिक्क | हिक्क् |
| 10c | 1643 | अर्क | अर्क् | 10c | 1927 | अङ्क | अङ्क् |
| 1c | 94 | ककि | कङ्क् | 10c | 1916 | बष्क | बष्क् |
| 10c | 1595 | चक्क | चक्क् | 10c | 1940 | विष्क | विष्क् |
| 10c | 1596 | चुक्क | चुक्क् | 1c | 141 | इखि | इङ्ख् |
| 10c | 1638 | टकि | टङ्क् | 1c | 142 | ईखि | ईङ्ख् |
| 1c | 118 | तकि | तङ्क् | 1c | 129 | उखि | उङ्ख् |
| 10c | 1780 | तर्क | तर्क् | 1c | 135 | णखि | नङ्ख् |
| 1c | 97 | त्रकि | त्रङ्क् | 1c | 133 | मखि | मङ्ख् |
| 10c | 1594 | धक्क | धक्क् | 1c | 137 | रखि | रङ्ख् |
| 10c | 1593 | नक्क | नक्क् | 1c | 139 | लखि | लङ्ख् |
| 10c | 1686 | निष्क | निष्क् | 1c | 131 | वखि | वङ्ख् |
| 1c | 116 | फक्क | फक्क् | 10c | 1930 | दुःख | दुःख् |
| 1c | 119 | बुक्क | बुक्क् | 1c | 146 | अगि | अङ्ग् |
| 10c | 1713 | बुक्क | बुक्क् | 1c | 153 | इगि | इङ्ग् |
| 1c | 89 | मकि | मङ्क् | 1c | 157 | जुगि | जुङ्ग् |
| 1c | 102 | मस्क | मस्क् | 1c | 149 | तगि | तङ्ग् |
| 1c | 88 | वकि | वङ्क् | 1c | 150 | त्वगि | त्वङ्ग् |
| 1c | 95 | वकि | वङ्क् | 1c | 158 | बुगि | बुङ्ग् |
| 10c | 1571 | वल्क | वल्क् | 1c | 148 | मगि | मङ्ग् |
| 1c | 101 | वस्क | वस्क् | 10c | 1846 | मार्ग | मार्ग् |
| 10c | 1685 | विष्क | विष्क् | 1c | 156 | युगि | युङ्ग् |
| 1c | 86 | शकि | शङ्क् | 1c | 144 | रगि | रङ्ग् |
| 10c | 1618 | शुल्क | शुल्क् | 1c | 154 | रिगि | रिङ्ग् |
| 1c | 84 | श्रकि | श्रङ्क् | 1c | 145 | लगि | लङ्ग् |
| 1c | 85 | श्लकि | श्लङ्क् | 1c | 155 | लिगि | लिङ्ग् |
| 1c | 96 | श्वकि | श्वङ्क् | 10c | 1739 | लिगि | लिङ्ग् |
| 10c | 1570 | श्वल्क | श्वल्क् | 1c | 147 | वगि | वङ्ग् |
| 1c | 100 | ष्वष्क | ष्वष्क् | 1c | 143 | वल्ग | वल्ग् |
| 1c | 83 | स्रकि | स्रङ्क् | 1c | 151 | श्रगि | श्रङ्ग् |

| | | | | | | | |
|---|---|---|---|---|---|---|---|
| 1c | 152 | श्रगि | श्रङ्ग् | 1c | 173 | मचि | मञ्च् |
| 10c | 1928 | अङ्ग | अङ्ग् | 10c | 1649 | मर्च | मर्च् |
| 1c | 109 | अघि | अङ्घ् | 1c | 172 | मुचि | मुञ्च् |
| 1c | 111 | मघि | मङ्घ् | 1c | 193 | मुञ्चु | मुञ्च् |
| 1c | 160 | मघि | मङ्घ् | 1c | 194 | म्लुञ्चु | म्लुञ्च् |
| 1c | 107 | रघि | रङ्घ् | 1c | 187 | लुञ्च | लुञ्च् |
| 10c | 1795 | रघि | रङ्घ् | 1c | 189 | वञ्चु | वञ्च् |
| 10c | 1760 | लघि | लङ्घ् | 10c | 1703 | वञ्चु | वञ्च् |
| 10c | 1796 | लघि | लङ्घ् | 1c | 162 | वर्च | वर्च् |
| 1c | 108 | लघि | लन्घ् | 6c | 1292 | ओत्रश्रू | त्रश्व् |
| 1c | 110 | वघि | वङ्घ् | 1c | 167 | श्वचि | श्वञ्च् |
| 1c | 161 | शिघि | शिङ्घ् | 1c | 209 | आछि | आञ्छ् |
| 1c | 188 | अञ्चु | अञ्च् | 6c | 1295 | उछी | उच्छ् |
| 1c | 862 | अञ्चु | अञ्च् | 1c | 216 | उछी | उच्छ् |
| 10c | 1738 | अञ्चु | अञ्च् | 1c | 215 | उछि | उञ्छ् |
| 1c | 204 | अर्च | अर्च् | 6c | 1294 | उछि | उञ्छ् |
| 10c | 1808 | अर्च | अर्च् | 6c | 1296 | ऋच्छ | ऋच्छ् |
| 1c | 169 | कचि | कञ्च् | 10c | 1576 | पिच्छ | पिच्छ् |
| 1c | 170 | काचि | काञ्च् | 6c | 1413 | प्रच्छ | प्रच्छ् |
| 1c | 185 | कुञ्च | कुञ्च् | 6c | 1297 | मिच्छ | मिच्छ् |
| 1c | 186 | कुञ्च | कुञ्च् | 1c | 212 | मुर्छा | मुर्छ् |
| 1c | 190 | चञ्चु | चञ्च् | 1c | 205 | म्लेच्छ | म्लेच्छ् |
| 1c | 717 | चर्च | चर्च् | 10c | 1662 | म्लेच्छ | म्लेच्छ् |
| 6c | 1299 | चर्च | चर्च् | 1c | 214 | युच्छ | युच्छ् |
| 10c | 1712 | चर्च | चर्च् | 1c | 206 | लछ | लच्छ् |
| 7c | 1459 | तञ्चू | तञ्च् | 1c | 207 | लाछि | लाञ्छ् |
| 1c | 191 | तञ्चु | तञ्च् | 1c | 208 | वाछि | वाञ्छ् |
| 1c | 192 | त्वञ्चु | त्वञ्च् | 6c | 1423 | विच्छ | विच्छ् |
| 1c | 174 | पचि | पञ्च् | 10c | 1773 | विच्छ | विच्छ् |
| 10c | 1651 | पचि | पञ्च् | 1c | 213 | स्फुर्छा | स्फुर्छ् |

| 1c | 211 | हुर्छा | हुर्च्छ | 2c | 1026 | णिजि | निञ्ज् |
| 1c | 210 | ह्रीछ | ह्रीच्छ | 2c | 1028 | पिजि | पिञ्ज् |
| 7c | 1458 | अञ्जू | अञ्ज् | 10c | 1567 | पिजि | पिञ्ज् |
| 10c | 1785 | अजि | अञ्ज् | 10c | 1757 | पिजि | पिञ्ज् |
| 1c | 224 | अर्ज | अर्ज् | 7c | 1453 | भओ | भञ्ज् |
| 10c | 1725 | अर्ज | अर्ज् | 10c | 1759 | भजि | भञ्ज् |
| 6c | 1303 | उब्ज | उब्ज् | 6c | 1284 | भ्रस्ज | भ्रस्ज् |
| 10c | 1549 | ऊर्ज | ऊर्ज् | 6c | 1415 | टुमस्जो | मस्ज् |
| 1c | 177 | ऋञ्जि | ऋञ्ज् | 10c | 1648 | मार्ज | मार्ज् |
| 1c | 228 | कर्ज | कर्ज् | 10c | 1756 | मिजि | मिञ्ज् |
| 1c | 769 | क्षजि | क्षञ्ज् | 1c | 251 | मुजि | मुञ्ज् |
| 1c | 233 | खजि | खञ्ज् | 4c | 1167 | रञ्ज | रञ्ज् |
| 1c | 229 | खर्ज | खर्ज् | 1c | 999 | रञ्ज | रञ्ज् |
| 1c | 247 | गजि | गञ्ज् | 1c | 239 | लजि | लञ्ज् |
| 1c | 226 | गर्ज | गर्ज् | 10c | 1784 | लजि | लञ्ज् |
| 1c | 203 | गुजि | गुञ्ज् | 6c | 1291 | ओलस्जी | लस्ज् |
| 1c | 249 | गृजि | गृञ्ज् | 1c | 241 | लाजि | लाञ्ज् |
| 10c | 1621 | छजि | छञ्ज् | 10c | 1758 | लुजि | लुञ्ज् |
| 1c | 243 | जजि | जञ्ज् | 2c | 1027 | शिजि | शिञ्ज् |
| 1c | 716 | जर्ज | जर्ज् | 1c | 987 | षञ्ज | सञ्ज् |
| 6c | 1298 | जर्ज | जर्ज् | 1c | 225 | षर्ज | सर्ज् |
| 1c | 227 | तर्ज | तर्ज् | 1c | 202 | षस्ज | सस्ज् |
| 10c | 1681 | तर्ज | तर्ज् | 1c | 235 | टुओस्फूर्जा | स्फूर्ज् |
| 1c | 245 | तुजि | तुञ्ज् | 1c | 976 | ष्वञ्ज | स्वञ्ज् |
| 10c | 1566 | तुजि | तुञ्ज् | 6c | 1304 | उज्झ | उज्झ् |
| 10c | 1755 | तुजि | तुञ्ज् | 1c | 718 | झर्झ | झर्झ् |
| 1c | 220 | धृजि | धृञ्ज् | 6c | 1300 | झर्झ | झर्झ् |
| 1c | 217 | ध्रज | ध्रज् | 1c | 254 | अट्ट | अट्ट् |
| 1c | 218 | ध्रजि | ध्रञ्ज् | 10c | 1561 | अट्ट | अट्ट् |
| 1c | 222 | ध्वजि | ध्वञ्ज् | 10c | 1558 | कुट्ट | कुट्ट् |

| 10c | 1702 | कुट्ट | कुट्ट् | 1c | 344 | शुठि | शुण्ठ |
| 10c | 1632 | खट्ट | खट्ट् | 10c | 1645 | शुठि | शुण्ठ् |
| 1c | 257 | गोष्ट | गोष्ट् | 1c | 348 | अडु | अड्ड् |
| 1c | 259 | घट्ट | घट्ट् | 10c | 1542 | ओलडि | ओलण्ड् |
| 10c | 1630 | घट्ट | घट्ट् | 1c | 349 | कडु | कड्ड् |
| 10c | 1767 | घटि | घण्ट् | 1c | 282 | कडि | कण्ड् |
| 10c | 1560 | चुट्ट | चुट्ट् | 10c | 1582 | कडि | कण्ड् |
| 10c | 1659 | चुटि | चुण्ट् | 1c | 270 | कुडि | कुण्ड् |
| 1c | 256 | चेष्ट | चेष्ट् | 1c | 322 | कुडि | कुण्ड् |
| 10c | 1559 | पुट्ट | पुट्ट् | 10c | 1583 | कुडि | कुण्ड् |
| 10c | 1792 | पुटि | पुण्ट् | 1c | 283 | खडि | खण्ड् |
| 1c | 327 | रुटि | रुण्ट् | 10c | 1581 | खडि | खण्ड् |
| 1c | 328 | लुटि | लुण्ट् | 10c | 1585 | खुडि | खुण्ड् |
| 1c | 258 | लोष्ट | लोष्ट् | 1c | 65 | गडि | गण्ड् |
| 10c | 1586 | वटि | वण्ट् | 1c | 361 | गडि | गण्ड् |
| 1c | 255 | वेष्ट | वेष्ट् | 10c | 1584 | गुडि | गुण्ड् |
| 10c | 1633 | षट्ट | सट्ट् | 1c | 278 | चडि | चण्ड् |
| 10c | 1562 | षुट्ट | सुट्ट् | 1c | 347 | चुडु | चुड्ड् |
| 10c | 1634 | स्फिट्ट | स्फिट्ट् | 1c | 325 | चुडि | चुण्ड् |
| 1c | 261 | अठि | अण्ठ् | 1c | 280 | तडि | तण्ड् |
| 1c | 264 | कठि | कण्ठ् | 1c | 276 | तुडि | तुण्ड् |
| 10c | 1847 | कठि | कण्ठ् | 1c | 281 | पडि | पण्ड् |
| 1c | 342 | कुठि | कुण्ठ् | 10c | 1615 | पडि | पण्ड् |
| 1c | 263 | मठि | मण्ठ् | 1c | 274 | पिडि | पिण्ड् |
| 1c | 265 | मुठि | मुण्ठ् | 10c | 1669 | पिडि | पिण्ड् |
| 1c | 345 | रुठि | रुण्ठ् | 1c | 273 | भडि | भण्ड् |
| 1c | 343 | लुठि | लुण्ठ् | 10c | 1588 | भडि | भण्ड् |
| 1c | 346 | लुठि | लुण्ठ् | 1c | 272 | मडि | मण्ड् |
| 10c | 1563 | लुण्ठ | लुण्ठ् | 1c | 321 | मडि | मण्ड् |
| 1c | 262 | वठि | वण्ठ् | 10c | 1587 | मडि | मण्ड् |

| 1c | 275 | मुडि | मुण्ड् | 9c | 1514 | कुन्थ | कुन्थ् |
|---|---|---|---|---|---|---|---|
| 1c | 326 | मुडि | मुण्ड् | 1c | 36 | ग्रथि | ग्रन्थ् |
| 10c | 1800 | लडि | लण्ड् | 9c | 1513 | ग्रन्थ | ग्रन्थ् |
| 1c | 271 | वडि | वण्ड् | 10c | 1825 | ग्रन्थ | ग्रन्थ् |
| 1c | 279 | शडि | शण्ड् | 10c | 1838 | ग्रन्थ | ग्रन्थ् |
| 10c | 1537 | स्फुडि | स्फुण्ड् | 10c | 1575 | पथि | पन्थ् |
| 1c | 268 | हिडि | हिण्ड् | 1c | 44 | पुथि | पुन्थ् |
| 1c | 269 | हुडि | हुण्ड् | 1c | 42 | मन्थ | मन्थ् |
| 1c | 277 | हुडि | हुण्ड् | 1c | 46 | मथि | मन्थ् |
| 10c | 1926 | दण्ड | दण्ड् | 9c | 1511 | मन्थ | मन्थ् |
| 1c | 434 | घिणि | घिण्ण् | 1c | 45 | लुथि | लुन्थ् |
| 1c | 435 | घुणि | घुण्ण् | 1c | 35 | श्रथि | श्रन्थ् |
| 1c | 438 | घूर्ण | घूर्ण् | 9c | 1510 | श्रन्थ | श्रन्थ् |
| 6c | 1339 | घूर्ण | घूर्ण् | 9c | 1512 | श्रन्थ | श्रन्थ् |
| 1c | 436 | घृणि | घृण्ण् | 10c | 1837 | श्रन्थ | श्रन्थ् |
| 10c | 1552 | चूर्ण | चूर्ण् | 10c | 1905 | अर्थ | अर्थ् |
| 10c | 1641 | चूर्ण | चूर्ण् | 10c | 1943 | तुत्थ | तुत्थ् |
| 10c | 1551 | वर्ण | वर्ण् | 1c | 62 | अदि | अन्द् |
| 10c | 1939 | पर्ण | पर्ण् | 1c | 55 | अर्द | अर्द् |
| 10c | 1938 | वर्ण | वर्ण् | 10c | 1828 | अर्द | अर्द् |
| 1c | 61 | अति | अन्त् | 10c | 1727 | आङःक्रन्द | आक्रन्द् |
| 10c | 1535 | चिति | चिन्त् | 1c | 63 | इदि | इन्द् |
| 10c | 1590 | पुस्त | पुस्त् | 7c | 1457 | उन्दी | उन्द् |
| 10c | 1683 | बस्त | बस्त् | 1c | 20 | उर्द | उर्द् |
| 10c | 1591 | बुस्त | बुस्त् | 1c | 70 | कदि | कन्द् |
| 10c | 1631 | मुस्त | मुस्त् | 1c | 772 | कदि | कन्द् |
| 10c | 1622 | श्वर्त | श्वर्त् | 1c | 59 | कर्द | कर्द् |
| 2c | 1079 | षस्ति | संस्त् | 1c | 21 | कुर्द | कुर्द् |
| 1c | 37 | कत्थ | कत्थ् | 1c | 71 | क्रदि | क्रन्द् |
| 1c | 43 | कुथि | कुन्थ् | 1c | 773 | क्रदि | क्रन्द् |

| 1c | 72 | क्लदि | क्लन्द् | 1c | 19 | स्वर्द | स्वर्द् |
|---|---|---|---|---|---|---|---|
| 1c | 774 | क्लदि | क्लन्द् | 7c | 1448 | ज्इन्धी | इन्ध् |
| 1c | 15 | क्लिदि | क्लिन्द् | 10c | 1684 | गन्ध | गन्ध् |
| 1c | 73 | क्लिदि | क्लिन्द् | 9c | 1508 | बन्ध | बन्ध् |
| 1c | 60 | खर्द | खर्द् | 10c | 1654 | वर्ध | वर्ध् |
| 1c | 22 | खुर्द | खुर्द् | 1c | 74 | शुन्ध | शुन्ध् |
| 1c | 57 | गर्द | गर्द् | 10c | 1832 | शुन्ध | शुन्ध् |
| 1c | 23 | गुर्द | गुर्द् | 1c | 3 | स्पर्ध | स्पर्ध् |
| 10c | 1665 | गुर्द | गुर्द् | 10c | 1925 | अन्ध | अन्ध् |
| 1c | 68 | चदि | चन्द् | 1c | 375 | कपि | कम्प् |
| 10c | 1577 | छदि | छन्द् | 10c | 1620 | क्षपि | क्षम्प् |
| 10c | 1589 | छर्द | छर्द् | 10c | 1619 | चपि | चम्प् |
| 1c | 58 | तर्द | तर्द् | 1c | 398 | जल्प | जल्प् |
| 1c | 69 | त्रदि | त्रन्द् | 6c | 1310 | तुम्प | तुम्प् |
| 1c | 67 | टुनदि | नन्द् | 1c | 405 | तुम्प | तुम्प् |
| 1c | 56 | नर्द | नर्द् | 1c | 407 | त्रुम्प | त्रुम्प् |
| 1c | 66 | णिदि | निन्द् | 1c | 412 | पर्प | पर्प् |
| 1c | 29 | पर्द | पर्द् | 4c | 1122 | पुष्प | पुष्प् |
| 1c | 64 | बिदि | बिन्द् | 10c | 1612 | शूर्प | शूर्प् |
| 1c | 876 | उबुन्दिर् | बुन्द् | 6c | 1316 | ऋम्फ | ऋम्फ् |
| 1c | 12 | भदि | भन्द् | 6c | 1318 | गुम्फ | गुम्फ् |
| 1c | 13 | मदि | मन्द् | 6c | 1312 | तुम्फ | तुम्फ् |
| 10c | 1541 | मिदि | मिन्द् | 1c | 409 | तुम्फ | तुम्फ् |
| 1c | 11 | वदि | वन्द् | 6c | 1308 | तृम्फ | तृम्फ् |
| 10c | 1714 | शब्द | शब्द् | 1c | 411 | त्रुम्फ | त्रुम्फ् |
| 1c | 10 | श्विदि | श्विन्द् | 6c | 1314 | दृम्फ | दृम्फ् |
| 1c | 979 | स्कन्दिर् | स्कन्द् | 1c | 414 | रफि | रम्फ् |
| 1c | 9 | स्कुदि | स्कुन्द् | 1c | 378 | अबि | अम्ब् |
| 1c | 14 | स्पदि | स्पन्द् | 1c | 415 | अर्ब | अर्ब् |
| 1c | 761 | स्यन्दू | स्यन्द् | 1c | 420 | कर्ब | कर्ब् |

| 1c | 426 | कुबि | कुम्ब् | 1c | 390 | शल्भ | शल्भ् |
|---|---|---|---|---|---|---|---|
| 10c | 1655 | कुबि | कुम्ब् | 6c | 1322 | शुम्भ | शुम्भ् |
| 1c | 421 | खर्ब | खर्ब् | 1c | 433 | शुम्भ | शुम्भ् |
| 1c | 422 | गर्ब | गर्ब् | 1c | 393 | श्रम्भु | श्रम्भ् |
| 1c | 425 | चर्ब | चर्ब् | 1c | 431 | षृम्भु | सृम्भ् |
| 1c | 429 | चुबि | चुम्ब् | 1c | 387 | स्कभि | स्कम्भ् |
| 10c | 1635 | चुबि | चुम्ब् | 1c | 386 | ष्टभि | स्तम्भ् |
| 1c | 428 | तुबि | तुम्ब् | 1c | 757 | स्रम्भु | स्रम्भ् |
| 10c | 1657 | तुबि | तुम्ब् | 10c | 1711 | कुस्म | कुस्म् |
| 1c | 416 | पर्ब | पर्ब् | 1c | 467 | हुम्म | हुम्म् |
| 1c | 418 | बर्ब | बर्ब् | 1c | 510 | ईर्ध्य | ईर्ध्य् |
| 1c | 419 | मर्ब | मर्ब् | 1c | 511 | ईर्ष्य | ईर्ष्य् |
| 1c | 376 | रबि | रम्ब् | 1c | 508 | मव्य | मव्य् |
| 1c | 377 | लबि | लम्ब् | 1c | 513 | शुच्य | शुच्य् |
| 1c | 379 | लबि | लम्ब् | 1c | 509 | सूर्ध्य | सूर्ध्य् |
| 1c | 417 | लर्ब | लर्ब् | 1c | 514 | हर्य | हर्य् |
| 1c | 427 | लुबि | लुम्ब् | 1c | 556 | अभ्र | अभ्र् |
| 10c | 1656 | लुबि | लुम्ब् | 10c | 1539 | कुद्रि | कुन्द्र् |
| 10c | 1556 | शम्ब | शम्ब् | 10c | 1678 | तत्रि | तन्त्र् |
| 1c | 423 | शर्ब | शर्ब् | 10c | 1679 | मत्रि | मन्त्र् |
| 10c | 1611 | शुल्ब | शुल्ब् | 1c | 558 | मभ्र | मभ्र् |
| 10c | 1555 | षम्ब | सम्ब् | 10c | 1536 | यत्रि | यन्त्र् |
| 1c | 424 | षर्ब | सर्ब् | 1c | 557 | वभ्र | वभ्र् |
| 6c | 1320 | उम्भ | उम्भ् | 10c | 1623 | श्वभ्र | श्वभ्र् |
| 1c | 392 | गल्भ | गल्भ् | 10c | 1917 | चित्र | चित्र् |
| 1c | 388 | जभी | जम्भ् | 10c | 1924 | छिद्र | छिद्र् |
| 10c | 1716 | जभि | जम्भ् | 10c | 1921 | मिश्र | मिश्र् |
| 1c | 389 | जृभि | जृम्भ् | 10c | 1909 | मूत्र | मूत्र् |
| 5c | 1270 | दम्भु | दम्भ् | 10c | 1906 | सत्र | सत्र् |
| 1c | 391 | वल्भ | वल्भ् | 10c | 1908 | सूत्र | सूत्र् |

| 1c | 498 | कल्ल | कल्ल् | 1c | 580 | भर्व | भर्व् |
| 1c | 533 | चिल्ल | चिल्ल् | 1c | 578 | मर्व | मर्व् |
| 1c | 531 | चुल्ल | चुल्ल् | 1c | 589 | मिवि | मिन्व् |
| 1c | 532 | फुल्ल | फुल्ल् | 1c | 575 | मुर्वी | मुर्व् |
| 1c | 496 | भल्ल | भल्ल् | 1c | 596 | रवि | रन्व् |
| 1c | 494 | मल्ल | मल्ल् | 1c | 595 | रिवि | रिन्व् |
| 1c | 492 | वल्ल | वल्ल् | 1c | 585 | शर्व | शर्व् |
| 1c | 540 | वेल्ल | वेल्ल् | 1c | 586 | षर्व | सर्व् |
| 1c | 550 | श्वल्ल | श्वल्ल् | 10c | 1569 | षान्त्व | सान्त्व् |
| 1c | 584 | अर्व | अर्व् | 1c | 591 | हिवि | हिन्व् |
| 1c | 587 | इवि | इन्व् | 10c | 1907 | गर्व | गर्व् |
| 1c | 569 | उर्वी | उर्व् | 10c | 1765 | कुशि | कुंश् |
| 1c | 581 | कर्व | कर्व् | 10c | 1674 | दशि | दंश् |
| 1c | 598 | कृवि | कृन्व् | 10c | 1764 | दशि | दंश् |
| 1c | 582 | खर्व | खर्व् | 1c | 989 | दंश | दंश् |
| 1c | 583 | गर्व | गर्व् | 10c | 1787 | भृशि | भृंश् |
| 1c | 574 | गुर्वी | गुर्व् | 4c | 1225 | भ्रंशु | भ्रंश् |
| 1c | 579 | चर्व | चर्व् | 10c | 1788 | रुशि | रुंश् |
| 1c | 594 | जिवि | जिन्व् | 1c | 654 | अक्षू | अक्ष् |
| 1c | 570 | तुर्वी | तुर्व् | 1c | 610 | ईक्ष | ईक्ष् |
| 1c | 571 | थुर्वी | थुर्व् | 1c | 657 | उक्ष | उक्ष् |
| 1c | 592 | दिवि | दिन्व् | 1c | 667 | काक्षि | काङ्क्ष् |
| 1c | 572 | दुर्वी | दुर्व् | 1c | 652 | घुषि | घुंष् |
| 1c | 597 | धवि | धन्व् | 2c | 1017 | चक्षिङ् | चक्ष् |
| 1c | 593 | धिवि | धिन्व् | 2c | 1071 | जक्ष | जक्ष् |
| 1c | 573 | धुर्वी | धुर्व् | 1c | 655 | तक्षू | तक्ष् |
| 1c | 590 | णिवि | निन्व् | 1c | 665 | तक्ष | तक्ष् |
| 1c | 577 | पर्व | पर्व् | 1c | 660 | त्रक्ष | त्रक्ष् |
| 1c | 588 | पिवि | पिन्व् | 1c | 656 | त्वक्षू | त्वक्ष् |
| 1c | 576 | पुर्व | पुर्व् | 1c | 608 | दक्ष | दक्ष् |

| 1c | 770 | दक्षि | दक्ष् | 10c | 1666 | जसि | जंस् |
|---|---|---|---|---|---|---|---|
| 1c | 609 | दीक्षि | दीक्ष् | 10c | 1729 | तसि | तंस् |
| 1c | 670 | द्राक्षि | द्राङ्क्ष् | 10c | 1761 | त्रसि | त्रंस् |
| 1c | 603 | धिक्षि | धिक्ष् | 10c | 1675 | दसि | दंस् |
| 1c | 602 | धुक्षि | धुक्ष् | 10c | 1786 | दसि | दंस् |
| 1c | 671 | ध्राक्षि | ध्राङ्क्ष् | 1c | 755 | ध्वंसु | ध्वंस् |
| 1c | 672 | ध्वाक्षि | ध्वाङ्क्ष् | 2c | 1025 | णिसि | निंस् |
| 1c | 662 | णक्षि | नक्ष् | 10c | 1616 | पसि | पंस् |
| 1c | 659 | णिक्षि | निक्ष् | 10c | 1762 | पिसि | पिंस् |
| 10c | 1550 | पक्षि | पक्ष् | 10c | 1637 | पुंस | पुंस् |
| 10c | 1557 | भक्षि | भक्ष् | 10c | 1682 | भर्त्सि | भर्त्स् |
| 1c | 606 | भिक्षि | भिक्ष् | 1c | 756 | भ्रंसु | भ्रंस् |
| 1c | 669 | माक्षि | माङ्क्ष् | 10c | 1790 | रुसि | रुंस् |
| 1c | 664 | मृक्षि | मृक्ष् | 1c | 728 | शंसु | शंस् |
| 10c | 1692 | यक्षि | यक्ष् | 1c | 754 | स्रंसु | स्रंस् |
| 1c | 658 | रक्षि | रक्ष् | 10c | 1829 | हिसि | हिंस् |
| 10c | 1538 | लक्षि | लक्ष् | 10c | 1918 | अंस | अंस् |
| 10c | 1696 | लक्षि | लक्ष् | 1c | 635 | अहि | अंह् |
| 1c | 663 | वक्षि | वक्ष् | 10c | 1797 | अहि | अंह् |
| 1c | 613 | वर्षि | वर्ष् | 1c | 740 | अर्ह | अर्ह् |
| 1c | 668 | वाक्षि | वाङ्क्ष् | 10c | 1731 | अर्हि | अर्ह् |
| 1c | 604 | वृक्षि | वृक्ष् | 10c | 1830 | अर्हि | अर्ह् |
| 1c | 605 | शिक्षि | शिक्ष् | 1c | 636 | गर्हि | गर्ह् |
| 1c | 666 | सूर्क्षि | सूर्क्ष् | 10c | 1845 | गर्हि | गर्ह् |
| 1c | 661 | स्रक्षि | स्रक्ष् | 1c | 637 | गल्ह | गल्ह् |
| 10c | 1910 | रूक्षि | रूक्ष् | 6c | 1350 | तृंहि | तृंह् |
| 1c | 629 | आङःशसि | आशंस् | 1c | 734 | दृहि | दृंह् |
| 2c | 1024 | कसि | कंस् | 1c | 633 | बहि | बंह् |
| 10c | 1763 | कुसि | कुंस् | 1c | 638 | बर्हि | बर्ह् |
| 10c | 1697 | कुत्स | कुत्स् | 10c | 1664 | बर्हि | बर्ह् |

| 10c | 1769 | बर्ह | बर्ह |
| 1c | 639 | बल्ह | बल्ह |
| 10c | 1770 | बल्ह | बल्ह |
| 1c | 736 | बृहि | बृंह् |
| 10c | 1768 | बृहि | बृंह् |
| 1c | 634 | महि | मंह् |
| 10c | 1799 | महि | मंह् |
| 1c | 732 | रहि | रंह् |
| 10c | 1798 | रहि | रंह् |
| 1c | 640 | वर्ह | वर्ह |
| 1c | 641 | वल्ह | वल्ह |

# Roots with Final Nasal

6.4.37 अनुदात्तोपदेशवनतितनोत्यादीनामनुनासिकलोपो झलि क्ङिति । Final nasal of Dhatupatha Roots with **unaccented** Root vowel, and of root वन् and of 8c Roots तन् etc. is elided , when facing क्ङित् affix that begins with a consonant, not semi vowel or nasal. Applies to कृदन्तः Affixes निष्ठा etc.

| 1c | 853 | रमुँ | रम् | 2c | 1012 | हनँ | हन् |
|---|---|---|---|---|---|---|---|
| 1c | 981 | णमँ | नम् | | | | |
| 1c | 982 | गमॢँ | गम् | 4c | 1176 | मनँ | मन् |
| 1c | 984 | यमँ | यम् | | | | |

| 8c | 1463 | तनुँ | तन् | 1468 | तृणुँ | तृण् |
|---|---|---|---|---|---|---|
| 8c | 1465 | क्षणुँ | क्षण् | 1469 | घृणुँ | घृण् |
| 8c | 1466 | क्षिणुँ | क्षिण् | 1470 | वनुँ | वन् |
| 8c | 1467 | ऋणुँ | ऋण् | 1471 | मनुँ | मन् |

1464 षणु सन् comes under Sutra 6.4.42 जनसनखनां सञ्झलोः not here.

**Note:** Other Roots ending in nasal do not qualify since their root vowel is **accented.**

**Note: These 10c Roots do not qualify here.**

| 1578 | श्रणँ | श्रण् | 1840 | तनुँ | तन् |
|---|---|---|---|---|---|
| 1625 | यमँ | यम् | 1853 | गणँ | गण् |
| 1693 | स्यमँ | स्यम् | 1859 | स्तनँ | स्तन् |
| 1695 | शमँ | शम् | 1889 | ध्वनँ | ध्वन् |
| 1715 | कणँ | कण् | 1937 | व्रणँ | व्रण् |
| 1720 | अमँ | अम् | | | |

# Roots ending in दकारः

| 8.2.42 | रदाभ्यां निष्ठातो नः पूर्वस्य च दः । For Anit Roots ending in Repha, दकारः the निष्ठा तकारः gets replaced by नकारः । Also Apply 7.1.100, 1.1.51, 8.2.77 for ऋकारान्तः Roots | शद्लृ , छिदिर् etc. |
|---|---|---|

अनिट् Roots ending in दकारः

| | | | | | | | |
|---|---|---|---|---|---|---|---|
| 1c | 854 | षद्लृ | सद् | 6c | 1281 | तुद | तुद् |
| 1c | 855 | शद्लृ | शद् | 6c | 1282 | णुद | नुद् |
| 1c | 977 | हद | हद् | 6c | 1426 | णुद | नुद् |
| 1c | 979 | स्कन्दिर् | स्कन्द् | 6c | 1427 | षद्लृ | सद् |
| 2c | 1011 | अद | अद् | 6c | 1428 | शद्लृ | शद् |
| 4c | 1169 | पद | पद् | 6c | 1432 | विद्लृ | विद् |
| 4c | 1170 | खिद | खिद् | 6c | 1436 | खिद | खिद् |
| 4c | 1171 | विद | विद् | 7c | 1439 | भिदिर् | भिद् |
| 4c | 1188 | ष्विदा | स्विद् | 7c | 1440 | छिदिर् | छिद् |
| 4c | | ञिष्विदा | स्विद् | 7c | 1443 | क्षुदिर् | क्षुद् |
| 4c | 1242 | क्लिदू | क्लिद् | 7c | 1449 | खिद | खिद् |
| | | | | 7c | 1450 | विद | विद् |

Roots ending in दकारः that behave अनिट् for निष्ठा

743 ञिमिदाँ मिद् 744 ञिष्विदाँ स्विद् 978 ञिष्विदाँ स्विद् 1188 ष्विदाँ स्विद् 1243 ञिमिदाँ मिद् 1244 ञिक्ष्विदाँ क्ष्विद्

Roots ending in Repha

7.2.16 आदितश्च । Roots with आदित् Tag do not take सेट् for निष्ठा ।
775 ञित्वराँ त्वर्
7.2.14 श्वीदितो निष्ठायाम् । Roots with ईदित् Tag no सेट् for निष्ठा ।
1151 पूरीँ पूर् 1152 तूरीँ तूर् 1154 गूरीँ गूर् 1155 घूरीँ घूर् 1156 जूरीँ जूर् 1157 शूरीँ शूर् 1158 चूरीँ चूर् 1153 धूरीँ धूर्

# Roots ending in ॠ  Long Rii

| 7.2.38 | वृतो वा । इट् Augment is Optionally दीर्घः for लृट् लृङ् लुट् for Root 1509 वृङ् , 1254 वृञ्  and Roots ending in ॠ | This Sutra does not apply to Nishtha due to 7.2.15 |
|---|---|---|

| Class | Root | | Class | Root | | Class | Root | |
|---|---|---|---|---|---|---|---|---|
| 1c | 808 | दृ  दृ | 6c | 1409 | कृ  कृ | 9c | 1492 | मृ  मृ |
| 1c | 809 | नृ  नृ | 6c | 1410 | गृ  गृ | 9c | 1493 | दृ  दृ |
| 1c | 969 | तृ  तृ | | | | 9c | 1494 | जृ  जृ |
| | | | 9c | 1484 | स्तृञ्  स्तृ | 9c | 1495 | नृ  नृ |
| 3c | 1086 | पृ  पृ | 9c | 1485 | कृञ्  कृ | 9c | 1496 | कृ  कृ |
| | | | 9c | 1486 | वृञ्  वृ | 9c | 1497 | ऋ  ऋ |
| 4c | 1130 | जृष्  जृ | 9c | 1488 | शृ  शृ | 9c | 1498 | गृ  गृ |
| 4c | 1131 | झृष्  झृ | 9c | 1489 | पृ  पृ | | | |
| | | | 9c | 1490 | वृ  वृ | 10c | 1548 | पृ  पृ |
| | | | 9c | 1491 | भृ  भृ | 10c | 1814 | जृ  जृ |

| 8.2.42 | रदाभ्यां निष्ठातो नः पूर्वस्य च दः । Anit Roots ending in Repha, दकारः । Also Apply 7.1.100, 1.1.51, 8.2.77 for ॠकारान्तः Roots | शदॢ , छिदिरॢ etc.<br>Note - 10c Roots will have णिच् and be सेट् , 1548 पृ 1814 जृ |
|---|---|---|

# Roots ending in ऋ Short Ri with preceding Conjunct

| 7.2.43 | ऋतश्च संयोगादेः । Optional इट् for Atmanepada Benedictive आशीर्लिङ् and Aorist लुङ् सिच् Affixes. |
|---|---|

| 1c | 939 | ध्वृ | ध्वृ |
|---|---|---|---|
| 5c | 1252 | स्तृञ् | स्तृ |
| 5c | 1259 | स्पृ | स्पृ |
| 5c | 1259 | स्मृ | स्मृ |
| 1c | 807 | स्मृ | स्मृ |
| 1c | 933 | स्मृ | स्मृ |
| 1c | 932 | स्वृ | स्वृ |
| 1c | 899 | हृञ् | हृ |
| 1c | 931 | ह्वृ | ह्वृ |
| 1c | 934 | ह्वृ | ह्वृ |

# Roots ending in उक् Pratyahara

| 7.2.11 | श्र्युकः किति I For Root श्रि, and Roots ending in उक् = उ , ऊ , ऋ , ॠ , लृ , when facing a कित् affix, the इट् augment does not apply. | श्रिञ् , भू etc. |
|---|---|---|

Applicable only for Roots 1c - 9c.

| **1c** | | | | **3c** | | | | **9c** | |
|---|---|---|---|---|---|---|---|---|---|
| 1 | भू | 951 | कु | 1042 | कु | 1255 | ध्रु | 1478 | स्कु |
| 807 | स्मृ | 952 | घु | 1043 | स्तु | 1256 | दु | 1479 | यु |
| 808 | दॄ | 953 | उ | 1044 | ब्रू | 1258 | पृ | 1480 | कॄ |
| 809 | नॄ | 954 | डु | 1072 | जागृ | 1259 | स्पृ | 1481 | दॄ |
| 898 | भृ | 955 | च्यु | 1082 | ह्नु | 1259 | स्मृ | 1482 | पू |
| 899 | हृ | 956 | ज्यु | **3c** | | 1280 | दृ | 1483 | लू |
| 900 | ध्रृ | 957 | प्रु | 1083 | हु | **6c** | | 1484 | स्तॄ |
| 931 | ह्वृ | 958 | प्लु | 1086 | पृ | 1397 | नू | 1485 | कृ |
| 932 | स्वृ | 959 | रु | 1087 | भृ | 1398 | ध्रू | 1486 | वृ |
| 933 | स्मृ | 960 | ध्रृ | 1096 | घृ | 1399 | ग | 1487 | ध्रू |
| 934 | ह्वृ | 966 | पू | 1097 | हृ | 1400 | ध्रु | 1488 | शॄ |
| 935 | सृ | 967 | मू | 1098 | ऋ | 1401 | कु | 1489 | पॄ |
| 936 | ऋ | 969 | तॄ | 1099 | सृ | 1402 | पृ | 1490 | वृ |
| 937 | गृ | **2c** | | **4c** | | 1403 | मृ | 1491 | भृ |
| 938 | घृ | 1031 | सू | 1130 | जॄ | 1408 | सू | 1492 | मृ |
| 939 | ध्वृ | 1033 | यु | 1131 | झॄ | 1409 | कॄ | 1493 | दॄ |
| 940 | स्तृ | 1034 | रु | 1132 | सू | 1410 | गॄ | 1494 | जॄ |
| 941 | सु | 1035 | नु | 1133 | दू | 1411 | दृ | 1495 | नॄ |
| 942 | श्रु | 1036 | क्षु | **5c** | | 1412 | ध्रृ | 1496 | कॄ |
| 943 | ध्रु | 1037 | क्ष्णु | 1247 | सु | | | 1497 | ऋ |
| 944 | दु | 1038 | स्तु | 1252 | स्तृ | **8c** | | 1498 | गॄ |
| 945 | द्रु | 1039 | ऊर्णु | 1253 | कृ | 1472 | कृ | 1509 | वृ |
| 949 | गु | 1040 | द्यु | 1254 | वृ | | | | |
| | | 1041 | सु | 1255 | ध्रु | | | | |

# Roots ending in इव्

| 7.2.49 | सनीवन्तर्धभ्रस्जदम्भुश्रिस्वृयूर्णुभर ज्ञपिसनाम् । | Roots ending in इव् are प्लिव् 2 Roots and दिव् , सिव् , स्निव् (5 roots in all) |
|---|---|---|

# Roots ending in च्छ् , व्

| 6.4.19 | च्छवोः शूडनुनासिके च । श् replaces च्छ् , and ऊठ् replaces व् , when facing a nasal beginning affix, the affix क्वि , or a झलादि क्ङित् affix. This Sutra can work only on अनिट् Roots. Hence will not apply to 10c Roots. |
|---|---|

We have only 1 अनिट् Root ending in च्छ् = 1413 प्रच्छ्

Note: For Roots 211 हुर्छा हुच्छृ 212 मुर्छा मुच्छृ 213 स्फुर्छा स्फुच्छृ the Sutra 6.4.21 राल्लोपः applies.

Roots ending in व् that behave as अनिट् for निष्ठा ।

| 1c | | | 4c | | |
|---|---|---|---|---|---|
| 560 | ष्ठिवुँ | ष्ठिव् | 1107 | दिवुँ | दिव् |
| 567 | क्षीवुँ | क्षीव् | 1108 | सिवुँ | सिव् |
| 568 | क्षेवुँ | क्षेव् | 1109 | स्निवुँ | स्निव् |
| 601 | धावुँ | धाव् | 1110 | ष्ठिवुँ | ष्ठिव् |

Note: For Roots 569 उर्वी उर्व् 570 तुर्व् 571 थुर्व् 572 दुर्व् 573 धुर्व् 574 गुर्व् 575 मुर्व् the Sutra 6.4.21 राल्लोपः  applies.

7.2.56 उदितो वा । Roots with उदित् Tag take optional इट् for क्त्वा affix. 7.2.15 यस्य विभाषा । This by extrapolation makes उदित् Roots अनिट् for निष्ठा ।

# Roots ending in ह्रू , व्रू

| 6.4.21 | राल्लोपः । In the case of ह्रू , व्रू there is elision of ह्र , व् resp. when facing the affix क्ति , or a झलादि क्ङित् affix. |

This Sutra can work only on अनिट् Roots. Following Sutras make few Roots अनिट् so it can work on them.

7.2.14 श्र्वीदितो निष्ठायाम् । Roots with ईदित् Tag do not take सेट् ।

7.2.16 आदितश्च । Roots with आदित् Tag do not take सेट् ।


Anit Roots ending in ह्रू । क्त निष्ठा example.

| 1c | 211 | हुर्छा | हुर्छ् | हूर्णः |
|    | 212 | मुर्छा | मुर्छ् | मूर्तः |
|    | 213 | स्फुर्छा | स्फुर्छ् | स्फूर्णः |


Anit Roots ending in व्रू । क्त निष्ठा example.

| 1c | 569 | उर्वीं | उर्व् | ऊर्णः |
|    | 570 | तुर्वीं | तुर्व् | तूर्णः |
|    | 571 | थुर्वीं | थुर्व् | थूर्णः |
|    | 572 | दुर्वीं | दुर्व् | दूर्णः |
|    | 573 | धुर्वीं | धुर्व् | धूर्णः |
|    | 574 | गुर्वीं | गुर्व् | गूर्णः |
|    | 575 | मुर्वीं | मुर्व् | मूर्णः |

## *Roots of gana 2c, 3c, 4c, 6c, 7c, 9c ending in इण्*

6.4.77 अचि श्नुधातुभ्रुवां य्वोरियङुवङौ । इयङ् उवङ् आदेशः for

- Roots ending in 5c gana vikarana श्नु
- Roots ending in इण् Pratyahara, ( इ ई उ ऊ ), e.g. Root 1046 इङ् अध्ययने + लट् अते —> (अधि) + इ +अते —> 6.4.77 —> (अधि) + इय् + अते —> अधि + इयते —> 6.1.101—> अधीयते । They all study.
- भ्रू

Does not apply to 1c since gana vikarana शप् causes Guna.
Does not apply to 8c since gana vikarana उ causes Guna.
Does not apply to 10c gana vikarana णिच् + शप् causes guna.

For 5c gana vikarna श्नु , 6.4.77 अचि श्नुधातुभ्रुवां य्वोरियङुवङौ applies to consonant ending Roots.

Hence we consider Roots of 2c, 3c, 4c, 6c, 7c, 9c.

## 2c

| 1031 | षूङ् | ऊ |
| 1032 | शीङ् | ईर |
| 1033 | यु | उ |
| 1034 | रु | उ |
| 1035 | णु | उ |
| 1036 | टुक्षु | उ |
| 1037 | क्ष्णु | उ |
| 1038 | ष्णु | उ |
| 1039 | ऊर्णुञ् | उ |
| 1040 | द्यु | उ |
| 1041 | षु | उ |
| 1042 | कु | उ |
| 1043 | ष्टुञ् | उ |
| 1044 | ब्रूञ् | ऊ |
| 1045 | झण् | इ |
| 1046 | इङ् | इ |
| 1047 | इक् | इ |
| 1048 | वी | ईर |
| 1076 | दीधीङ् | ईर |

## 3c

| 1077 | वेवीङ् | ईर |
| 1082 | ह्नुङ् | उ |
| 1083 | हु | उ |
| 1084 | जिभी | ई |
| 1085 | ह्री | ई |
| 1101 | कि | इ |

## 4c

| 1132 | षूङ् | ऊ |
| 1133 | दूङ् | ऊ |
| 1134 | दीङ् | ईर |
| 1135 | डीङ् | ईर |
| 1136 | धीङ् | ईर |
| 1137 | मीङ् | ईर |
| 1138 | रीङ् | ईर |
| 1139 | लीङ् | ईर |
| 1140 | व्रीङ् | ईर |
| 1141 | पीङ् | ईर |
| 1143 | ईङ् | ई |
| 1144 | प्रीङ् | ई |

## 6c

| 1397 | णू | ऊ |
| 1398 | धू | ऊ |
| 1399 | गु | उ |
| 1400 | घ्रु | उ |
| 1401 | कुङ् | उ |
| 1404 | रि | इ |
| 1405 | पि | इ |
| 1406 | धि | इ |
| 1407 | क्षि | इ |
| 1408 | षू | ऊ |

## 7c

None

## 9c

| 1473 | डुक्रीञ् | ईर |
| 1474 | प्रीञ् | ईर |
| 1475 | श्रीञ् | ईर |
| 1476 | मीञ् | ईर |
| 1477 | षिञ् | इ |
| 1478 | स्कुञ् | उ |
| 1479 | युञ् | उ |
| 1480 | क्रूञ् | ऊ |
| 1481 | द्रूञ् | ऊ |
| 1482 | पूञ् | ऊ |
| 1483 | लूञ् | ऊ |
| 1487 | धूञ् | ऊ |
| 1500 | री | ईर |
| 1501 | ली | ईर |
| 1502 | ह्री | ईर |
| 1503 | फ्री | ईर |
| 1504 | व्री | ईर |
| 1505 | भ्री | ईर |
| 1506 | क्षीष् | इ |

For gana vikarna श्नु , Sutra 6.4.87 हुश्नुवोः सार्वधातुके applies to vowel ending Roots

| DSN | Dhatu | | Final Letter |
|-----|-------|------|------|
| 1247 | षुञ् | सु | उ |
| 1248 | षिञ् | सि | इ |
| 1249 | शिञ् | शि | इ |
| 1250 | डुमिञ् | मि | इ |
| 1251 | चिञ् | चि | इ |
| 1252 | स्तृञ् | स्तृ | ऋ |
| 1253 | कृञ् | कृ | ऋ |
| 1254 | वृञ् | वृ | ऋ |
| 1255 | धुञ् | धु | उ |
| 1255 | धूञ् | धू | ऊ |
| 1256 | टुदु | दु | उ |
| 1257 | हि | हि | इ |
| 1258 | पृ | पृ | ऋ |
| 1259 | स्पृ | स्पृ | ऋ |
| 1259 | स्मृ | स्मृ | ऋ |
| 1275 | रि | रि | इ |
| 1276 | क्षि | क्षि | इ |
| 1277 | चिरि | चिरि | इ |
| 1278 | जिरि | जिरि | इ |
| 1279 | दाश | दाश् | श् |
| 1280 | दृ | दृ | ऋ |

# Consonant ending Roots of gana 5c

For gana vikarna श्नु , 6.4.77 अचि श्नुधातुभ्रुवां य्वोरियङुवङौ applies to consonant ending Roots.

| DSN | Dhatu | | Final Letter |
| --- | --- | --- | --- |
| 1247 | षुञ् | सु | उ |
| 1260 | आपॢ | आप् | प् |
| 1261 | शकॢ | शक् | क् |
| 1262 | राध | राध् | ध् |
| 1263 | साध | साध् | ध् |
| 1264 | अशू | अश् | श् |
| 1265 | ष्टिघ | स्तिघ् | घ् |
| 1266 | तिक | तिक् | क् |
| 1267 | तिग | तिग् | ग् |
| 1268 | षघ | सघ् | घ् |
| 1269 | ञिधृषा | धृष् | ष् |
| 1270 | दम्भु | दम्भ् | भ् |
| 1271 | ऋधु | ऋध् | ध् |
| 1272 | अह | अह् | ह् |
| 1273 | दघ | दघ् | घ् |
| 1274 | चमु | चम् | म् |
| 1279 | दाश | दाश् | श् |

| 6.4.23 | श्नान्नलोपः । After the gana vikarana श्नम् , there is elison of initial नकार of an augment or affix. |
|---|---|
|  | Applies to Roots of 7th conjugation where नुम् augment by 7.1.58 इदितो नुम् धातोः is elided after श्नम् gana vikarana. |

| 7c | Dhatu | 7.1.58 नुम् | | श्नम् | 6.4.23 न् लोपः |
|---|---|---|---|---|---|
| 1456 | हिसिँ | हिन्स् | हिंस् | हिनन्स् | हिनस् |
| 1457 | उन्दीँ | उन्द् | उन्द् | उनन्द् | उनद् |
| 1458 | अञ्जूँ | अन्ज् | अञ्ज् | अनन्ज् | अनज् |
| 1459 | तञ्चूँ | तन्च् | तञ्च् | तनन्च् | तनच् |



| 6.4.52 | निष्ठायां सेटि । The affix णिच् is elided before the सेट् Nishtha affixes क्त , क्तवतु |
|---|---|
|  | Applies to Roots of 10th conjugation. |

# Roots classified as मित्

6.4.92    मितां ह्रस्वः । Roots having an indicatory मकारः retain their penultimate short vowel before the Causative णिच् affix.

1c Roots 763 घट चेष्टायाम् to 821 फण गतौ ।

10c Roots 1624 झप ज्ञानज्ञापनमारणतोषणनिशाननिशामनेषु to 1629 चिञ् चयने ।

मित् classification is done by Ganasutras in the Dhatupatha.

- GanaSutra घटादयो मितः । in Dhatupatha for 1c. Applies for Secondary Roots with Causative णिच् affix.
- GanaSutra झप मिच्च । नान्ये मितोऽहेतौ । in Dhatupatha for 10c. Applies to the inherent 10c णिच् affix.

| 6.1.64 | धात्वादेः षः सः । In the Dhatupatha, the Roots with initial षकारः , change it to सकारः , during word construction. |
|---|---|
| Vartika | सुब्धातु-ष्ठिवु-ष्वष्कतीनां सत्वप्रतिषेधो वक्तव्यः । Except for words made from नाम–धातवः and the Roots 100 ष्वष्क ष्वष्क् , 560 ष्ठिवु ष्ठिव् , 1110 ष्ठिवु ष्ठिव् |

| | | | | | | | | |
|---|---|---|---|---|---|---|---|---|
| 18 | ष्वद | स्वद् | 400 | षप | सप् | 830 | ष्टम | स्तम् |
| 25 | षूद | सूद् | 424 | षर्ब | सर्ब् | 836 | ष्ठल | स्थल् |
| 47 | षिध | सिध् | 430 | षृभु | सृभ् | 852 | षह | सह् |
| 48 | षिधू | सिध् | 431 | षृम्भु | सृम्भ् | 854 | षद्ॡ | सद् |
| | | | 461 | ष्टन | स्तन् | 911 | ष्ट्यै | स्त्यै |
| 163 | षच | सच् | 464 | षण | सण् | 915 | षै | सै |
| 175 | ष्टुच | स्तुच् | 501 | षेवृ | सेव् | 922 | ष्टै | स्तै |
| 202 | षस्ज | सस्ज् | 547 | षल | सल् | 923 | ष्णै | स्नै |
| 225 | षर्ज | सर्ज् | | | | 928 | ष्ठा | स्था |
| 304 | षिट | सिट् | | | | 941 | षु | सु |
| 313 | षट | सट् | 586 | षर्व | सर्व् | 948 | ष्मिङ् | स्मि |
| 364 | ष्टिपृ | स्तिप् | 661 | ष्ट्रक्ष | स्त्रक्ष् | 976 | ष्वञ्ज | स्वञ्ज् |
| 365 | ष्टेपृ | स्तेप् | 782 | ष्टक | स्तक् | 987 | षञ्ज | सञ्ज् |
| 386 | ष्टभि | स्तम्भ् | 789 | षगे | सग् | 997 | षच | सच् |
| 394 | ष्टुभु | स्तुभ् | 790 | ष्टगे | स्तग् | | | |
| | | | 829 | षम | सम् | | | |

| | | | | | | | |
|---|---|---|---|---|---|---|---|
| 2c | 1031 | षूङ् | सू | 5c | 1265 | ष्टिघ | स्तिघ् |
| | 1038 | ष्णु | स्णु | | 1268 | षघ | सघ् |
| | 1041 | षु | सु | | 1340 | षुर | सुर् |
| | 1043 | ष्टुञ् | स्तु | | 1363 | षिल | सिल् |
| | 1052 | ष्णा | स्ना | | 1408 | षू | सू |
| | 1078 | षस | सस् | 6c | 1427 | षद्ल् | सद् |
| | 1079 | षस्ति | संस्त् | | 1434 | षिच | सिच् |
| | 1108 | षिवु | सिव् | | 1464 | षणु | सन् |
| 4c | | | | | 1477 | षिञ् | सि |
| | 1111 | ष्णुसु | स्नुस् | | 1555 | षम्ब | सम्ब् |
| | 1112 | ष्णसु | स्नस् | | 1562 | षुट्ट | सुद्ट् |
| | 1124 | ष्टिम | स्तिम् | 8c | 1569 | षान्त्व | सान्त्व् |
| | 1125 | ष्टीम | स्तीम् | 9c | 1572 | ष्णिह | स्निह् |
| | 1128 | षह | सह् | 10c | 1633 | षट्ट | सट्ट् |
| | 1129 | षुह | सुह् | | 1672 | ष्टुप | स्तुप् |
| | 1132 | षूङ् | सू | | 1717 | षूद | सूद् |
| | 1147 | षो | सो | | 1805 | ष्वद | स्वद् |
| | 1188 | ष्विदा | स्विद् | | 1809 | षह | सह् |
| | 1192 | षिधु | सिध् | | | | |
| | 1199 | ष्णुह | स्नुह् | | | | |
| | 1200 | ष्णिह | स्निह् | | | | |
| | 1247 | षुञ् | सु | | | | |
| | 1248 | षिञ् | सि | | | | |

# Roots beginning with णकारः

| 6.1.65 | णो नः । In the Dhatupatha, the Roots with initial णकारः , change it to नकारः , during word construction. |
|---|---|
| Vartika | सुब्धातोरयमपि नेष्यते वक्तव्यः । Except for words made from नाम–धातवः । |

| | | | | | | | | |
|---|---|---|---|---|---|---|---|---|
| 1c | 54 | णद | नद् | 1c | 871 | णिदृ | निद् |
| | 66 | णिदि | निन्द् | | 872 | णेदृ | नेद् |
| | 134 | णख | नख् | | 901 | णीञ् | नी |
| | 135 | णखि | नङ्ख् | | 981 | णम | नम् |
| | 310 | णट | नट् | 2c | 1025 | णिसि | निंस् |
| | 480 | णय | नय् | | 1026 | णिजि | निञ्ज् |
| | 522 | णील | नील् | | 1035 | णु | नु |
| | 566 | णीव | नीव् | 3c | 1093 | णिजिर् | निज् |
| | 590 | णिवि | निन्व् | 4c | 1166 | णह | नह् |
| | 617 | णेषृ | नेष् | | 1194 | णश | नश् |
| | 625 | णासृ | नास् | | 1240 | णभ | नभ् |
| | 627 | णस | नस् | 6c | 1282 | णुद | नुद् |
| | 659 | णिक्ष | निक्ष् | | 1360 | णिल | निल् |
| | 662 | णक्ष | नक्ष् | | 1397 | णू | नू |
| | 722 | णिश | निश् | | 1426 | णुद | नुद् |
| | 752 | णभ | नभ् | 9c | 1520 | णभ | नभ् |
| | 781 | णट | नट् | 10c | 1778 | णद | नद् |
| | 838 | णल | नल् | | | | |

# Roots beginning with ऋकारः

| 6.1.91 | उपसर्गादृति धातौ । Vriddhi is the single substitute when the अ or आ of an Upasarga faces the initial ऋ of a Root. |
|---|---|

| | | | | | | | |
|---|---|---|---|---|---|---|---|
| 1c | 176 | ऋज | ऋज् | 6c | 1287 | ऋषी | ऋष् |
| | 177 | ऋजि | ऋञ्ज् | | 1296 | ऋच्छ | ऋच्छ् |
| | 936 | ऋ | ऋ | | 1302 | ऋच | ऋच् |
| 3c | 1098 | ऋ | ऋ | | 1315 | ऋफ | ऋफ् |
| 4c | 1245 | ऋधु | ऋध् | | 1316 | ऋम्फ | ऋम्फ् |
| 5c | 1271 | ऋधु | ऋध् | 8c | 1467 | ऋणु | ऋण् |
| | | | | 9c | 1497 | ॠ | ॠ |

# Roots beginning with any Vowel

| 6.4.72 | आडजादीनाम् । The आट् augment is applied to Roots beginning with a vowel when facing लुङ् , लङ् , लृङ् affixes of the Aorist, Imperfect Past Tense and Conditional mood. |
|---|---|

## *Roots with one Letter only*

| | | | |
|---|---|---|---|
| 2c | 1045 | इण् | इ |
| 2c | 1046 | इङ् | इ |
| 2c | 1047 | इक् | इ |
| 4c | 1143 | ईङ् | ई |
| 1c | 953 | उङ् | उ |
| 1c | 936 | ऋ | ऋ |
| 3c | 1098 | ऋ | ऋ |
| 9c | 1497 | ॠ | ॠ |

| 7.2.45 | रधादिभ्यश्च । एतेषां अष्ट धातूनां उत्तरस्य वलादेः आर्धधातुकस्य विकल्पेन इट् । | रध् , नश् , तृप् , दृप् , द्रुह् , मुह् , स्नुह् , स्निह् |
|---|---|---|

## 4c

1193 रध हिंसासंराद्ध्योः ।

1194 णश अदर्शने ।

1195 तृप प्रीणने ।

1196 दृप हर्षमोहनयोः ।

1197 द्रुह जिघांसायाम् ।

1198 मुह वैचित्ये ।

1199 ष्णुह उद्गिरणे ।

1200 ष्णिह प्रीतौ ।

## Roots with Initial Conjunct and a यण् Letter

| 8.2.43 | संयोगादेरातो धातोर्यण्वतः । Roots with Initial Conjunct and containing a यण् letter य व र ल  and ending in आकारः , the निष्ठा त् → न् | द्यै , ध्यै , ष्ट्यै , स्त्यै , श्यै , प्यै , द्रै , ध्रै , श्रै , त्रै , ग्लै , म्लै |
|---|---|---|

| 1c | 16 | मुद | मुद् | 324 | प्रुड | प्रुड् | 710 | तुस | तुस् |
|----|----|------|------|-----|-------|--------|-----|------|------|
| 1c | 24 | गुद | गुद् | 329 | स्फुटिर् | स्फुट् | 737 | तुहिर् | तुह् |
| 1c | 31 | युतृ | युत् | 336 | रुठ | रुठ् | 738 | दुहिर् | दुह् |
| 1c | 32 | जुतृ | जुत् | 337 | लुठ | लुठ् | 739 | उहिर् | उह् |
| 1c | 40 | च्युतिर् | च्युत् | 338 | उठ | उठ् | 741 | द्युत | द्युत् |
| 1c | 41 | श्च्युतिर् | श्च्युत् | 341 | शुठ | शुठ् | 745 | रुच | रुच् |
| 1c | 91 | कुक | कुक् | 351 | तुड | तुड् | 746 | घुट | घुट् |
| 1c | 128 | उख | उख् | 352 | हुड | हुड् | 747 | रुट | रुट् |
| 1c | 175 | ष्टुच | स्तुच् | 394 | ष्टुभु | स्तुभ् | 748 | लुट | लुट् |
| 1c | 183 | शुच | शुच् | 395 | गुपू | गुप् | 749 | लुठ | लुठ् |
| 1c | 184 | कुच | कुच् | 403 | चुप | चुप् | 750 | शुभ | शुभ् |
| 1c | 195 | म्रुच | म्रुच् | 404 | तुप | तुप् | 751 | क्षुभ | क्षुभ् |
| 1c | 196 | म्लुच | म्लुच् | 406 | त्रुप | त्रुप् | 753 | तुभ | तुभ् |
| 1c | 197 | ग्रुच | ग्रुच् | 408 | तुफ | तुफ् | 841 | पुल | पुल् |
| 1c | 198 | ग्लुच | ग्लुच् | 410 | त्रुफ | त्रुफ् | 842 | कुल | कुल् |
| 1c | 199 | कुजु | कुज् | 432 | शुभ | शुभ् | 844 | हुल | हुल् |
| 1c | 200 | खुजु | खुज् | 437 | घुण | घुण् | 857 | कुच | कुच् |
| 1c | 201 | ग्लुञ्चु | ग्लुञ्च् | 653 | घुषिर् | घुष् | 858 | बुध | बुध् |
| 1c | 244 | तुज | तुज् | 693 | रुष | रुष् | 875 | बुधिर् | बुध् |
| 1c | 260 | स्फुट | स्फुट् | 700 | पुष | पुष् | 896 | गुह | गुह् |
| 1c | 314 | लुट | लुट् | 703 | प्रुष | प्रुष् | 970 | गुप | गुप् |
| 1c | 323 | मुड | मुड् | 704 | प्लुष | प्लुष् | | | |

| 3c | 1102 | तुर | तुर् | | | | |
|---|---|---|---|---|---|---|---|
| | | | | | | | |
| 4c | 1111 | ष्णसु | स्नस् | 4c | 1216 | प्लुष | प्लुष् |
| 4c | 1114 | व्युष | व्युष् | 4c | 1218 | कुस | कुस् |
| 4c | 1115 | प्लुष | प्लुष् | 4c | 1219 | बुस | बुस् |
| 4c | 1118 | कुथ | कुथ् | 4c | 1220 | मुस | मुस् |
| 4c | 1119 | पुथ | पुथ् | 4c | 1222 | लुट | लुद् |
| 4c | 1120 | गुध | गुध् | 4c | 1223 | उच | उच् |
| 4c | 1129 | षुह | सुह् | 4c | 1230 | रुष | रुष् |
| 4c | 1165 | ईशुचिर् | शुच् | 4c | 1233 | कुप | कुप् |
| 4c | 1172 | बुध | बुध् | 4c | 1234 | गुप | गुप् |
| 4c | 1173 | युध | युध् | 4c | 1235 | युप | युप् |
| 4c | 1174 | अनोरुध | रुध् | 4c | 1236 | रुप | रुप् |
| 4c | 1177 | युज | युज् | 4c | 1237 | लुप | लुप् |
| 4c | 1182 | पुष | पुष् | 4c | 1238 | लुभ | लुभ् |
| 4c | 1183 | शुष | शुष् | 4c | 1239 | क्षुभ | क्षुभ् |
| 4c | 1184 | तुष | तुष् | 4c | 1241 | तुभ | तुभ् |
| 4c | 1185 | दुष | दुष् | | | | |
| 4c | 1189 | क्रुध | क्रुध् | | | | |
| 4c | 1190 | क्षुध | क्षुध् | | | | |
| 4c | 1191 | शुध | शुध् | | | | |
| 4c | 1197 | द्रुह | द्रुह् | | | | |
| 4c | 1198 | मुह | मुह् | | | | |
| 4c | 1199 | ष्णुह | स्नुह् | | | | |
| 4c | 1215 | व्युष | व्युष् | | | | |

| 6c | 1368 | कुच | कुच् | 1386 | तुड | तुड् | 1311 | तुफ | तुफ् |
|---|---|---|---|---|---|---|---|---|---|
| 6c | 1430 | मुच्छ | मुच् | 1387 | थुड | थुड् | 1317 | गुफ | गुफ् |
| 6c | 1369 | गुज | गुज् | 1388 | स्थुड | स्थुड् | 1305 | लुभ | लुभ् |
| 6c | 1416 | रुजो | रुज् | 1391 | स्फुड | स्फुड् | 1319 | उभ | उभ् |
| 6c | 1417 | भुजो | भुज् | 1392 | चुड | चुड् | 1321 | शुभ | शुभ् |
| 6c | 1366 | कुट | कुद् | 1393 | त्रुड | त्रुड् | 1340 | षुर | सुर् |
| 6c | 1367 | पुट | पुद् | 1394 | कृड | कृड् | 1341 | कुर | कुर् |
| 6c | 1373 | स्फुट | स्फुद् | 1332 | तुण | तुण् | 1342 | खुर | खुर् |
| 6c | 1374 | मुट | मुद् | 1333 | पुण | पुण् | 1343 | मुर | मुर् |
| 6c | 1375 | त्रुट | त्रुद् | 1334 | मुण | मुण् | 1344 | क्षुर | क्षुर् |
| 6c | 1376 | तुट | तुद् | 1335 | कुण | कुण् | 1345 | घुर | घुर् |
| 6c | 1377 | चुट | चुद् | 1337 | द्रण | द्रण् | 1346 | पुर | पुर् |
| 6c | 1378 | छुट | छुद् | 1338 | घुण | घुण् | 1372 | छुर | छुर् |
| 6c | 1381 | लुट | लुद् | 1281 | तुद | तुद् | 1389 | स्फुर | स्फुर् |
| 6c | 1385 | घुट | घुद् | 1282 | णुद | नुद् | 1396 | गुरी | गुर् |
| 6c | 1326 | जुड | जुड् | 1426 | णुद | नुद् | 1390 | स्फुल | स्फुल् |
| 6c | 1370 | गुड | गुड् | 1336 | शुन | शुन् | 1419 | रुश | रुश् |
| 6c | 1379 | जुड | जुड् | 1309 | तुप | तुप् | 1288 | जुषी | जुष् |
| 6c | 1383 | कुड | कुड् | 1418 | छुप | छुप् |  |  |  |
| 6c | 1384 | पुड | पुड् | 1431 | लुप्र | लुप् |  |  |  |

| | | | | | | | |
|---|---|---|---|---|---|---|---|
| 7c | 1444 | युजिर् | युज् | 10c | 1783 | रुट | रुद् |
| 7c | 1454 | भुज | भुज् | 10c | 1913 | पुट | पुद् |
| 7c | 1443 | क्षुदिर् | क्षुद् | 10c | 1644 | शुठ | शुद् |
| 7c | 1438 | रुधिर् | रुध् | 10c | 1646 | जुड | जुड् |
| | | | | 10c | 1893 | कुण | कुण् |
| 9c | 1517 | गुध | गुध् | 10c | 1894 | गुण | गुण् |
| 9c | 1519 | क्षुभ | क्षुभ् | 10c | 1775 | पुथ | पुथ् |
| 9c | 1521 | तुभ | तुभ् | 10c | 1592 | चुद | चुद् |
| 9c | 1518 | कुष | कुष् | 10c | 1740 | मुद | मुद् |
| 9c | 1527 | प्रुष | प्रुष् | 10c | 1672 | ष्टुप | स्तुप् |
| 9c | 1528 | प्लुष | प्लुष् | 10c | 1771 | गुप | गुप् |
| 9c | 1529 | पुष | पुष् | 10c | 1779 | कुप | कुप् |
| | | | | 10c | 1534 | चुर | चुर् |
| 10c | 1929 | सुख | सुख् | 10c | 1599 | तुल | तुल् |
| 10c | 1743 | मुच | मुच् | 10c | 1600 | दुल | दुल् |
| 10c | 1804 | रुज | रुज् | 10c | 1601 | पुल | पुल् |
| 10c | 1806 | युज | युज् | 10c | 1602 | चुल | चुल् |
| 10c | 1613 | चुट | चुद् | 10c | 1670 | रुष | रुष् |
| 10c | 1614 | मुट | मुद् | 10c | 1726 | घुषिर् | घुष् |
| 10c | 1698 | त्रुट | त्रुद् | 10c | 1750 | पुष | पुष् |
| 10c | 1722 | स्फुट | स्फुद् | 10c | 1834 | जुष | जुष् |
| 10c | 1753 | पुट | पुद् | 10c | 1901 | कुह | कुह् |
| 10c | 1754 | लुट | लुद् | | | | |

## *Karikas*

Karikas are verses composed by Sanskrit Grammarians to highlight and easily remember some important points.

Ode to the Maheshwar Sutras from Nandikeshvara Kashika

नृत्तवसाने नटराजराजो ननाद ढक्कां नवपञ्चवारम् ।

उद्धर्त्तुकामः सनकादिसिद्धानेतद्विमर्शे शिवसूत्रजालम् ॥

Ode to Rishis – Vopadeva in his work Kavikalpadruma

इन्द्रश्चन्द्रः काशकृत्स्नापिशली शाकटायनः । पाणिन्यमरजैनेन्द्रा जयन्त्यष्टौ हि शब्दिकाः ॥

Dhatu Karikas

नत्वा नटेशं निखिलवर्णाम्नायादिदेशिकम् । श्रीकण्ठस्तनुते धातुकारिकां बालरञ्जनीम् ॥

Dvikarmaka Roots that take two Objects द्विकर्मकः धातुः

दुह् – याच् – पच् – दण्ड् – रुधि – प्रच्छ – चि – ब्रू – शासु – जि – मन्थ् – मुषाम् ।

कर्मयुक् स्यादकथितं तथा स्यात् नी – हृ – कृष् – वहाम् ॥

Anit Karikas अनिट् कारिकाः

उदात्ताः अनुदात्ताः च इत्येवं द्वेधा हि धातवः ।

उदात्तेभ्यः वलादि आर्धधातुकस्य इट् भवेत् इह ॥ १

न स स्यात् अनुदात्तेभ्यः अतः सङ्गृह्य पुरातनैः ।

पठिताः कारिकाभिः ते कथ्यन्ते धातवः क्रमात् ॥ २

In the Dhatupatha, Anudata Accent is given on Vowel ending single syllable Roots except those listed in this Karika

ऊत्-ऋत्-अन्तैः यौति रु क्ष्णु शीङ् ष्णु णु क्षु ध्वि डीङ् श्रिभिः ।

वृङ्-वृञ्-भ्यां च विन एकाचः अजन्तेषु निहताः स्मृताः ॥ ३

This means that except for ऊकारः ending, ऋकारः ending, and

यौति रु क्ष्णु शीङ् ष्णु णु क्षु ध्वि डीङ् श्रि वृङ् वृञ्, others are Anit.


Consonant ending Anit Roots are given below

शक्ल् पच् मुच् रिच् वच् विच् सिच् प्रच्छ् त्यज् निजिर् भजः ।

भञ्ज् भुज् भ्रस्ज् मस्जि यज् युज् रुज् रञ्ज् विजिर् स्वञ्जि सञ्ज सृजः ॥ ४

अद् क्षुद् खिद् छिद् तुदि नुदः पच्य-भिद्-विद्यतिः विनद् ।

Notice that यकारः in Roots पच्य विद्य is given to specify Roots of 4c. The

यकारः in Root विनद् specifies Roots of 6c and 7c.


शद् सदी स्विद्यतिः स्कन्दि हदी कुध् क्षुधि-बुध्यती ॥ ५

बन्घिः युधि-रुधी राधि-व्यध्-शुधः साधि-सिध्यती ।

मन्य हन् आप् क्षिप् छुपि तप् तिपः तृप्यति-दृप्यती ॥ ६

लिप् लुप् वप् शप् स्वप् सृपि यभ् रभ् लभ् गम् नम् यमो रमिः ।

क्रुशिः दंशि-दिशी दश् मृश् रिश् रुश् लिश विश् स्पृशः कृषिः ॥

त्विष् तुष् द्विष् दुष् पुष्य पिष् विष् शिष् शुष् श्लिष्य-तयो घसिः ।

वसतिः दह्-दिहि-दुहः नह् मिह् रुह् लिह् वहिः तथा ॥ ८

अनुदात्ता हलन्तेषु धातवः व्यधिकं शतम् ।

Such Roots are thus 102 in number. Adding 1 more Root since विनद्
points to two Roots, the total becomes 103.

कचच्छजादधनपाभमशाष्षसहाः क्रमात् ॥ ९

कच–काण–णटाः खण्डो गघञाष्टखजाः स्मृताः ।


तुदादौ मतभेदेन स्थितौ यौ च चुरादिषु ॥ १०

तृप्–दृपी तौ वारयितुं श्यना निर्देश आदृतः ।

Roots तृप् दृप् have been read as तृप्य दृप्य to point out Roots of 4c, and not to include Roots of 6c and 10c.


किञ्च– Moreover

स्विद्यपद्यौ सिध्यबुध्यौ मन्यमुष्यश्लिषः श्यना ॥ ११

वसिः शापा लुका यौतिः निर्दिष्टोऽन्यनिवृत्तये ।

णिजिर् विजिर् शक्लृ इति सानुबन्धा अमी तथा ॥ १२

Similarly, a Root read along with Tag letter indicates that specific Root only.

विन्दतिः चान्द्रदौर्गादेरिष्टो भाष्येऽपि दृश्यते ।

व्याघ्रभूत्यादयस्त्वेनं नेह पेठुरिति स्थितम् ॥ १३

रञ्जि–मस्जी अदि–पदी तुद् क्षुध् शुषि–पुषी शिषिः ।

भाष्यानुक्ता नवेहोक्ता व्याघ्रभूत्यादिसम्मतेः ॥ १४

Names of grammarians Chandra, Durga and Vyagrabhuti have been mentioned in support of the Karika.

# GanaSutras from the Dhatupatha

The word Gana Sutra गणसूत्र refers to statements that qualify one or more Dhatus in the Dhatupatha of Panini. Similarly, Ganasutra also refers to statements that qualify one or more Noun Stems in the Ganapatha of Panini. Also, the Kashika Vritti has some gana sutras.

Here we give the GanaSutras from the Dhatupatha of Panini.

The Dhatupatha consists of two types of statements.
The main statements or sutras name the Dhatus explicitly.
So these are called Dhatu Sutras. The Dhatus are placed in ganas or groups (1c to 10c) for ease of deriving the Sarvadhatuka affixed Verbs and Nouns. There are 1943 explicit Dhatu Sutras according to the Kashika Vritti and also verified by Siddhanta Kaumudi.

The other statements are called Gana Sutras.
There are the statements that qualify or give additional information for one or more Dhatus. Also, these statements give the information regarding the beginning of a gana and ending of a gana. Sometimes the same statement is referred to both as a Dhatusutra and a Ganasutra.

Note that the ganas or grouping is relevant only for Sarvadhatuka Affixes. When using the Ardhadhatuka Afixes, the entire Dhatupatha of 1943 Dhatus is one set only.

| GanaSutra statements are listed here in the order of their appearance in the Dhatupatha of Panini. | | |
|---|---|---|
| Conjug ation | See Dhatu | GanaSutra |
| 1c | 775 ज्रित्वरा सम्भ्रमे । | घटादयः षितः । |
| 1c | 811 ज्ञा मारणतोषणनिशामनेषु । | मारणतोषणनिशामनेषु ज्ञा । |
| 1c | 812 कम्पने चलिः । | कम्पने चलिः । |

| 1c | 813 छदिर् ऊर्जने । | छदिर् ऊर्जने । |
|---|---|---|
| 1c | 814 लडिः जिह्वोन्मथने । | जिह्वोन्मथने लडिः । |
| 1c | 815 मदी हर्षग्लेपनयोः । | मदी हर्षग्लेपनयोः । |
| 1c | 816 ध्वन शब्दे । | ध्वन शब्दे । |
| 1c | | दलि–वलि–स्खलि–रणि–ध्वनि–त्रपि–क्षपयश्च । |
| 1c | 817 स्वन अवतंसने । | स्वन अवतंसने । |
| 1c | | घटादयो मितः । |
| 1c | | जनीजॄष्क्रसुरञ्ओऽमन्ताश्च । |
| 1c | | ज्वलह्वलह्मलनमामनुपसर्गाद्वा । |
| 1c | | ग्लास्नावनुवमां च |
| 1c | | न कम्यमिचमाम् । |
| 1c | 818 शमोऽदर्शने । | शमोऽदर्शने । |
| 1c | 819 यमोऽपरिवेषणे । | यमोऽपरिवेषणे । |
| 1c | 820 स्खदिर् अवपरिभ्यां च । | स्खदिर् अवपरिभ्यां च । |
| 1c | 821 फण गतौ । | फण गतौ । |
| | | |
| 2c | 1081 चर्करीतं च । | चर्करीतं च । |
| | | |
| 4c | 1159 तप ऐश्वर्ये वा । | तप ऐश्वर्ये वा । |
| 4c | 1160 वृतु वरणे । | वा वृतु वरणे । |
| 4c | 1140 व्रीङ् वृणोत्यर्थे । | स्वादय ओदितः । |
| | | |
| 10c | 1624 झप ज्ञानज्ञापनमारणतोषणनिशाननिशामनेषु । | झप मिच्च । |
| 10c | 1629 चिञ् चयने । | नान्ये मितोऽहेतौ । |
| 10c | 1673 चित सञ्चेतने । | आकुस्मादात्मनेपदिनः । |
| 10c | 1724 छिदु मर्दने । | हन्त्यर्थाश्च । |
| 10c | 1747 भुवोऽवकल्कने । | भुवोऽवकल्कने । |
| 10c | 1748 कृपेश्च । | कृपेश्च । |

| | | |
|---|---|---|
| 10c | 1749 ग्रस ग्रहणे । | आस्वदः सकर्मकात् |
| 10c | 1806 युज संयमने । | आधृषाद्वा । |
| 10c | 1831 आङः षद पद्यर्थे । | आङः षदः पद्यर्थे । |
| | 1851 कथ वाक्यप्रबन्धे । | अथादन्ताः । |
| 10c | 1861 पत गतौ वा । | पत गतौ वा । वा णिजन्तः । |
| 10c | 1862 पष अनुपसर्गात् । | पष अनुपसर्गात् । |
| 10c | 1898 पद गतौ । | आ गर्वादात्मनेपदिनः । |
| 10c | 1916 बष्क दर्शने । | प्रातिपदिकाद्धात्वर्थे बहुलमिष्ठवच्च । |
| 10c | | तत्करोति तदाचष्टे । |
| 10c | | तेनातिक्रामति । |
| 10c | | धातुरूपं च । |
| 10c | | कर्तृकरणाद्धात्वर्थे । |
| 10c | 1929 सुख तत्क्रियायाम् । | सुख दुःख तत्क्रियायाम् । |
| 10c | 1939 पर्ण हरितभावे । | बहुलमेतन्निदर्शनम् । |
| 10c | 1943 तुत्थ आवरणे । | Last Dhatu |
| | | णिङ्ङ्गान्निरसने । |
| | | श्वेताश्वाश्वतरगालोडिताह्वरका णामश्वतरेतकलोपश्च । |
| | | पुच्छादिषु धात्वर्थे इत्येव सिद्धम् । |
| | Dhatupatha Ends | |

## *Sautra Dhatus*

Some Dhatus are not listed in the Dhatupatha. However, these or their finished words are seen in the Ashtadhyayi and in Literature. Such Dhatus are given the term सौत्र धातुः i.e. from the Sutrapatha.

| सौत्र Dhatu | Ashtadhyayi Sutra | |
|---|---|---|
| ऋतिः घृणायाम् । | 3.1.29 | ऋतेरीयङ् । |
| ऋत् । ऋतीयते । Conjugates as a 2c Root with शप् लुक् | | |
| | | |
| स्तन्भु , स्तुन्भु , स्कन्भु , स्कुन्भु | 3.1.82 | स्तन्भुस्तुन्भुस्कन्भुस्कुन्भुस्कऽभ्यः श्नुश्च । Refer 387 स्कभि प्रतिबन्धे । 1c |
| | | |
| सातिः सुखे । | 3.1.138 | अनुपसर्गाल्लिम्पविन्दधारिपारिवेद्युदेजि चेतिसातिसाहिभ्यश्च । |
| | | |
| जु वेगितायां गतौ । | 3.2.150 | जुचङ्क्रम्यदन्द्रम्यसृगृधिज्वलशुचलषपतपदः । |
| | | |
| जु वेगितायां गतौ । जूतिः । | 3.3.97 | ऊतियूतिजूतिसातिहेतिकीर्तयश्च । |
| विरिब्ध, विरेभितमन्यत् । रभिं सौत्रं धातुं । | 7.2.18 | क्षुब्धस्वान्तध्वान्तलग्नम्लिष्टविरिब्धफाण्ट बाढानि मन्थमनस्तमःसक्ताविस्पष्टस्वरानायासभृशेषु । |
| तु गतिवृद्धिहिंसासु तु । तौति । | 7.3.95 | तुरुस्तुशम्यमः सार्वधातुके । Refer 1034 रु शब्दे । 2c |
| | | |
| 1048 वी गतिव्याप्तिप्रजनकान्त्यसनखादनेषु । 2c । This Root includes two Roots i.e. वी and ई । Thus Root ई is considered प्रश्लिष्ट । ई । एति । | | |

# Internal Grouping of Dhatus

As we know, the Dhatupatha of Panini is divided into 10 Groups so that there is an ease in affixing Sarvadhatuka Affixes. Within these ganas, there is sometimes an internal sub-grouping to indicate that such Roots behave similarly. गण  and अन्तर्गण । Here is presented such a list of Internal Grouping of Roots within the Dhatupatha. The Reference to the internal group is mentioned, it may be a Sutra from the Ashtadhyayi, a Vartika, or a Ganasutra from the Dhatupatha.

| Group | from Dhatu | to Dhatu | Internal Group | Reference | |
|---|---|---|---|---|---|
| 1c | 741 द्युत दीप्तौ | 762 कृपू सामर्थ्ये | द्युतादिः | 1.3.91 | द्युद्भ्यो लुङि । |
| 1c | 758 वृतु वर्तने | 762 कृपू सामर्थ्ये | वृतादिः | 1.3.92 | वृद्भ्यः स्यसनोः । |
| 1c | 763 घट चेष्टायाम् | 775 ज्रिवरा सम्भ्रमे | घटादिः | 3.3.104 | षिद्भिदादिभ्योऽङ् । GanaSutra घटादयः षितः । |
| 1c | 763 घट चेष्टायाम् | 821 फण गतौ | घटादिः | 6.4.92 | मितां ह्रस्वः । GanaSutra घटादयो मितः । |
| 1c | 821 फण गतौ | 827 स्वन शब्दे | फणादिः | 6.4.125 | फणां च ससानाम् । |
| 1c | 831 ज्वल दीप्तौ | 860 कस गतौ | ज्वलादिः | 3.1.140 | ज्वलितिकसन्तेभ्यो णः । |
| 1c | 1002 यज देव० | 1010 टुओश्वि गतिवृद्ध्योः | यजादिः | 6.1.15 | वचिस्वपियजादीनां किति । |
| 2c | 1067 रुदिर् अश्रुविमोचने | 1071 जक्ष भक्षहसनयोः | रुदादिः | 7.2.76 | रुदादिभ्यः सार्वधातुके । |
| 2c | 1071 जक्ष भक्षहसनयोः | 1077 वेवीङ् वेतिना तुल्ये | जक्षादिः | 6.1.6 | जक्षित्यादयः षट् । |

| | | | | | |
|---|---|---|---|---|---|
| 3c | 1093 णिजिर् शौचपोषण० | 1095 विषॢ व्याप्तौ । | **णिजादिः** | 7.4.75 | णिजां त्रयाणां गुणः श्लौ । |
| 3c | 1087 डुभृञ् धारणपो० | 1089 ओहाङ् गतौ । | **भृञादिः** | 7.4.76 | भृञामित् । |
| 4c | 1132 षूङ् प्राणिप्रसवे | 1140 व्रीङ् वृणोत्यर्थे | **स्वादिः** | Gana Sutra | स्वादय ओदितः । |
| 4c | 1145 शो तनूकरणे | 1148 दो अवखण्डने | **श्यादिः** | 7.3.71 | ओतः श्यनि । |
| 4c | 1182 पुष पुष्टौ | 1246 गृधु अभिकाङ्क्ष० | **पुषादिः** | 3.1.55 | पुषादिद्युताद्यॢदितः परस्मैपदेषु । |
| 4c | 1193 रध हिंसासंरा० | 1200 ष्णिह प्रीतौ | **रधादिः** | 7.2.45 | रधादिभ्यश्च । |
| 4c | 1201 शमु उपशमे | 1208 मदी हर्षे | **शमादिः** | 7.3.74 | शमामष्टानां दीर्घः श्यनि । |
| 6c | 1308 तृम्फ तृप्तौ । | | **तृम्फादिः** | 6.4.24 | अनिदितां हल उपधायाः क्ङिति । Vartika शे तृम्फादीनां नुम् वाच्यः । |
| 6c | 1366 कुट कौटिल्ये | 1401 कुङ् शब्दे | **कुटादिः** | 1.2.1 | गाङ्कुटादिभ्योऽञ्णिन्ङित् । |
| 6c | 1409 कॄ विक्षेपे | 1413 प्रच्छ ज्ञीप्सायाम् | **किरादिः** | 7.2.75 | किरश्च पञ्चभ्यः । |
| 6c | 1430 मुच्ॢ मोक्षणे | 1437 पिश अवयवे | **मुचादिः** | 7.1.59 | शे मुचादीनाम् । |
| 8c | 1463 तनु विस्तारे | 1471 मनु अवबोधने | **तन्वादिः** | 6.4.37 | अनुदात्तोपदेशवनतितनोत्यादीनामनुनासिकलोपो झलि क्ङिति । |
| 9c | 1482 पूञ् पवने | 1503 प्ली गतौ | **प्वादयः** | 7.3.80 | प्वादीनां ह्रस्वः । |
| 9c | 1482 लूञ् छेदने | 1503 प्ली गतौ | **ल्वादयः** | 8.2.44 | ल्वादिभ्यः । |

| 10c | 1624 झप ज्ञान॰ | 1629 चिञ् चयने | झपादयः | Gana Sutra | झप मिच्च । नान्ये मितोऽहेतौ । |
|---|---|---|---|---|---|
| 10c | 1673 चित सञ्चेतने | 1711 कुस्म नाम्रो वा कुत्सितस्मयने | आकुस्मी याः | Gana Sutra | आकुस्मादात्मनेपदिनः। |
| 10c | 1749 ग्रस ग्रहणे | 1805 ष्वद आस्वादने | आस्वदीयाः | Gana Sutra | आस्वदः सकर्मकात् । |
| 10c | 1806 युज संयमने | 1850 धृष प्रसहने | आधृषीयाः (युजादयः) | Gana Sutra | आधृषाद्धा । |
| 10c | 1851 कथ वाक्यप्रबन्धे | 1943 तुत्थ आवरणे | कथादयः | Gana Sutra | अथादन्ताः । |
| 10c | 1898 पद गतौ | 1907 गर्व माने | आगर्वीयाः | Gana Sutra | आगर्वादात्मनेपदिनः । |
| 10c | 1916 बष्क दर्शने | 1943 तुत्थ आवरणे | नामधातवः | Gana Sutra | प्रातिपदिकाद्धात्वर्थे बहुलमिष्ठवच्च । |

## *Samprasarana Roots*

Roots that change their semi-vowel to a vowel.
**1.1.45** इग्यणः सम्प्रसारणम ।
**6.1.37** न सम्प्रसारणे सम्प्रसारणम् ।
**6.1.108** सम्प्रसारणाच्च ।

**6.1.15** वचिस्वपियजादिनां किति । Semi vowels of Roots given herein are changed to corresponding vowels when facing a **कित्** affix.
1063 वच , 1842 वच , 1068 ञिष्वप् , यजादिः ।

यजादि Roots are 1002 यज , 1003 डुवप , 1004 वह , 1005 वस , 1006 वेञ् , 1007 व्येञ् , 1008 ह्वेञ् , 1009 वद , 1010 टुओश्वि ।

**6.1.16** ग्रहिज्यावयिव्यधिवष्टिविचतिवृश्चतिपृच्छतिभृज्जतीनां ङिति च । Semi vowels of Roots given herein are changed to corresponding vowels when facing a **कित्** affix and also a **ङित्** affix.
**1533** ग्रह , **1499** ज्या , 1006 वेञ् , 1181 व्यध , 1080 वश , 1293 व्यच , 1292 ओव्रश्चू , 1413 प्रच्छ , 1284 भ्रस्ज ।

Samprasarana happens elsewhere also, as seen in
A ganasutra from the Kashika Vritti "क्रपेः सम्प्रसारणं च" clarifies that कृपा is from Root 771 क्रप by Samprasaranam.

**3.3.72** ह्वः सम्प्रसारणं च न्यभ्युपविषु ।
**5.2.55** त्रेः सम्प्रसारणं च ।
**6.1.13** ष्यङः सम्प्रसारणं पुत्रपत्योस्ततपुरुषे ।
**6.1.32** ह्वः सम्प्रसारणम् ।
**6.1.44** विभाषा परेः ।
**7.4.67** द्युतिस्वाप्योः सम्प्रसारणम् ।

## Some Collections of Roots

We see in the Ashtadhyayi that some Roots have been collected so that a common procedure can apply to them. A brief mention here.

1.2.7 मृडमृदगुधकुषक्लिशवदवसः क्त्वा ।

मृड , मृद , गुध , कुष , क्लिश , वद , वस । After these Roots the affix क्त्वा behaves as a कित् affix. (क्त्वा is by default a कित् affix, so this sutra is given to override the Sutra 1.2.18 न क्त्वा सेट् )

3.3.104 षिद्भिदादिभ्योऽङ् ।

Roots having the Tag letter षकारः and Roots listed in the Ganapatha under भिदादिः take the अङ् afffix in the feminine,

    when the Karaka is not कर्ता ।

    when used in भावे ।

i.e. from Dhatupatha the Roots त्रपूष् त्रपा, क्षमूष् क्षमा, जॄष् जरा, झॄष् झरा, क्षीष् क्षीरा ।

and from Ganapatha the Noun Stems भिदा छिदा विदा क्षिपा गुहा श्रद्धा मेधा गोधा आरा हारा कारा क्षिया तारा धारा लेखा रेखा चूडा पीडा वपा वसा सृजा कृपा । A ganasutra from the Kashika Vritti "कृपेः सम्प्रसारणं च" clarifies that कृपा is from Root 771 क्रप (and not from 762 कृपू )

7.1.80 आच्छीनद्योर्नुम् ।

In the situations

    (Root Anga ending in अवर्णः + शतृ affix + शी Neutral case ending)

    (Root Anga ending in अवर्णः + शतृ affix + ई feminine affix)

The शतृ takes the नुम् augment Optionally.

7.2.14 श्वीदितो निष्ठायाम् ।

For the Root टुओश्वि and the Roots having Tag letter ईकारः , the past participle निष्ठा affixes do not take the इट् augment.

## *Roots that change their Rupa*

We see certain Roots get replaced by another form as ordained by an Ashtadhyayi Sutra. This will aid in conjugating them correctly.

Roots that change rupa when facing Sarvadhatuka Affixes
7.3.74 शमाम् अष्टानां दीर्घः श्यनि । Eight Roots शम etc., their vowel is replaced by long vowel when facing the affix श्यन् । 1201 शमु , 1202 तमु , 1203 दमु , 1204 श्रमु , 1205 भ्रमु , 1206 क्षमु , 1207 क्लमु , 1208 मदी

7.3.75 ष्विुक्लमुचमां शिति । For Roots 560 ष्विु , 1207 क्लमु , 469 चमु their vowel is replaced by long vowel when facing a शित् affix. Vartika आङि चम इति वक्तव्यम् clarifies that it happens for चमु only when the particle आङ् is prefixed.

7.3.76 क्रमः परस्मैपदेषु । For Root 473 क्रमु the vowel is replaced by long vowel when facing a Parasmaipada शित् affix. By default this Root is Parasmaipada, so again Parasmaipada is stated here because in some cases Atmanepada affixes get applied to this Root. (Refer Sutras 1.3.38 वृत्तिसर्गतायनेषु क्रमः to 1.3.43 अनुपसर्गाद्वा )

7.3.77 इषुगमियमां छः । For Roots 1351 इष (इषु) , 982 गमॢ , 984 यम Their final letter is replaced by छकारः when facing a शित् affix.

7.3.78 पाघ्राध्मास्थाम्नादाण्दृश्यर्तिसर्तिशदसदां पिबजिघ्रधमतिष्ठमनयच्छपश्यच्छधौशीयसीदाः । Roots 925 पा , 926 घ्रा , 927 ध्मा , 928 ष्ठा , 929 म्ना , 930 दाण् , 988 दृशिर् , 936 ऋ , 935 सृ , 855 शदॢ , 1428 शदॢ , 854 षदॢ , 1427 षदॢ ।
7.3.79 ज्ञाजनोर्जा । Roots 1507 ज्ञा , 1149 जनी
7.3.80 प्वादिनां ह्रस्वः । Roots पूञ् etc. of 9c
7.3.81 मिनातेर्निगमे । Root 1476 मीञ् of 9c
7.3.82 मिदेर्गुणः । Root 1243 ञिमिदा of 4c

Roots that change rupa when facing Ardhadhatuka Affixes

2.4.52 अस्तेर्भूः । Root 1065 अस
2.4.53 ब्रुवो वचिः । Root 1044 ब्रूञ्
2.4.54 चक्षिङः ख्याञ् । Root 1017 चक्षिङ्


Some more Roots that change rupa

6.1.45 आदेच उपदेशेऽशिति । Roots ending in diphthong ए ऐ ओ औ get
आत् आदेशः in absence of शित् affix.
6.4.66 घुमास्थागापाजहातिसां हलि । six Roots defined as घु by 1.1.20
दाधा ध्वदाप् i.e. 930 दाण् , 962 देङ् , 1091 डुदाञ् , 1148 दो ,
902 धेट् , 1092 डुधाञ् , and
Roots 1062 मा , 1088 मा , 928 ष्ठा , 950 गाङ् , 1106 गा , 925 पा ,
1090 ओहाक् , 1147 षो
8.2.18 कृपो रो लः । Roots 762 कृपू , 1748 कृपेः


*Roots that seem to be repeated*

Certain Roots अण , इष , उछी , दॄ , नॄ , श्रा , ज्ञा have been read more
than once across various conjugations. Supposedly so by Panini to
maintain continuity with the tradition of chanting the Dhatupatha
that had been in vogue during his time.


Some Roots अञ्चु , ईष , एजृ , कण , कदि, किट etc. are found to be
repeated in gana 1c, possibly due to a difference in meaning or
usage.

| | | | | | | | | |
|---|---|---|---|---|---|---|---|---|
| 1c | 188 | अञ्चु | 5c | 1260 | आपॢ | 1c | 179 | एजृ |
| 1c | 862 | अञ्चु | 10c | 1839 | आपॢ | 1c | 234 | एजृ |
| 10c | 1738 | अञ्चु | 6c | 1357 | इल | 6c | 1289 | ओविजी |
| 1c | 254 | अट्ट | 10c | 1660 | इल | 7c | 1460 | ओविजी |
| 10c | 1561 | अट्ट | 4c | 1127 | इष | 1c | 264 | कठि |
| 1c | 444 | अण | 6c | 1351 | इष | 10c | 1847 | कठि |
| 4c | 1175 | अण | 9c | 1525 | इष | 1c | 360 | कड |
| 1c | 465 | अम | 2c | 1019 | ईड | 6c | 1380 | कड |
| 10c | 1720 | अम | 10c | 1667 | ईड | 1c | 282 | कडि |
| 1c | 204 | अर्च | 2c | 1018 | ईर | 10c | 1582 | कडि |
| 10c | 1808 | अर्च | 10c | 1810 | ईर | 1c | 449 | कण |
| 1c | 224 | अर्ज | 1c | 611 | ईष | 1c | 794 | कण |
| 10c | 1725 | अर्ज | 1c | 684 | ईष | 10c | 1715 | कण |
| 1c | 55 | अर्द | 1c | 215 | उछि | 1c | 70 | कदि |
| 10c | 1828 | अर्द | 6c | 1294 | उछि | 1c | 772 | कदि |
| 1c | 740 | अर्ह | 1c | 216 | उछी | 1c | 497 | कल |
| 10c | 1731 | अर्ह | 6c | 1295 | उछी | 10c | 1604 | कल |
| 10c | 1830 | अर्ह | 9c | 1524 | उध्रस | 10c | 1865 | कल |
| 1c | 886 | अस | 10c | 1742 | उध्रस | 1c | 647 | काश्रृ |
| 2c | 1065 | अस | 1c | 936 | ऋ | 4c | 1162 | काश्रृ |
| 1c | 635 | अहि | 3c | 1098 | ऋ | 1c | 301 | किट |
| 10c | 1797 | अहि | 4c | 1245 | ऋधु | 1c | 319 | किट |
| | | | 5c | 1271 | ऋधु | | | |

| 1c | 951 | कुङ् | 1c | 990 | कृष | 1c | 246 | गज |
| 6c | 1401 | कुङ् | 6c | 1286 | कृष | 10c | 1647 | गज |
| 1c | 184 | कुच | 1c | 71 | क्रदि | 1c | 65 | गडि |
| 1c | 857 | कुच | 1c | 773 | क्रदि | 1c | 361 | गडि |
| 6c | 1368 | कुच | 1c | 72 | क्लदि | 1c | 583 | गर्व |
| 10c | 1558 | कुट्ट | 1c | 774 | क्लदि | 10c | 1907 | गर्व |
| 10c | 1702 | कुट्ट | 1c | 15 | क्लिदि | 1c | 636 | गर्ह |
| 1c | 270 | कुडि | 1c | 73 | क्लिदि | 10c | 1845 | गर्ह |
| 1c | 322 | कुडि | 1c | 236 | क्षि | 1c | 546 | गल |
| 10c | 1583 | कुडि | 5c | 1276 | क्षि | 10c | 1699 | गल |
| 6c | 1335 | कुण | 6c | 1407 | क्षि | 4c | 1120 | गुध |
| 10c | 1893 | कुण | 4c | 1121 | क्षिप | 9c | 1517 | गुध |
| 4c | 1233 | कुप | 6c | 1285 | क्षिप | 1c | 970 | गुप |
| 10c | 1779 | कुप | 10c | 1941 | क्षिप | 4c | 1234 | गुप |
| 1c | 426 | कुबि | 1c | 751 | क्षुभ | 10c | 1771 | गुप |
| 10c | 1655 | कुबि | 4c | 1239 | क्षुभ | 1c | 23 | गुर्द |
| 10c | 1701 | कूट | 9c | 1519 | क्षुभ | 10c | 1665 | गुर्द |
| 10c | 1890 | कूट | 1c | 283 | खडि | 1c | 937 | गृ |
| 10c | 1896 | कूट | 10c | 1581 | खडि | 10c | 1707 | गृ |
| 6c | 1435 | कृती | 4c | 1170 | खिद | 9c | 1513 | ग्रन्थ |
| 7c | 1447 | कृती | 6c | 1436 | खिद | 10c | 1825 | ग्रन्थ |
| 10c | 1748 | कृप | 7c | 1449 | खिद | 10c | 1838 | ग्रन्थ |
| 10c | 1869 | कृप | | | | | | |

| | | | | | | | | |
|---|---|---|---|---|---|---|---|---|
| 1c | 366 | ग्लेपृ | 1c | 469 | चमु | 1c | 716 | जर्ज |
| 1c | 370 | ग्लेपृ | 5c | 1274 | चमु | 6c | 1298 | जर्ज |
| 1c | 763 | घट | 1c | 559 | चर | 1c | 833 | जल |
| 10c | 1723 | घट | 10c | 1745 | चर | 10c | 1543 | जल |
| 10c | 1766 | घट | 1c | 717 | चर्च | 4c | 1211 | जसु |
| 1c | 259 | घट्ट | 6c | 1299 | चर्च | 10c | 1668 | जसु |
| 10c | 1630 | घट्ट | 10c | 1712 | चर्च | 10c | 1718 | जसु |
| 1c | 746 | घुट | 1c | 832 | चल | 1c | 561 | जि |
| 6c | 1385 | घुट | 6c | 1356 | चल | 1c | 946 | जि |
| 1c | 437 | घुण | 10c | 1608 | चल | 10c | 1793 | जि |
| 6c | 1338 | घुण | 1c | 729 | चह | 6c | 1326 | जुड |
| 1c | 653 | घुषिर् | 10c | 1866 | चह | 6c | 1379 | जुड |
| 10c | 1726 | घुषिर् | 5c | 1251 | चिञ् | 10c | 1646 | जुड |
| 1c | 438 | घूर्ण | 10c | 1629 | चिञ् | 1c | 811 | ज्ञा |
| 6c | 1339 | घूर्ण | 6c | 1377 | चुट | 9c | 1507 | ज्ञा |
| 1c | 938 | घृ | 10c | 1613 | चुट | 10c | 1732 | ज्ञा |
| 3c | 1096 | घृ | 1c | 429 | चुबि | 1c | 947 | ज्रि |
| 10c | 1650 | घृ | 10c | 1635 | चुबि | 10c | 1815 | ज्रि |
| 1c | 93 | चक | 10c | 1552 | चूर्ण | 1c | 804 | ज्वल |
| 1c | 783 | चक | 10c | 1641 | चूर्ण | 1c | 831 | ज्वल |
| 1c | 399 | चप | 10c | 1833 | छद | 1c | 718 | झर्झ |
| 10c | 1626 | चप | 10c | 1935 | छद | 6c | 1300 | झर्झ |

| 1c | 689 | झष | 8c | 1463 | तनु | 1c | 753 | तुभ |
| 1c | 891 | झष | 10c | 1840 | तनु | 4c | 1241 | तुभ |
| 1c | 743 | ञिमिदा | 1c | 985 | तप | 9c | 1521 | तुभ |
| 4c | 1243 | ञिमिदा | 4c | 1159 | तप | 1c | 405 | तुम्प |
| 1c | 744 | ञिश्विदा | 10c | 1818 | तप | 6c | 1310 | तुम्प |
| 1c | 978 | ञिश्विदा | 1c | 227 | तर्ज | 1c | 409 | तुम्फ |
| 4c | 1232 | डिप | 10c | 1681 | तर्ज | 6c | 1312 | तुम्फ |
| 6c | 1371 | डिप | 1c | 971 | तिज | 4c | 1195 | तृप |
| 10c | 1671 | डिप | 10c | 1652 | तिज | 6c | 1307 | तृप |
| 10c | 1677 | डिप | 1c | 534 | तिल | 10c | 1819 | तृप |
| 1c | 968 | डीङ् | 6c | 1354 | तिल | 6c | 1375 | त्रुट |
| 4c | 1135 | डीङ् | 10c | 1607 | तिल | 10c | 1698 | त्रुट |
| 1c | 310 | णट | 1c | 245 | तुजि | 1c | 608 | दक्ष |
| 1c | 781 | णट | 10c | 1566 | तुजि | 1c | 770 | दक्ष |
| 1c | 54 | णद | 10c | 1755 | तुजि | 1c | 548 | दल |
| 10c | 1778 | णद | 1c | 404 | तुप | 10c | 1751 | दल |
| 1c | 752 | णभ | 6c | 1309 | तुप | 10c | 1674 | दशि |
| 4c | 1240 | णभ | 1c | 408 | तुफ | 10c | 1764 | दशि |
| 9c | 1520 | णभ | 6c | 1311 | तुफ | 10c | 1675 | दसि |
| 6c | 1282 | णुद | 1c | 428 | तुबि | 10c | 1786 | दसि |
| 6c | 1426 | णुद | 10c | 1657 | तुबि | 4c | 1107 | दिबु |
| 10c | 1579 | तड | | | | 10c | 1706 | दिबु |
| 10c | 1801 | तड | | | | 10c | 1724 | दिबु |

| | | | | | | | | |
|---|---|---|---|---|---|---|---|---|
| 4c | 1196 | दृप | 1c | 281 | पडि | 4c | 1151 | पूरी |
| 6c | 1313 | दृप | 10c | 1615 | पडि | 10c | 1803 | पूरी |
| 6c | 1323 | दृभी | 4c | 1169 | पद | 1c | 528 | पूल |
| 10c | 1821 | दृभी | 10c | 1898 | पद | 10c | 1636 | पूल |
| 5c | 1255 | धूञ् | 1c | 925 | पा | 2c | 1030 | पृची |
| 10c | 1835 | धूञ् | 2c | 1056 | पा | 7c | 1462 | पृची |
| 1c | 396 | धूप | 2c | 1028 | पिजि | 3c | 1086 | पृ |
| 10c | 1772 | धूप | 10c | 1567 | पिजि | 10c | 1548 | पृ |
| 1c | 960 | धृङ् | 10c | 1757 | पिजि | 1c | 765 | प्रथ |
| 6c | 1412 | धृङ् | 1c | 274 | पिडि | 10c | 1553 | प्रथ |
| 1c | 943 | ध्रु | 10c | 1669 | पिडि | 4c | 1115 | प्लुष |
| 6c | 1400 | ध्रु | 6c | 1367 | पुट | 4c | 1216 | प्लुष |
| 1c | 816 | ध्वन | 10c | 1753 | पुट | 9c | 1528 | प्लुष |
| 1c | 828 | ध्वन | 10c | 1913 | पुट | 1c | 973 | बध |
| 10c | 1889 | ध्वन | 4c | 1119 | पुथ | 10c | 1547 | बध |
| 10c | 1545 | नट | 10c | 1775 | पुथ | 1c | 638 | बर्ह |
| 10c | 1791 | नट | 1c | 841 | पुल | 10c | 1664 | बर्ह |
| 1c | 174 | पचि | 10c | 1601 | पुल | 10c | 1769 | बर्ह |
| 10c | 1651 | पचि | 1c | 700 | पुष | 1c | 840 | बल |
| 1c | 296 | पट | 4c | 1182 | पुष | 10c | 1628 | बल |
| 10c | 1752 | पट | 9c | 1529 | पुष | 1c | 639 | बल्ह |
| 10c | 1856 | पट | 10c | 1750 | पुष | 10c | 1770 | बल्ह |

| 6c | 1359 | बिल | 1c | 850 | भ्रमु | 6c | 1374 | मुट |
|---|---|---|---|---|---|---|---|---|
| 10c | 1606 | बिल | 4c | 1205 | भ्रमु | 10c | 1614 | मुट |
| 1c | 119 | बुक्क | 1c | 111 | मघि | 1c | 275 | मुडि |
| 10c | 1713 | बुक्क | 1c | 160 | मघि | 1c | 326 | मुडि |
| 1c | 858 | बुध | 1c | 272 | मडि | 1c | 16 | मुद |
| 4c | 1172 | बुध | 1c | 321 | मडि | 10c | 1740 | मुद |
| 1c | 736 | बृहि | 10c | 1587 | मडि | 1c | 529 | मूल |
| 10c | 1768 | बृहि | 1c | 815 | मदी | 10c | 1603 | मूल |
| 1c | 998 | भज | 4c | 1208 | मदी | 2c | 1066 | मृजू |
| 10c | 1733 | भज | 1c | 42 | मन्थ | 10c | 1848 | मृजू |
| 1c | 307 | भट | 9c | 1511 | मन्थ | 6c | 1327 | मृड |
| 1c | 780 | भट | 1c | 730 | मह | 9c | 1516 | मृड |
| 1c | 273 | भडि | 10c | 1867 | मह | 4c | 1164 | मृष |
| 10c | 1588 | भडि | 1c | 634 | महि | 10c | 1849 | मृष |
| 1c | 495 | भल | 10c | 1799 | महि | 1c | 205 | म्लेच्छ |
| 10c | 1700 | भल | 3c | 1088 | माङ् | 10c | 1662 | म्लेच्छ |
| 1c | 441 | भाम | 4c | 1142 | माङ् | 1c | 984 | यम |
| 10c | 1872 | भाम | 1c | 972 | मान | 10c | 1625 | यम |
| 1c | 1 | भू | 10c | 1709 | मान | 2c | 1033 | यु |
| 10c | 1747 | भू | 10c | 1843 | मान | 10c | 1710 | यु |
| 10c | 1844 | भू | 6c | 1364 | मिल | 4c | 1177 | युज |
| 1c | 682 | भूष | 6c | 1429 | मिल | 10c | 1806 | युज |
| 10c | 1730 | भूष | | | | | | |

| 1c | 107 | रघि | 1c | 693 | रुष | 1c | 314 | लुट |
|---|---|---|---|---|---|---|---|---|
| 10c | 1795 | रघि | 4c | 1230 | रुष | 1c | 748 | लुट |
| 1c | 999 | रञ्ज | 10c | 1670 | रुष | 4c | 1222 | लुट |
| 4c | 1167 | रञ्ज | 10c | 1538 | लक्ष | 6c | 1381 | लुट |
| 1c | 297 | रट | 10c | 1696 | लक्ष | 10c | 1754 | लुट |
| 1c | 334 | रट | 1c | 108 | लघि | 1c | 337 | लुठ |
| 1c | 445 | रण | 10c | 1760 | लघि | 1c | 749 | लुठ |
| 1c | 795 | रण | 10c | 1796 | लघि | 1c | 343 | लुठि |
| 1c | 713 | रस | 1c | 238 | लज | 1c | 346 | लुठि |
| 10c | 1931 | रस | 10c | 1920 | लज | 1c | 427 | लुबि |
| 1c | 731 | रह | 1c | 239 | लजि | 10c | 1656 | लुबि |
| 10c | 1627 | रह | 10c | 1784 | लजि | 4c | 1238 | लुभ |
| 10c | 1858 | रह | 1c | 359 | लड | 6c | 1305 | लुभ |
| 1c | 732 | रहि | 10c | 1540 | लड | 1c | 677 | लूष |
| 10c | 1798 | रहि | 1c | 377 | लबि | 10c | 1610 | लूष |
| 4c | 1180 | राध | 1c | 379 | लबि | 1c | 76 | लोकृ |
| 5c | 1262 | राध | 1c | 714 | लस | 10c | 1776 | लोकृ |
| 5c | 1275 | रि | 10c | 1728 | लस | 1c | 164 | लोचृ |
| 6c | 1404 | रि | 1c | 155 | लिगि | 10c | 1777 | लोचृ |
| 1c | 694 | रिष | 10c | 1739 | लिगि | 1c | 88 | वकि |
| 4c | 1231 | रिष | 4c | 1179 | लिश | 1c | 95 | वकि |
| 1c | 747 | रुट | 6c | 1421 | लिश | 2c | 1063 | वच |
| 10c | 1783 | रुट | | | | 10c | 1842 | वच |

| | | | | | | | | |
|---|---|---|---|---|---|---|---|---|
| 1c | 189 | वञ्चु | 6c | 1358 | विल | 1c | 340 | शठ |
| 10c | 1703 | वञ्चु | 10c | 1605 | विल | 10c | 1564 | शठ |
| 1c | 300 | वट | 10c | 1685 | विष्क | 10c | 1691 | शठ |
| 1c | 779 | वट | 10c | 1940 | विष्क | 10c | 1854 | शठ |
| 10c | 1857 | वट | 2c | 1029 | वृजी | 1c | 855 | शद्दू |
| 10c | 1919 | वट | 7c | 1461 | वृजी | 6c | 1428 | शद्दू |
| 1c | 1009 | वद | 10c | 1812 | वृजी | 1c | 1000 | शप |
| 10c | 1841 | वद | 5c | 1254 | वृञ् | 4c | 1168 | शप |
| 1c | 462 | वन | 10c | 1813 | वृञ् | 1c | 490 | शल |
| 1c | 463 | वन | 1c | 758 | वृतु | 1c | 843 | शल |
| 1c | 803 | वन | 4c | 1160 | वृतु | 1c | 687 | शिष |
| 10c | 1551 | वर्ण | 10c | 1781 | वृतु | 10c | 1817 | शिष |
| 10c | 1938 | वर्ण | 1c | 759 | वृधु | 10c | 1789 | शीक |
| 1c | 1005 | वस | 10c | 1782 | वृधु | 10c | 1826 | शीक |
| 2c | 1023 | वस | 1c | 881 | व्यय | 1c | 523 | शील |
| 10c | 1744 | वस | 10c | 1932 | व्यय | 10c | 1878 | शील |
| 10c | 1942 | वस | 4c | 1114 | व्युष | 1c | 341 | शुठ |
| 6c | 1423 | विच्छ | 4c | 1215 | व्युष | 10c | 1644 | शुठ |
| 10c | 1773 | विच्छ | 1c | 253 | व्रज | 1c | 344 | शुठि |
| 2c | 1064 | विद | 10c | 1617 | व्रज | 10c | 1645 | शुठि |
| 4c | 1171 | विद | 1c | 451 | व्रण | 1c | 74 | शुन्ध |
| 7c | 1450 | विद | 10c | 1937 | व्रण | 10c | 1832 | शुन्ध |
| 10c | 1708 | विद | | | | | | |

| | | | | | | | | |
|---|---|---|---|---|---|---|---|---|
| 1c | 432 | शुभ | 1c | 163 | षच | 1c | 887 | स्पश |
| 1c | 750 | शुभ | 1c | 997 | षच | 10c | 1680 | स्पश |
| 6c | 1321 | शुभ | 1c | 854 | षद्ऌ | 1c | 260 | स्फुट |
| 1c | 433 | शुम्भ | 6c | 1427 | षद्ऌ | 6c | 1373 | स्फुट |
| 6c | 1322 | शुम्भ | 1c | 852 | षह | 10c | 1722 | स्फुट |
| 1c | 760 | शृधु | 4c | 1128 | षह | 1c | 807 | स्मृ |
| 1c | 873 | शृधु | 10c | 1809 | षह | 1c | 933 | स्मृ |
| 10c | 1734 | शृधु | 1c | 941 | षु | 5c | 1259 | स्मृ |
| 1c | 798 | श्रण | 2c | 1041 | षु | 1c | 817 | स्वन |
| 10c | 1578 | श्रण | 2c | 1031 | षूङ् | 1c | 827 | स्वन |
| 1c | 799 | श्रथ | 4c | 1132 | षूङ् | 7c | 1456 | हिसि |
| 10c | 1546 | श्रथ | 1c | 25 | षूद | 10c | 1829 | हिसि |
| 10c | 1823 | श्रथ | 10c | 1717 | षूद | 1c | 269 | हुडि |
| 10c | 1870 | श्रथ | 1c | 560 | ष्ठिवु | 1c | 277 | हुडि |
| 9c | 1510 | श्रन्थ | 4c | 1110 | ष्ठिवु | 1c | 266 | हेठ |
| 9c | 1512 | श्रन्थ | 4c | 1200 | ष्णिह | 9c | 1532 | हेठ |
| 10c | 1837 | श्रन्थ | 10c | 1572 | ष्णिह | 1c | 285 | होड्ड |
| 1c | 810 | श्रा | 1c | 18 | ष्वद | 1c | 354 | होड्ड |
| 2c | 1053 | श्रा | 10c | 1805 | ष्वद | 1c | 931 | ह्वृ |
| 4c | 1186 | श्लिष | 1c | 935 | सृ | 1c | 934 | ह्वृ |
| 10c | 1574 | श्लिष | 3c | 1099 | सृ | | | |
| 10c | 1565 | श्वठ | 4c | 1178 | सृज | | | |
| 10c | 1855 | श्वठ | 6c | 1414 | सृज | | | |

This list will show at a glance how the conjugational tenses and moods show a form variation due to the Gana Vikarana, and the non-conjugational tenses and moods will not.

## *Diphthong ending Roots*

6.1.45 आदेच उपदेशेऽशिति । Roots in Dhatupatha ending in diphthong ए ऐ ओ औ convert their diphthong to आ when facing an affix, which is not a शित् affix. 6.4.64 आतो लोप इटि च । 6.4.65 ईद्यति ।

| **1c** | ए | | **1c** | ऐ | |
|---|---|---|---|---|---|
| 902 | धेट् | धे | 917 | गै | गै |
| 961 | मेङ् | मे | 918 | शै | शै |
| 962 | देङ् | दे | 919 | श्रै | श्रै |
| 1006 | वेञ् | वे | 920 | पै | पै |
| 1007 | ब्येञ् | व्ये | 921 | ओवै | वै |
| 1008 | ह्वेञ् | ह्वे | 922 | ष्टै | स्तै |
| **1c** | ऐ | | 923 | ष्णै | स्नै |
| 903 | ग्लै | ग्लै | 924 | दैप् | दै |
| 904 | म्लै | म्लै | 963 | श्यैङ् | श्यै |
| 905 | द्यै | द्यै | 964 | प्यैङ् | प्यै |
| 906 | द्रै | द्रै | 965 | त्रैङ् | त्रै |
| 907 | ध्रै | ध्रै | | | |
| 908 | ध्यै | ध्यै | | | |
| 909 | रै | रै | **4c** | ओ | |
| 910 | स्त्यै | स्त्यै | 1145 | शो | शो |
| 911 | ष्ट्यै | स्त्यै | 1146 | छो | छो |
| 912 | खै | खै | 1147 | षो | सो |
| 913 | क्षै | क्षै | 1148 | दो | दो |
| 914 | जै | जै | | | |
| 915 | सै | सै | | | |
| 916 | कै | कै | | | |

The Ashtadhayayi Sutra 1.2.21 उदुपधाद्भावादिकर्मणोरन्यतरस्याम् । applies to make निष्ठा Optionally अकित् । Thus an additional form of participle is present with Guna. The Dhatu Serial Number identifies these Roots.  A Vartika शब्विकरणेभ्य एवेष्यते says that this applies only to Roots of 1c.

| | | | | | |
|---|---|---|---|---|---|
| 16 | मुद | 337 | लुठ | 745 | रुच |
| 24 | गुद | 338 | उठ | 746 | घुट |
| 31 | युतृ | 341 | शुठ | 747 | रुट |
| 32 | जुतृ | 351 | तुड्ड | 748 | लुट |
| 40 | च्युतिर् | 352 | हुड्ड | 749 | लुठ |
| 41 | श्च्युतिर् | 403 | चुप | 750 | शुभ |
| 91 | कुक | 404 | तुप | 751 | क्षुभ |
| 128 | उख | 406 | त्रुप | 753 | तुभ |
| 175 | ष्टुच | 408 | तुफ | 841 | पुल |
| 183 | शुच | 410 | त्रुफ | 842 | कुल |
| 184 | कुच | 432 | शुभ | 844 | हुल |
| 244 | तुज | 437 | घुण | 857 | कुच |
| 260 | स्फुट | 700 | पुष | 858 | बुध |
| 314 | लुट | 710 | तुस | 875 | बुधिर् |
| 323 | मुड | 737 | तुहिर् | | |
| 324 | प्रुड | 738 | दुहिर् | | |
| 329 | स्फुटिर् | 739 | उहिर् | | |
| 336 | रुठ | 741 | द्युत | | |

6.4.24 अनिदितां हल उपधायाः क्ङिति । For Roots ending in a conjunct with a penultimate नकारः , this नकारः is elided when facing a क्ङित् affix. However not when the नकारः was introduced by 7.1.58 इदितो नुम् धातोः ।

**1c**

| | | | |
|---|---|---|---|
| 42 | मन्थ | 433 | शुम्भ |
| 74 | शुन्ध | 467 | हम्म |
| 185 | कुञ्च | 728 | शंसु |
| 186 | क्रुञ्च | 754 | स्रंसु |
| 187 | लुञ्च | 755 | ध्वंसु |
| 188 | अञ्चु | 756 | भ्रंसु |
| 189 | वञ्चु | 757 | स्रम्भु |
| 190 | चञ्चु | 761 | स्यन्दू |
| 191 | तञ्चु | 862 | अञ्चु |
| 192 | त्वञ्चु | 876 | उबुन्दिर् |
| 193 | म्रुञ्चु | 976 | ष्वञ्ज |
| 194 | म्लुञ्चु | 979 | स्कन्दिर् |
| 201 | ग्लुञ्चु | 987 | षञ्ज |
| 393 | श्रम्भु | 989 | दंश |
| 405 | तुम्प | 999 | रञ्ज |

**4c**

| | |
|---|---|
| 1167 | रञ्ज |
| 1225 | भ्रंशु |

| | |
|---|---|
| 407 | त्रुम्प |
| 409 | तुम्फ |
| 411 | त्रुम्फ |
| 431 | षृम्भु |

**5c**

| | |
|---|---|
| 1270 | दम्भु |

**6c**

| | |
|---|---|
| 1308 | तृम्फ |
| 1310 | तुम्प |
| 1312 | तुम्फ |
| 1314 | दृम्फ |
| 1316 | ऋद्म्फ |
| 1318 | गुम्फ |
| 1320 | उम्भ |
| 1322 | शुम्भ |
| 1350 | तृंहू |

**7c**

| | |
|---|---|
| 1448 | जिइन्धी |
| 1453 | भञ्जो |
| 1457 | उन्दी |
| 1458 | अञ्जू |
| 1459 | तञ्चू |

**9c**

| | |
|---|---|
| 1508 | बन्ध |
| 1510 | श्रन्थ |
| 1511 | मन्थ |
| 1513 | ग्रन्थ |
| 1514 | कुन्थ |

| Dhatu Tag Letters and their Relevance from Ashtadhyayi | | |
|---|---|---|
| Tag Letter | | Sutra |
| – | None | 1.3.78 शेषात् कर्त्तरि परस्मैपदम् । इति परस्मैपदित्वम् । |
| अ | अदिताम् | – |
| आ | आदिताम् | 7.2.16 आदितश्च । इति निष्ठायाम् इट् निषेधः । Augment इट् is prevented for Nishtha Affixes |
| | आदिताम् | 7.2.17 विभाषा भावादिकर्मणोः । निष्ठायाम् इट् विभाषा । Augment इट् is Optional for Nishtha Affix क्त used in Impersonal sense or to indicate beginning of Action |
| इ | इदिताम् | 7.1.58 इदितो नुम् धातोः । इति धातोः नुम् आगमः । Such Roots will get Augment नुम् |
| इर् | इरिताम् | 3.1.57 इरितो वा । Vartika इर इत् संज्ञा वाच्या । च्लेः अङ् वा । Optionally च्लि gets replaced by अङ् for लुङ् Aorist Past Tense |
| ई | ईदिताम् | 7.2.14 श्वि-ईदितो निष्ठायाम् । निष्ठायाम् इट् अभावः । Augment इट् is prevented for Nishtha Affixes |
| उ | उदिताम् | 7.2.56 उदितो वा । क्त्वायाम् इट् विकल्पः । Optional Augment इट् for क्त्वा Affixes |
| | उदिताम् | 7.2.15 यस्य विभाषा । निष्ठायाम् इट् अभावः । Augment इट् is prevented for Nishtha Affixes in matters where इट् is Optional |
| ऊ | ऊदिताम् | 7.2.44 स्वरतिसूतिसूयतिधूञ्–ऊदितो वा । वलादेः आर्धधातुकस्य इट् विकल्पः । Optional Augment इट् for वकारः beginning Ardhadhatuka Affixes |

| ऋ | ऋदिताम् | 7.4.2 नाग्लोपिशास्वृ-ऋदिताम् । णौ चङि उपधायाः ह्रस्व अभावः । Penultimate Letter of such Angas does not become ह्रस्वः |
|---|---|---|
| ल् | लदिताम् | 3.1.55 पुषादिद्युताद्य-लदितः परस्मैपदेषु । च्लेः अङ् । च्लि gets replaced by अङ् for लुङ् Aorist Past Tense |
| ए | एदिताम् | 7.2.5 ह्म्यन्तक्षणश्वसजागृणिश्वि-एदिताम् । इट् आदौ सिचि वृद्धि अभावः । Prevention of वृद्धिः for सिच् Affixes having इट् Augment |
| ओ | ओदिताम् | 8.2.45 ओदितश्च । निष्ठातस्य नत्वम् । Nishtha तकारः gets replaced by नकारः । |
|  | ओदिताम् | 4c GanaSutra स्वादय ओदितः । निष्ठातस्य नत्वम् । Nishtha तकारः gets replaced by नकारः । |
| क् | किदिताम् | Roots – 2c 1047 इक् । 3c 1090 ओहाक् । |
| ङ् | ङिताम् | 1.3.12 अनुदात्त-ङित आत्मनेपदम् । आत्मनेपदित्वम् । Atmanepada Affixes for such Roots |
| ञ् | ञिताम् | 1.3.72 स्वरित-ञितः कर्त्रभिप्राये क्रियाफले । उभयपदित्वम् । Ubhayepada – Both Parasmaipada & Atmanepada Affixes for such Roots |
| जि | जीताम् | 3.2.187 जीतः क्तः । वर्तमाने क्तः । Nishtha Affix क्त gets applied in the sense of Present Tense. (By default क्त is only in the sense of Past Tense) |
| ट् | टिताम् | 4.1.15 टिड्ढाणञ्द्वयसज्दघ्नञ्मात्रच्तयप्ठक्ठञ्कञ्क्वरपः । स्त्रीयाम् ङीप् । In Feminine sense, Affix ङीप् gets applied |
| टु | टुविताम् | 3.3.89 टुवितोऽथुच् । अथुच् । Affix अथुच् gets applied |
| डु | डुविताम् | 3.3.88 डुवितः क्त्रिः । क्त्रि (मम् च, 4.4.20) । Affix क्त्रि gets applied |
| ण् | णिताम् | 7.3.78 पाघ्राध्मास्थाम्ना-दाण्-दृश्यर्तिसर्तिशदसदां पिबजिघ्रधमतिष्ठमनयच्छपश्यच्छृधौशीयसीदाः । यच्छ । Root |

| | | |
|---|---|---|
| | | 1c 930 दाण् gets replaced by यच्छ, when facing शित् Affix. Notice that by 1.1.20 दाधा घ्वदाप् दाण् is घु संज्ञा । Also see Root 2c 1045 इण् |
| म् | मिताम् | 6.4.92 मितां ह्रस्वः । णौ उपधाया ह्रस्वः । When such Root faces णिच् affix, penultimate letter of Root takes Short Vowel |
| प् | पिताम् | 1.1.20 दाधा घु–अदाप् । अदाप् । Definition घु does not include such Roots |
| ष् | षिताम् | 3.3.104 षित्–भिदादिभ्योऽङ् । अङ् । In Feminine sense, Affix अङ् gets applied |

Notes

Roots having multiple Tags  आ–ञि, डु-ष् , etc. simply get a combination of above procedures. E.g. 975 डुपचष् पाके


Difference between Initial initial and Final Tag? No functional difference. It is just a mathematical beauty of Panini's programming. e.g. Root 1010 टुओश्वि , the Tag ओ has been placed before the Root whereas in 1415 टुमस्जो it is at end. Both apply 8.2.45 ओदितश्च । निष्ठातस्य नत्वम् । Thus शूनः , मग्नः ।


Tag ङ् causes Root to be Atmanepada. Also Anudata Accent on Root Vowel causes Root to be Atmanepada.

Tag ञ् causes Root to be Ubhayepada. Also Svarita Accent on Root Vowel causes Root to be Ubhayepada.

# Dhatus with Tag ā

7.2.16 आदितश्च । इति निष्ठायाम् इण्णिषेधः ।

e.g. Root 742 श्विता वर्णे –> श्वित्तः । e.g. Root 743 ञिमिदा स्नेहने –> मिन्नः ।

| 1c | आदित् | |
|---|---|---|
| 211 | हुर्छा | हुच्छर्ई |
| 212 | मुर्छा | मुच्छर्ई |
| 213 | स्फुर्छा | स्फुच्छर्ई |
| 235 | टुओस्फूर्जा | स्फूर्ज् |
| 516 | ञिफला | फल् |
| 742 | श्विता | श्वित् |
| 743 | ञिमिदा | मिद् |
| 744 | ञिष्विदा | स्विद् |
| 775 | ञित्वरा | त्वर् |
| 978 | ञिष्विदा | स्विद् |
| 4c | | |
| 1188 | ष्विदा | स्विद् |
| 1188 | ञिष्विदा | स्विद् |
| 1228 | ञितृषा | तृष् |
| 1243 | ञिमिदा | मिद् |
| 1244 | ञिक्ष्विदा | क्ष्विद् |
| 5c | | |
| 1269 | ञिध्रृषा | ध्रृष् |

**Dhatus with Tag i**

| | | | | | | | | |
|---|---|---|---|---|---|---|---|---|
| **1c** | इदित् | | 71 | क्रदि | क्रन्द् | 135 | णखि | नङ्ख् |
| 9 | स्कुदि | स्कुन्द् | 72 | क्लदि | क्लन्द् | 137 | रखि | रङ्ख् |
| 10 | श्विदि | श्विन्द् | 73 | क्लिदि | क्लिन्द् | 139 | लखि | लङ्ख् |
| 11 | वदि | वन्द् | 83 | स्रकि | स्रङ्क् | 141 | इखि | इङ्ख् |
| 12 | भदि | भन्द् | 84 | श्रकि | श्रङ्क् | 142 | ईखि | ईङ्ख् |
| 13 | मदि | मन्द् | 85 | श्लकि | श्लङ्क् | 144 | रगि | रङ्ग् |
| 14 | स्पदि | स्पन्द् | 86 | शकि | शङ्क् | 145 | लगि | लङ्ग् |
| 15 | क्लिदि | क्लिन्द् | 87 | अकि | अङ्क् | 146 | अगि | अङ्ग् |
| 35 | श्रथि | श्रन्थ् | 88 | वकि | वङ्क् | 147 | वगि | वङ्ग् |
| 36 | ग्रथि | ग्रन्थ् | 89 | मकि | मङ्क् | 148 | मगि | मङ्ग् |
| 43 | कुथि | कुन्थ् | 94 | ककि | कङ्क् | 149 | तगि | तङ्ग् |
| 44 | पुथि | पुन्थ् | 95 | वकि | वङ्क् | 150 | त्वगि | त्वङ्ग् |
| 45 | लुथि | लुन्थ् | 96 | श्वकि | श्वङ्क् | 151 | श्रगि | श्रङ्ग् |
| 46 | मथि | मन्थ् | 97 | त्रकि | त्रङ्क् | 152 | श्लगि | श्लङ्ग् |
| 61 | अति | अन्त् | 107 | रघि | रङ्घ् | 153 | इगि | इङ्ग् |
| 62 | अदि | अन्द् | 108 | लघि | लन्घ् | 154 | रिगि | रिङ्ग् |
| 63 | इदि | इन्द् | 109 | अघि | अङ्घ् | 155 | लिगि | लिङ्ग् |
| 64 | बिदि | बिन्द् | 110 | वघि | वङ्घ् | 156 | युगि | युङ्ग् |
| 65 | गडि | गण्ड् | 111 | मघि | मङ्घ् | 157 | जुगि | जुङ्ग् |
| 66 | णिदि | निन्द् | 118 | तकि | तङ्क् | 158 | बुगि | बुङ्ग् |
| 68 | चदि | चन्द् | 129 | उखि | उङ्ख् | 160 | मघि | मङ्घ् |
| 69 | त्रदि | त्रन्द् | 131 | वखि | वङ्ख् | 161 | शिघि | शिङ्घ् |
| 70 | कदि | कन्द् | 133 | मखि | मङ्ख् | 167 | श्वचि | श्वञ्च् |

| | | | | | | | | |
|---|---|---|---|---|---|---|---|---|
| 169 | कचि | कञ्च् | 262 | वठि | वण्ठ | 326 | मुडि | मुण्ड् |
| 170 | काचि | काञ्च् | 263 | मठि | मण्ठ | 327 | रुटि | रुण्ट् |
| 172 | मुचि | मुञ्च् | 264 | कठि | कण्ठ | 328 | लुटि | लुण्ट् |
| 173 | मचि | मञ्च् | 265 | मुठि | मुण्ठ | 342 | कुठि | कुण्ठ |
| 174 | पचि | पञ्च् | 268 | हिडि | हिण्ड् | 343 | लुठि | लुण्ठ |
| 177 | ऋजि | ऋञ्ज् | 269 | हुडि | हुण्ड् | 344 | शुठि | शुण्ठ |
| 203 | गुजि | गुञ्ज् | 270 | कुडि | कुण्ड् | 345 | रुठि | रुण्ठ |
| 207 | लाछि | लाञ्छ् | 271 | वडि | वण्ड् | 346 | लुठि | लुण्ठ |
| 208 | वाछि | वाञ्छ् | 272 | मडि | मण्ड् | 361 | गडि | गण्ड् |
| 209 | आछि | आञ्छ् | 273 | भडि | भण्ड् | 375 | कपि | कम्प् |
| 215 | उछि | उञ्छ् | 274 | पिडि | पिण्ड् | 376 | रबि | रम्ब् |
| 218 | ध्रजि | ध्रञ्ज् | 275 | मुडि | मुण्ड् | 377 | लबि | लम्ब् |
| 220 | धृजि | धृञ्ज् | 276 | तुडि | तुण्ड् | 378 | अबि | अम्ब् |
| 222 | ध्वजि | ध्वञ्ज् | 277 | हुडि | हुण्ड् | 379 | लबि | लम्ब् |
| 233 | खजि | खञ्ज् | 278 | चडि | चण्ड् | 386 | ष्टभि | स्तम्भ् |
| 239 | लजि | लञ्ज् | 279 | शडि | शण्ड् | 387 | स्कभि | स्कम्भ् |
| 241 | लाजि | लाञ्ज् | 280 | तडि | तण्ड् | 389 | जृभि | जृम्भ् |
| 243 | जजि | जञ्ज् | 281 | पडि | पण्ड् | 414 | रफि | रम्फ् |
| 245 | तुजि | तुञ्ज् | 282 | कडि | कण्ड् | 426 | कुबि | कुम्ब् |
| 247 | गजि | गञ्ज् | 283 | खडि | खण्ड् | 427 | लुबि | लुम्ब् |
| 249 | गृजि | गृञ्ज् | 321 | मडि | मण्ड् | 428 | तुबि | तुम्ब् |
| 251 | मुजि | मुञ्ज् | 322 | कुडि | कुण्ड् | 429 | चुबि | चुम्ब् |
| 261 | अठि | अण्ठ | 325 | चुडि | चुण्ड् | 434 | घिणि | घिण्ण् |

| 435 | घुणि | घुण्ण् | | 671 | ध्राक्षि | ध्राङ्क्ष् |
| 436 | घृणि | घृण्ण् | | 672 | ध्वाक्षि | ध्वाङ्क्ष् |
| 587 | इवि | इन्व् | | 732 | रहि | रंह् |
| 588 | पिवि | पिन्व् | | 734 | दृहि | दृंह् |
| 589 | मिवि | मिन्व् | | 736 | बृहि | बृंह् |
| 590 | णिवि | निन्व् | | 769 | क्षजि | क्षञ्ज् |
| 591 | हिवि | हिन्व् | | 772 | कदि | कन्द् |
| 592 | दिवि | दिन्व् | | 773 | क्रदि | क्रन्द् |
| 593 | धिवि | धिन्व् | | 774 | क्लदि | क्लन्द् |
| 594 | जिवि | जिन्व् | | 67 | टुनदि | नन्द् |
| 595 | रिवि | रिन्व् | | **2c** | | |
| 596 | रवि | रन्व् | | 1024 | कसि | कंस् |
| 597 | धवि | धन्व् | | 1025 | णिसि | निंस् |
| 598 | कृवि | कृन्व् | | 1026 | णिजि | निञ्ज् |
| 629 | आशसि | आशंस् | | 1027 | शिजि | शिञ्ज् |
| 633 | बहि | बंह् | | 1028 | पिजि | पिञ्ज् |
| 634 | महि | मंह् | | 1079 | षस्ति | संस्त् |
| 635 | अहि | अंह् | | **6c** | | |
| 652 | घुषि | घुंष् | | 1294 | उछि | उञ्छ् |
| 667 | काक्षि | काङ्क्ष् | | **7c** | | |
| 668 | वाक्षि | वाङ्क्ष् | | 1456 | हिसि | हिंस् |
| 669 | माक्षि | माङ्क्ष् | | | | |
| 670 | द्राक्षि | द्राङ्क्ष् | | | | |

**10c**

| | | | | | | |
|---|---|---|---|---|---|---|
| 1535 | चिति | चिन्त् | | 1621 | छजि | छञ्ज् |
| 1536 | यत्रि | यन्त्र् | | 1635 | चुबि | चुम्ब् |
| 1537 | स्फुडि | स्फुण्ड् | | 1638 | टकि | टङ्क् |
| 1539 | कुद्रि | कुन्द्र् | | 1645 | शुठि | शुण्ठ् |
| 1541 | मिदि | मिन्द् | | 1651 | पचि | पञ्च् |
| 1542 | ओलडि | ओलण्ड् | | 1655 | कुबि | कुम्ब् |
| 1566 | तुजि | तुञ्ज् | | 1656 | लुबि | लुम्ब् |
| 1567 | पिजि | पिञ्ज् | | 1657 | तुबि | तुम्ब् |
| 1575 | पथि | पन्थ् | | 1659 | चुटि | चुण्ट् |
| 1577 | छदि | छन्द् | | 1666 | जसि | जंस् |
| 1581 | खडि | खण्ड् | | 1669 | पिडि | पिण्ड् |
| 1582 | कडि | कण्ड् | | 1674 | दशि | दंश् |
| 1583 | कुडि | कुण्ड् | | 1675 | दसि | दंस् |
| 1584 | गुडि | गुण्ड् | | 1678 | तत्रि | तन्त्र् |
| 1585 | खुडि | खुण्ड् | | 1679 | मत्रि | मन्त्र् |
| 1586 | वटि | वण्ट् | | 1716 | जभि | जम्भ् |
| 1587 | मडि | मण्ड् | | 1729 | तसि | तंस् |
| 1588 | भडि | भण्ड् | | 1739 | लिगि | लिङ्ग् |
| 1615 | पडि | पण्ड् | | 1755 | तुजि | तुञ्ज् |
| 1616 | पसि | पंस् | | 1756 | मिजि | मिञ्ज् |
| 1619 | चपि | चम्प् | | 1757 | पिजि | पिञ्ज् |
| 1620 | क्षपि | क्षम्प् | | 1758 | लुजि | लुञ्ज् |
| | | | | 1759 | भजि | भञ्ज् |

| 1760 | लघि | लङ्घ् | 1788 | रुशि | रुंश् |
| 1761 | त्रसि | त्रंस् | 1790 | रुसि | रुंस् |
| 1762 | पिसि | पिंस् | 1792 | पुटि | पुण्ट् |
| 1763 | कुसि | कुंस् | 1795 | रघि | रङ्घ् |
| 1764 | दशि | दंश् | 1796 | लघि | लङ्घ् |
| 1765 | कुशि | कुंश् | 1797 | अहि | अंह् |
| 1767 | घटि | घण्ट् | 1798 | रहि | रंह् |
| 1768 | बृहि | बृंह् | 1799 | महि | मंह् |
| 1784 | लजि | लञ्ज् | 1800 | लडि | लण्ड् |
| 1785 | अजि | अञ्ज् | 1829 | हिसि | हिंस् |
| 1786 | दसि | दंस् | 1847 | कठि | कण्ठ् |
| 1787 | भृशि | भृंश् | | | |

The Tag Letter इँ enforces Sutra 7.1.58 इदितो नुम् धातोः ।
e.g. Root 87 अकि लक्षणे gets a नुम् augment and its Anga for

derivation becomes अन्कि ।

In all such cases, the two Anusvara Sutras 8.3.24 नश्चापदान्तस्य झलि and 8.4.58 अनुस्वारस्य ययि परसवर्णः apply in conjunction and the

Anga effectively becomes अङ्कि ।

# Dhatus with Tag ir

3.1.57 इरितो वा । इर् इत् । इरित् ।

| 1c | इर् | | | 7c | | |
|---|---|---|---|---|---|---|
| 40 | च्युतिर् | च्युत् | | 1438 | रुधिर् | रुध् |
| 41 | श्र्युतिर् | श्र्युत् | | 1439 | भिदिर् | भिद् |
| 329 | स्फुटिर् | स्फुट् | | 1440 | छिदिर् | छिद् |
| 653 | घुषिर् | घुष् | | 1441 | रिचिर् | रिच् |
| 737 | तुहिर् | तुह् | | 1442 | विचिर् | विच् |
| 738 | दुहिर् | दुह् | | 1443 | क्षुदिर् | क्षुद् |
| 739 | उहिर् | उह् | | 1444 | युजिर् | युज् |
| 813 | छदिर् | छद् | | 1446 | उतृदिर् | तृद् |
| 820 | स्खदिर् | स्खद् | | 1445 | उच्छृदिर् | छृद् |
| 875 | बुधिर् | बुध् | | 10c | | |
| 979 | स्कन्दिर् | स्कन्द् | | 1726 | घुषिर् | घुष् |
| 988 | दृशिर् | दृश् | | | | |
| 876 | उबुन्दिर् | बुन्द् | | | | |
| 2c | | | | | | |
| 1067 | रुदिर् | रुद् | | | | |
| 3c | | | | | | |
| 1093 | णिजिर् | निज् | | | | |
| 1094 | विजिर् | विज् | | | | |
| 4c | | | | | | |
| 1165 | ईशुचिर् | शुच् | | | | |

# Dhatus with Tag ī

| 1c | ईदित् | | 2c | | |
|---|---|---|---|---|---|
| 27 | ह्लादी | ह्लाद् | 1029 | वृजी | वृज् |
| 30 | यती | यत् | 1030 | पृची | पृच् |
| 39 | चिती | चित् | 4c | | |
| 178 | भृजी | भृज् | 1165 | ईशुचिर् | शुच् |
| 216 | उछी | उच्छ् | 1116 | नृती | नृत् |
| 320 | कटी | कट् | 1117 | त्रसी | त्रस् |
| 388 | जभी | जम्भ् | 1149 | जनी | जन् |
| 460 | कनी | कन् | 1150 | दीपी | दीप् |
| 483 | ऊयी | ऊय् | 1151 | पूरी | पूर् |
| 484 | पूयी | पूय् | 1152 | तूरी | तूर् |
| 485 | क्रूयी | क्रूय् | 1153 | धूरी | धूर् |
| 486 | क्ष्मायी | क्ष्माय् | 1154 | गूरी | गूर् |
| 487 | स्फायी | स्फाय् | 1155 | घूरी | घूर् |
| 569 | उर्वी | उर्व् | 1156 | जूरी | जूर् |
| 570 | तुर्वी | तुर्व् | 1157 | शूरी | शूर् |
| 571 | थुर्वी | थुर्व् | 1158 | चूरी | चूर् |
| 572 | दुर्वी | दुर्व् | 1208 | मदी | मद् |
| 573 | धुर्वी | धुर्व् | 1221 | मसी | मस् |
| 574 | गुर्वी | गुर्व् | | | |
| 575 | मुर्वी | मुर्व् | | | |
| 815 | मदी | मद् | | | |
| 488 | ओप्यायी | प्याय् | | | |

| 6c | | | 7c | | |
|---|---|---|---|---|---|
| 1287 | ऋषी | ऋष् | 1447 | कृती | कृत् |
| 1288 | जुषी | जुष् | 1457 | उन्दी | उन्द् |
| 1295 | उछी | उच्छ् | 1461 | वृजी | वृज् |
| 1323 | दृभी | दृभ् | 1462 | पृची | पृच् |
| 1324 | चृती | चृत् | 1460 | ओविजी | विज् |
| 1396 | गुरी | गुर् | 1448 | ञिइन्धी | इन्ध् |
| 1435 | कृती | कृत् | 10c | | |
| 1289 | ओविजी | विज् | 1803 | पूरी | पूर् |
| 1290 | ओलजी | लज् | 1811 | ली | ली |
| 1291 | ओलस्जी | लस्ज् | 1812 | वृजी | वृज् |
| | | | 1820 | छृदी | छृद् |
| | | | 1821 | दृभी | दृभ् |
| | | | 1860 | गदी | गद् |

# Dhatus with Tag u

7.2.56 उदितो वा । उ इत् । उदित् ।

| 1c | उदित् | | 472 | झमु | झम् | 755 | ध्वंसु | ध्वंस् |
|---|---|---|---|---|---|---|---|---|
| 188 | अञ्चु | अञ्च् | 473 | क्रमु | क्रम् | 756 | भ्रंसु | भ्रंस् |
| 189 | वञ्चु | वञ्च् | 560 | ष्ठिवु | ष्ठिव् | 757 | स्तम्भु | स्तम्भ् |
| 190 | चञ्चु | चञ्च् | 567 | क्षीवु | क्षीव् | 758 | वृतु | वृत् |
| 191 | तञ्चु | तञ्च् | 568 | क्षेवु | क्षेव् | 759 | वृधु | वृध् |
| 192 | त्वञ्चु | त्वञ्च् | 601 | धावु | धाव् | 760 | शृधु | शृध् |
| 193 | मुञ्चु | मुञ्च् | 630 | ग्रसु | ग्रस् | 826 | स्यमु | स्यम् |
| 194 | म्लुञ्चु | म्लुञ्च् | 631 | ग्लसु | ग्लस् | 850 | भ्रमु | भ्रम् |
| 195 | म्रुचु | म्रुच् | 697 | जिषु | जिष् | 853 | रमु | रम् |
| 196 | म्लुचु | म्लुच् | 698 | विषु | विष् | 862 | अञ्चु | अञ्च् |
| 197 | ग्रुचु | ग्रुच् | 699 | मिषु | मिष् | 873 | शृधु | शृध् |
| 198 | ग्लुचु | ग्लुच् | 701 | श्रिषु | श्रिष् | 874 | मृधु | मृध् |
| 199 | कुजु | कुज् | 702 | क्षिषु | क्षिष् | 878 | खनु | खन् |
| 200 | खुज | खुज | 703 | प्रुषु | प्रुष् | | | |
| 201 | ग्लुञ्चु | ग्लुञ्च् | 704 | प्लुषु | प्लुष् | | | |
| 393 | श्रम्भु | श्रम्भ् | 705 | पृषु | पृष् | | | |
| 394 | ष्टुभु | स्तुभ् | 706 | वृषु | वृष् | | | |
| 430 | सृभु | सृभ् | 707 | मृषु | मृष् | | | |
| 431 | सृम्भु | सृम्भ् | 708 | घृषु | घृष् | | | |
| 443 | कमु | कम् | 709 | हृषु | हृष् | | | |
| 469 | चमु | चम् | 727 | शसु | शस् | | | |
| 470 | छमु | छम् | 728 | शंसु | शंस् | | | |
| 471 | जमु | जम् | 754 | स्रंसु | स्रंस् | | | |

| | | |
|---|---|---|
| **2c** | | |
| 1075 | शासु | शास् |
| **4c** | | |
| 1107 | दिवु | दिव् |
| 1108 | षिवु | सिव् |
| 1109 | स्रिवु | स्रिव् |
| 1110 | ष्विवु | ष्विव् |
| 1111 | ष्णुसु | स्नुस् |
| 1112 | ष्णसु | स्नस् |
| 1113 | क्रसु | क्रस् |
| 1160 | वृतु | वृत् |
| 1192 | षिधु | सिध् |
| 1201 | शमु | शम् |
| 1202 | तमु | तम् |
| 1203 | दमु | दम् |
| 1204 | श्रमु | श्रम् |
| 1205 | भ्रमु | भ्रम् |
| 1207 | क्लमु | क्लम् |
| 1209 | असु | अस् |
| 1210 | यसु | यस् |
| 1211 | जसु | जस् |
| 1212 | तसु | तस् |
| 1213 | दसु | दस् |

| | | |
|---|---|---|
| 1214 | वसु | वस् |
| 1224 | भृशु | भृश् |
| 1225 | भ्रंशु | भ्रंश् |
| 1245 | ऋध्धु | ऋध्ध् |
| 1246 | गृध्धु | गृध्ध् |
| **5c** | | |
| 1270 | दम्भु | दम्भ् |
| 1271 | ऋध्धु | ऋध्ध् |
| 1274 | चमु | चम् |
| **7c** | | |
| 1445 | उच्छ्रदिर् | छ्द् |
| **8c** | | |
| 1463 | तनु | तन् |
| 1464 | षणु | सन् |
| 1465 | क्षणु | क्षण् |
| 1466 | क्षिणु | क्षिण् |
| 1467 | ऋणु | ऋण् |
| 1468 | तृणु | तृण् |
| 1469 | घृणु | घृण् |
| 1470 | वनु | वन् |
| 1471 | मनु | मन् |

| | | |
|---|---|---|
| **9c** | | |
| 1524 | उध्रस | ध्रस् |
| **10c** | | |
| 1668 | जसु | जस् |
| 1703 | वञ्चु | वञ्च् |
| 1706 | दिवु | दिव् |
| 1718 | जसु | जस् |
| 1724 | दिवु | दिव् |
| 1734 | शृध्धु | शृध्ध् |
| 1738 | अञ्चु | अञ्च् |
| 1781 | वृतु | वृत् |
| 1782 | वृध्धु | वृध्ध् |
| 1840 | तनु | तन् |

# Dhatus with Tag ū

7.2.44 स्वरतिसूतिसूयतिधूञूदितो वा । स्वरति सूति सूयति धूञित्येतेभ्यः, ऊदित् धातुभ्यः च उत्तरस्य वलादेः आर्धधातुकस्य वा इडागमः । इति वेट् । ऊ इत् । ऊदित् ।

| 1c | ऊदित् |  | 6c |  |  |
|---|---|---|---|---|---|
| 48 | षिधू | सिध् | 1347 | वृहू | वृह् |
| 395 | गुपू | गुप् | 1348 | तृहू | तृह् |
| 396 | धूप | धूप् | 1349 | स्तृहू | स्तृह् |
| 649 | गाहू | गाह् | 1350 | तृंहू | तृंह् |
| 650 | गृहू | गृह् | 1292 | ओव्रश्चू | व्रश्च् |
| 654 | अक्षू | अक्ष् | 7c |  |  |
| 655 | तक्षू | तक्ष् | 1458 | अञ्जू | अञ्ज् |
| 656 | त्वक्षू | त्वक्ष् | 1459 | तञ्चू | तञ्च् |
| 761 | स्यन्दू | स्यन्द् | 9c |  |  |
| 762 | कृपू | कृप् | 1522 | क्लिशू | क्लिश् |
| 896 | गुहू | गुह् | 10c |  |  |
| 374 | त्रपूष् | त्रप् | 1848 | मृजू | मृज् |
| 442 | क्षमूष् | क्षम् |  |  |  |
| 2c |  |  |  |  |  |
| 1066 | मृजू | मृज् |  |  |  |
| 4c |  |  |  |  |  |
| 1206 | क्षमू | क्षम् |  |  |  |
| 1242 | क्लिदू | क्लिद् |  |  |  |
| 5c |  |  |  |  |  |
| 1264 | अशू | अश् |  |  |  |

# Dhatus with Tag ऋ

| 1c | ऋदित् |  | 106 | तीकृ | तीक् | 290 | शौट्टृ | शौट् |
|---|---|---|---|---|---|---|---|---|
| 4 | गाधृ | गाध् | 112 | राघृ | राघ् | 291 | यौट्टृ | यौट् |
| 5 | बाधृ | बाध् | 113 | लाघृ | लाघ् | 292 | म्लेट्टृ | म्लेट् |
| 6 | नाथृ | नाथ् | 114 | द्राघृ | द्राघ् | 293 | म्रेड्डृ | म्रेड् |
| 7 | नाधृ | नाध् | 115 | श्लाघृ | श्लाघ् | 350 | क्रीड्डृ | क्रीड् |
| 31 | युतृ | युत् | 121 | ओखृ | ओख् | 351 | तुड्डृ | तुड् |
| 32 | जुतृ | जुत् | 122 | राखृ | राख् | 352 | हुड्डृ | हुड् |
| 33 | विथृ | विथ् | 123 | लाखृ | लाख् | 353 | हूड्डृ | हूड् |
| 34 | वेथृ | वेथ् | 124 | द्राखृ | द्राख् | 354 | होड्डृ | होड् |
| 49 | खादृ | खाद् | 125 | ध्राखृ | ध्राख् | 355 | रौड्डृ | रौड् |
| 75 | शीकृ | शीक् | 126 | शाखृ | शाख् | 356 | रोड्डृ | रोड् |
| 76 | लोकृ | लोक् | 127 | श्लाखृ | श्लाख् | 357 | लोड्डृ | लोड् |
| 77 | श्लोकृ | श्लोक् | 164 | लोचृ | लोच् | 362 | तिपृ | तिप् |
| 78 | द्रेकृ | द्रेक् | 179 | एजृ | एज् | 363 | तेपृ | तेप् |
| 79 | ध्रेकृ | ध्रेक् | 180 | भ्रेजृ | भ्रेज् | 364 | ष्टिपृ | स्तिप् |
| 80 | रेकृ | रेक् | 181 | भ्राजृ | भ्राज् | 365 | ष्टेपृ | स्तेप् |
| 81 | सेकृ | सेक् | 234 | एजृ | एज् | 366 | ग्लेपृ | ग्लेप् |
| 82 | स्रेकृ | स्रेक् | 284 | हेड्ड | हेड् | 367 | टुवेपृ | वेप् |
| 98 | ढौकृ | ढौक् | 285 | होड्ड | होड् | 368 | केपृ | केप् |
| 99 | त्रौकृ | त्रौक् | 286 | बाड्ड | बाड् | 369 | गेपृ | गेप् |
| 103 | टिकृ | टिक् | 287 | द्राड्ड | द्राड् | 370 | ग्लेपृ | ग्लेप् |
| 104 | टीकृ | टीक् | 288 | ध्राड्ड | ध्राड् | 371 | मेपृ | मेप् |
| 105 | तिकृ | तिक् | 289 | शाड्ड | शाड् | 372 | रेपृ | रेप् |

| 373 | लेपृ | लेप् | 535 | वेलृ | वेल् | 626 | रासृ | रास् |
|---|---|---|---|---|---|---|---|---|
| 380 | कबृ | कब् | 536 | चेलृ | चेल् | 643 | वेह | वेह् |
| 381 | क्लीबृ | क्लीब् | 537 | केलृ | केल् | 644 | जेह | जेह् |
| 382 | क्षीबृ | क्षीब् | 538 | खेलृ | खेल् | 645 | वाह | वाह् |
| 383 | शीभृ | शीभ् | 539 | क्ष्वेलृ | क्ष्वेल् | 646 | द्राह | द्राह् |
| 384 | चीभृ | चीभ् | 541 | पेलृ | पेल् | 647 | काशृ | काश् |
| 385 | रेभृ | रेभ् | 542 | फेलृ | फेल् | 719 | पिसृ | पिस् |
| 454 | ओणृ | ओण् | 543 | शेलृ | शेल् | 720 | पेसृ | पेस् |
| 455 | शोणृ | शोण् | 551 | खोलृ | खोल् | 822 | राजृ | राज् |
| 456 | श्रोणृ | श्रोण् | 552 | खोरृ | खोर् | 864 | रेट्ृ | रेट् |
| 457 | क्ष्रोणृ | क्ष्रोण् | 553 | धोरृ | धोर् | 877 | वेणृ | वेण् |
| 458 | पैणृ | पैण् | 614 | गेषृ | गेष् | 879 | चीवृ | चीव् |
| 468 | मीमृ | मीम् | 615 | पेषृ | पेष् | 880 | चायृ | चाय् |
| 489 | तायृ | ताय् | 616 | जेषृ | जेष् | 882 | दाशृ | दाश् |
| 499 | तेवृ | तेव् | 617 | णेषृ | नेष् | 883 | भेषृ | भेष् |
| 500 | देवृ | देव् | 618 | एषृ | एष् | 884 | भ्रेषृ | भ्रेष् |
| 501 | षेवृ | सेव् | 619 | प्रेषृ | प्रेष् | 885 | भ्लेषृ | भ्लेष् |
| 502 | गेवृ | गेव् | 620 | रेषृ | रेष् | 894 | दासृ | दास् |
| 503 | ग्लेवृ | ग्लेव् | 621 | हेषृ | हेष् | 895 | माह | माह् |
| 504 | पेवृ | पेव् | 622 | हेषृ | हेष् | 823 | टुभ्राजृ | भ्राज् |
| 505 | मेवृ | मेव् | 623 | कासृ | कास् | 824 | टुभ्राशृ | भ्राश् |
| 506 | म्लेवृ | म्लेव् | 624 | भासृ | भास् | 825 | टुभ्लाशृ | भ्लाश् |
| 507 | रेवृ | रेव् | 625 | णासृ | नास् | 863 | टुयाचृ | याच् |

| 867 | प्रोथृ | प्रोथ् |
| 868 | मिदृ | मिद् |
| 869 | मेदृ | मेद् |
| 870 | मेधृ | मेध् |
| 871 | णिदृ | निद् |
| 872 | णेदृ | नेद् |
| **2c** | | |
| 1074 | चकासृ | चकास् |
| **4c** | | |
| 1162 | काशृ | काश् |
| 1163 | वाशृ | वाश् |
| **10c** | | |
| 1776 | लोकृ | लोक् |
| 1777 | लोचृ | लोच् |

# Dhatus with Tag ऌ

3.1.55 पुषादिद्युताद्यॢदितः परस्मैपदेषु । ऌ इत् । ऌदित् ।

| | | | | |
|---|---|---|---|---|
| 1c | 715 | घसॢ | घस् | ऌ |
| 1c | 845 | पतॢ | पत् | ऌ |
| 1c | 854 | षदॢ | सद् | ऌ |
| 1c | 855 | शदॢ | शद् | ऌ |
| 1c | 982 | गमॢ | गम् | ऌ |
| 1c | 983 | सृपॢ | सृप् | ऌ |
| | | | | |
| 3c | 1095 | विषॢ | विष् | ऌ |
| | | | | |
| 5c | 1260 | आपॢ | आप् | ऌ |
| 5c | 1261 | शकॢ | शक् | ऌ |
| | | | | |
| 6c | 1427 | षदॢ | सद् | ऌ |
| 6c | 1428 | शदॢ | शद् | ऌ |
| 6c | 1430 | मुचॢ | मुच् | ऌ |
| 6c | 1431 | लुपॢ | लुप् | ऌ |
| 6c | 1432 | विदॢ | विद् | ऌ |
| | | | | |
| 7c | 1451 | शिषॢ | शिष् | ऌ |
| 7c | 1452 | पिषॢ | पिष् | ऌ |
| | | | | |
| 10c | 1839 | आपॢ | आप् | ऌ |

# Dhatus with Tag e

एदित्

| | | | | | |
|---|---|---|---|---|---|
| 1c | 294 | कटे | सेट् | कट् | ए |
| 1c | 721 | हसे | सेट् | हस् | ए |
| 1c | 784 | कखे | सेट् | कख् | ए |
| 1c | 785 | रगे | सेट् | रग् | ए |
| 1c | 786 | लगे | सेट् | लग् | ए |
| 1c | 787 | ह्लगे | सेट् | ह्लग् | ए |
| 1c | 788 | ह्लगे | सेट् | ह्लग् | ए |
| 1c | 789 | षगे | सेट् | सग् | ए |
| 1c | 790 | ष्टगे | सेट् | स्तग् | ए |
| 1c | 791 | कगे | सेट् | कग् | ए |
| 1c | 846 | क्रथे | सेट् | क्रथ् | ए |
| 1c | 847 | पथे | सेट् | पथ् | ए |
| 1c | 848 | मथे | सेट् | मथ् | ए |
| 1c | 865 | चते | सेट् | चत् | ए |
| 1c | 866 | चदे | सेट् | चद् | ए |

# Dhatus with Tag o

8.2.45 ओदितश्च । ओकारः इत् धातोः उत्तरस्य निष्ठायाः तकारस्य नकारः आदेशः ।
ओ इत् । ओदित् ।

| | | | | |
|---|---|---|---|---|
| 1c | 235 | टुओस्फूर्जा | स्फूर्ज् | आ, टु, ओ |
| 1c | 921 | ओवै | वै | ओ |
| 1c | 1010 | टुओश्वि | श्वि | टु, ओ |
| | | | | |
| 3c | 1090 | ओहाक् | हा | क् , ओ |
| 3c | 1089 | ओहाङ् | हा | ङ् , ओ |
| | | | | |
| 6c | 1289 | ओविजी | विज् | ई, ओ |
| 6c | 1290 | ओलजी | लज् | ई, ओ |
| 6c | 1291 | ओलस्जी | लस्ज् | ई, ओ |
| 6c | 1292 | ओव्रश्चू | व्रश्च् | ऊ, ओ |
| 6c | 1416 | रुजो | रुज् | ओ |
| 6c | 1417 | भुजो | भुज् | ओ |
| 6c | 1415 | टुमस्जो | मस्ज् | ओ, टु |
| | | | | |
| 7c | 1460 | ओविजी | विज् | ई, ओ |

# Dhatus with Tag ṅ

| 1c | इ इत् | | 2c | | | | | |
|---|---|---|---|---|---|---|---|---|
| 948 | ष्मिङ् | स्मि | 1017 | चक्षिङ् | चक्ष् | 1142 | माङ् | मा |
| 949 | गुङ् | गु | 1031 | षूङ् | सू | 1143 | ईङ् | ई |
| 950 | गाङ् | गा | 1032 | शीङ् | शी | 1144 | प्रीङ् | प्री |
| 951 | कुङ् | कु | 1046 | इङ् | इ | 6c | | |
| 952 | घुङ् | घु | 1076 | दीधीङ् | दीधी | 1401 | कुङ् | कु |
| 953 | उङ् | उ | 1077 | वेवीङ् | वेवी | 1402 | पृङ् | पृ |
| 954 | ङुङ् | ङु | 1082 | ह्नुङ् | ह्नु | 1403 | मृङ् | मृ |
| 955 | च्युङ् | च्यु | 3c | | | 1411 | दृङ् | दृ |
| 956 | ज्युङ् | ज्यु | 1088 | माङ् | मा | 1412 | धृङ् | धृ |
| 957 | प्लुङ् | प्लु | 1089 | ओहाङ् | हा | 9c | | |
| 958 | प्लुङ् | प्लु | 4c | | | 1509 | वृङ् | वृ |
| 959 | रुङ् | रु | 1132 | षूङ् | सू | | | |
| 960 | धृङ् | धृ | 1133 | दूङ् | दू | | | |
| 961 | मेङ् | मे | 1134 | दीङ् | दी | | | |
| 962 | देङ् | दे | 1135 | डीङ् | डी | | | |
| 963 | श्यैङ् | श्यै | 1136 | धीङ् | धी | | | |
| 964 | प्यैङ् | प्यै | 1137 | मीङ् | मी | | | |
| 965 | त्रैङ् | त्रै | 1138 | रीङ् | री | | | |
| 966 | पूङ् | पू | 1139 | लीङ् | ली | | | |
| 967 | मूङ् | मू | 1140 | त्रीङ् | त्री | | | |
| 968 | डीङ् | डी | 1141 | पीङ् | पी | | | |

# Dhatus with Tag ñ

| 1c | अ इत् | | 1253 | कृञ् | कृ | 10c | | |
|---|---|---|---|---|---|---|---|---|
| 897 | श्रिञ् | श्रि | 1254 | वृञ् | वृ | 1629 | चिञ् | चि |
| 898 | भृञ् | भृ | 1255 | धुञ् | धु | 1813 | वृञ् | वृ |
| 899 | हृञ् | हृ | | धूञ् | धू | 1835 | धूञ् | धू |
| 900 | धृञ् | धृ | 1250 | डुमिञ् | मि | 1836 | प्रीञ् | प्री |
| 901 | णीञ् | नी | 8c | | | | | |
| 1006 | वेञ् | वे | 1472 | डुकृञ् | कृ | | | |
| 1007 | व्येञ् | व्ये | 9c | | | | | |
| 1008 | ह्वेञ् | ह्वे | 1473 | डुक्रीञ् | क्री | | | |
| 2c | | | 1474 | प्रीञ् | प्री | | | |
| 1039 | ऊर्णुञ् | ऊर्णु | 1475 | श्रीञ् | श्री | | | |
| 1043 | ष्टुञ् | स्तु | 1476 | मीञ् | मी | | | |
| 1044 | ब्रूञ् | ब्रू | 1477 | षिञ् | सि | | | |
| 3c | | | 1478 | स्कुञ् | स्कु | | | |
| 1087 | डुभृञ् | भृ | 1479 | युञ् | यु | | | |
| 1091 | डुदाञ् | दा | 1480 | कॄञ् | कॄ | | | |
| 1092 | डुधाञ् | धा | 1481 | दॄञ् | दॄ | | | |
| 5c | | | 1482 | पूञ् | पू | | | |
| 1247 | षुञ् | सु | 1483 | लूञ् | लू | | | |
| 1248 | षिञ् | सि | 1484 | स्तॄञ् | स्तॄ | | | |
| 1249 | शिञ् | शि | 1485 | कृञ् | कृ | | | |
| 1251 | चिञ् | चि | 1486 | वृञ् | वृ | | | |
| 1252 | स्तृञ् | स्तृ | 1487 | धूञ् | धू | | | |

# Dhatus with Tag ñi

| 1c | जि इत् | | 4c | | |
|---|---|---|---|---|---|
| 516 | ञिफला | फल् | 1188 | ञिष्विदा | स्विद् |
| 743 | ञिमिदा | मिद् | 1228 | ञितृषा | तृष् |
| 744 | ञिष्विदा | स्विद् | 1243 | ञिमिदा | मिद् |
| 775 | ञित्वरा | त्वर् | 1244 | ञिक्ष्विदा | क्ष्विद् |
| 978 | ञिष्विदा | स्विद् | 5c | | |
| 2c | | | 1269 | ञिधृषा | धृष् |
| 1068 | ञिष्वप | स्वप् | 7c | | |
| 3c | | | 1448 | ञिइन्धी | इन्ध् |
| 1084 | ञिभी | भी | | | |

# Dhatus with टु Tag ṭu

3.3.89 द्वितोऽथुच् । टु इत् । टिवत् ।

| 1c | टु | | 2c | | |
|---|---|---|---|---|---|
| 849 | टुवम | वम् | 1036 | टुक्षु | क्षु |
| 235 | टुओस्फूर्जा | स्फूर्ज् | 5c | | |
| 67 | टुनदि | नन्द् | 1256 | टुदु | दु |
| 823 | टुभ्राजृ | भ्राज् | 6c | | |
| 824 | टुभ्राश् | भ्राश् | 1415 | टुमस्जो | मस्ज् |
| 825 | टुभ्लाश् | भ्लाश् | | | |
| 863 | टुयाचृ | याच् | | | |
| 1010 | टुओश्वि | श्वि | | | |

# Dhatus with डु Tag ḍu

3.3.88 ड्वितः क्त्रिः। डु इत् । ड्वित् ।

| 1c | डु | |
|---|---|---|
| 1003 | डुवप | वप् |
| 975 | डुलभष् | लभ् |
| 996 | डुपचष् | पच् |
| 3c | | |
| 1087 | डुभृञ् | भृ |
| 1091 | डुदाञ् | दा |
| 1092 | डुधाञ् | धा |
| 5c | | |
| 1250 | डुमिञ् | मि |
| 8c | | |
| 1472 | डुकृञ् | कृ |
| 9c | | |
| 1473 | डुक्रीञ् | क्री |

# Dhatus with OtherTags – k, t, ṇ, p, ṣ

| | | | | | |
|---|---|---|---|---|---|
| 3c | 1090 | ओहाक् | हा | क् | k |
| | | | | | |
| 1c | 902 | धेट् | धे | ट् | t |
| | | | | | |
| 1c | 930 | दाण् | दा | ण् | ṇ |
| 2c | 1045 | इण् | इ | ण् | |
| | | | | | |
| 1c | 924 | दैप् | दै | प् | p |
| 2c | 1059 | दाप् | दा | प् | |
| | | | | | |
| 1c | 374 | त्रपूष् | त्रप् | ष् | ṣ |
| 1c | 442 | क्षमूष् | क्षम् | ष् | |
| 4c | 1130 | जॄष् | जॄ | ष् | |
| 4c | 1131 | झॄष् | झॄ | ष् | |
| 9c | 1506 | क्षीष् | क्षी | ष् | |

## *Alphabetical Index of Dhatus*

Indexed on original Dhatu as in Dhatupatha.
Contains 1943 Dhatus along with Tag letters.
Shows Dhatu Number which is unique and easily referenced in standard Dhatupathas.

Easily locate dhatus that begin with a tag letter e.g.
उबुन्दिर् 876 , ञिइन्धी 1448 , टुओश्वि 1010 , etc.

Dhatus with णो नः नत्वम् are under ण , e.g.  णक्ष 662 , णख 134

Dhatus with षः सः सत्वम् are under ष , e.g. षगे 789  ,  षघ 1268

इदित् Dhatus e.g.  अकि 87 , अजि 1785 , अठि 261

Dhatus that have a penultimate नकार are listed with the नकार changed to the corresponding row class nasal, e.g.
अञ्चु 188 , तुम्प 1311

Out of 1943 Roots, there are some 662 Dhatus that are commonly found in literature. These have been highlighted to aid one's study.
ञिष्विदा is present as ष्विदा 1188.

| | | | | | |
|---|---|---|---|---|---|
| कील | 524 | कुबि | 1655 | कृ | 1409 | क्लिदि | 15 |
| कु | 1042 | कुमार | 1877 | कृ | 1496 | क्लिदि | 73 |
| कुक | 91 | कुर | 1341 | कृञ् | 1485 | क्लिदू | 1242 |
| कुङ् | 951 | कुर्द | 21 | कृत | 1653 | क्लिश | 1161 |
| कुङ् | 1401 | कुल | 842 | कृप | 1748 | क्लिशू | 1522 |
| कुच | 184 | कुशि | 1765 | केत | 1895 | क्लीबृ | 381 |
| कुच | 857 | कुष | 1518 | केपृ | 368 | क्लेश | 607 |
| कुच | 1368 | कुस | 1218 | केलृ | 537 | क्वण | 450 |
| कुजु | 199 | कुसि | 1763 | कै | 916 | क्वथे | 846 |
| कुञ्च | 185 | कुस्म | 1711 | क्नथ | 800 | क्षजि | 769 |
| कुट | 1366 | कुह | 1901 | क्नसु | 1113 | क्षणु | 1465 |
| कुट्ट | 1558 | कूज | 223 | क्नूञ् | 1480 | क्षपि | 1620 |
| कुट्ट | 1702 | कूट | 1701 | क्नूयी | 485 | क्षमू | 1206 |
| कुठि | 342 | कूट | 1890 | क्मर | 555 | क्षमूष् | 442 |
| कुड | 1383 | कूण | 1688 | क्रथ | 801 | क्षर | 851 |
| कुडि | 270 | कूण | 1896 | क्रदि | 71 | क्षल | 1597 |
| कुडि | 322 | कूल | 525 | क्रदि | 773 | क्षि | 236 |
| कुडि | 1583 | कृञ् | 1253 | क्रप | 771 | क्षि | 1276 |
| कुण | 1335 | कृड | 1382 | क्रमु | 473 | क्षि | 1407 |
| कुण | 1893 | कृती | 1435 | क्रीड़ृ | 350 | क्षिणु | 1466 |
| कुत्स | 1697 | कृती | 1447 | क्रुञ्च | 186 | क्षिप | 1121 |
| कुथ | 1118 | कृप(कृपेः) | 1748 | क्रुड | 1394 | क्षिप | 1285 |
| कुथि | 43 | कृप | 1869 | क्रुध | 1189 | क्षिप(क्षप) | 1941 |
| कुद्रि | 1539 | कृपू | 762 | क्रुश | 856 | क्षीज | 237 |
| कुन्थ | 1514 | कृवि | 598 | क्लथ | 802 | क्षीबृ | 382 |
| कुप | 1233 | कृश | 1227 | क्लदि | 72 | क्षीवु | 567 |
| कुप | 1779 | कृष | 990 | क्लदि | 774 | क्षीष् | 1506 |
| कुबि | 426 | कृष | 1286 | क्लमु | 1207 | क्षुदिर् | 1443 |

| | | | | | | | |
|---|---:|---|---:|---|---:|---|---:|
| क्षुध | 1190 | खष | 686 | गर्ज | 226 | गुप | 1771 |
| क्षुभ | 751 | खाद् | 49 | गर्द | 57 | गुपू | 395 |
| क्षुभ | 1239 | खिट | 302 | गर्ब | 422 | गुफ | 1317 |
| क्षुभ | 1519 | खिद | 1170 | गर्व | 583 | गुम्फ | 1318 |
| क्षुर | 1344 | खिद | 1436 | गर्व | 1907 | गुरी | 1396 |
| क्षेवु | 568 | खिद | 1449 | गर्ह | 636 | गुर्द | 23 |
| क्षै | 913 | खुजु | 200 | गर्ह | 1845 | गुर्द | 1665 |
| क्षोट | 1875 | खुडि | 1585 | गल | 546 | गुर्वी | 574 |
| क्ष्णु | 1037 | खुर | 1342 | गल | 1699 | गुहू | 896 |
| क्ष्मायी | 486 | खुर्द | 22 | गल्भ | 392 | गूर | 1694 |
| क्ष्मील | 520 | खेट | 1874 | गल्ह | 637 | गूरी | 1154 |
| क्ष्वेलृ | 539 | खेलृ | 538 | गवेष | 1883 | गृ | 937 |
| **ख** | | खै | 912 | गा | 1106 | गृ | 1707 |
| खच | 1531 | खोरृ | 552 | गाङ् | 950 | गृज | 248 |
| खज | 232 | खोलृ | 551 | गाध्रृ | 4 | गृजि | 249 |
| खजि | 233 | ख्या | 1060 | गाहू | 649 | गृध्रु | 1246 |
| खट | 309 | **ग** | | गु | 1399 | गृह | 1899 |
| खट्ट | 1632 | गज | 246 | गुङ् | 949 | गृहू | 650 |
| खड | 1580 | गज | 1647 | गुज | 1369 | गृ | 1410 |
| खडि | 283 | गजि | 247 | गुजि | 203 | गृ | 1498 |
| खडि | 1581 | गड | 777 | गुड | 1370 | गेपृ | 369 |
| खद | 50 | गडि | 65 | गुडि | 1584 | गेवृ | 502 |
| खनु | 878 | गडि | 361 | गुण | 1894 | गेषृ | 614 |
| खर्ज | 229 | गण | 1853 | गुद | 24 | गै | 917 |
| खर्द | 60 | गद | 52 | गुध | 1120 | गोम | 1876 |
| खर्ब | 421 | गदी(गद) | 1860 | गुध | 1517 | गोष्ट | 257 |
| खर्व | 582 | गन्ध | 1684 | गुप | 970 | ग्रथि | 36 |
| खल | 545 | गम्लृ | 982 | गुप | 1234 | ग्रन्थ | 1513 |

| | | | | | | | |
|---|---|---|---|---|---|---|---|
| ग्रन्थ | 1825 | घुण | 437 | चण | 796 | चिञ् | 1251 |
| ग्रन्थ | 1838 | घुण | 1338 | चते | 865 | चिञ् | 1629 |
| ग्रस | 1749 | घुणि | 435 | चदि | 68 | चिट | 315 |
| ग्रसु | 630 | घुर | 1345 | चदे | 866 | चित | 1673 |
| ग्रह | 1533 | घुषि | 652 | चप | 399 | चिति | 1535 |
| ग्राम | 1892 | घुषिर् | 653 | चप | 1626 | चिती | 39 |
| ग्रुचु | 197 | घुषिर् | 1726 | चपि | 1619 | चित्र | 1917 |
| ग्लसु | 631 | घूरी | 1155 | चमु | 469 | चिरि | 1277 |
| ग्लह | 651 | घूर्ण | 438 | चमु | 1274 | चिल | 1355 |
| ग्लुचु | 198 | घूर्ण | 1339 | चय | 478 | चिल्ल | 533 |
| ग्लुञ्चु | 201 | घृ | 938 | चर | 559 | चीक | 1827 |
| ग्लेपृ | 366 | घृ | 1096 | चर | 1745 | चीभृ | 384 |
| ग्लेपृ | 370 | घृ | 1650 | चर्करीतं | 1081 | चीव | 1774 |
| ग्लेवृ | 503 | घृणि | 436 | चर्च | 717 | चीवृ | 879 |
| ग्लै | 903 | घृणु | 1469 | चर्च | 1299 | चुक्क | 1596 |
| **घ** | | घृषु | 708 | चर्च | 1712 | चुट | 1377 |
| घघ | 159 | घ्रा | 926 | चर्ब | 425 | चुट | 1613 |
| घट | 763 | **ङ** | | चर्व | 579 | चुटि | 1659 |
| घट | 1723 | ङुङ् | 954 | चल | 832 | चुट्ट | 1560 |
| घट | 1766 | **च** | | चल | 1356 | चुड | 1392 |
| घटि | 1767 | चक | 93 | चल | 1608 | चुडि | 325 |
| घट्ट | 259 | चक | 783 | चलिः | 812 | चुडु | 347 |
| घट्ट | 1630 | चकासृ | 1074 | चष | 889 | चुद | 1592 |
| घसॢ | 715 | चक्क | 1595 | चह | 729 | चुप | 403 |
| घिणि | 434 | चक्षिङ् | 1017 | चह | 1626 | चुबि | 429 |
| घुङ् | 952 | चञ्चु | 190 | चह | 1866 | चुबि | 1635 |
| घुट | 746 | चट | 1721 | चायृ | 880 | चुर | 1534 |
| घुट | 1385 | चडि | 278 | चि | 1794 | चुल | 1602 |

| | | | | | | | |
|---|---|---|---|---|---|---|---|
| चुल्ल | 531 | **ज** | | जीव | 562 | ज्वल | 831 |
| चूरी | 1158 | जक्ष | 1071 | जुगि | 157 | **झ** | |
| चूर्ण | 1552 | जज | 242 | जुड | 1326 | झट | 306 |
| चूर्ण | 1641 | जजि | 243 | जुड | 1379 | झमु | 472 |
| चूष | 673 | जट | 305 | जुड | 1646 | झर्झ | 718 |
| चृती | 1324 | जन | 1105 | जुतृ | 32 | झर्झ | 1300 |
| चेलृ | 536 | जनी | 1149 | जुष | 1834 | झष | 689 |
| चेष्ट | 256 | जप | 397 | जुषी | 1288 | झष | 891 |
| च्यु | 1746 | जभि | 1716 | जूरी | 1156 | झृष् | 1131 |
| च्युङ् | 955 | जभी | 388 | जूष | 681 | **ञ** | |
| च्युतिर् | 40 | जमु | 471 | जृभि | 389 | ञिइन्धी | 1448 |
| **छ** | | जर्ज | 716 | जृ | 1494 | ञिक्ष्विदा | 1244 |
| छजि | 1621 | जर्ज | 1298 | जृ | 1814 | ञितृषा | 1228 |
| छद | 1833 | जल | 833 | जृष् | 1130 | ञित्वरा | 775 |
| छद | 1935 | जल | 1543 | जेषृ | 616 | ञिधृषा | 1269 |
| छदि | 1577 | जल्प | 398 | जेह्ल | 644 | ञिफला | 516 |
| छदिर् | 813 | जष | 688 | जै | 914 | ञिभी | 1084 |
| छमु | 470 | जसि | 1666 | **ञ** | | ञिमिदा | 743 |
| छर्द | 1589 | जसु | 1211 | ञप | 1624 | ञिमिदा | 1243 |
| छष | 890 | जसु | 1668 | झा | 811 | ञिष्वप | 1068 |
| छिदिर् | 1440 | जसु | 1718 | झा | 1507 | ञिष्विदा | 744 |
| छिद्र | 1924 | जागृ | 1072 | झा | 1732 | ञिष्विदा | 978 |
| छुट | 1378 | जि | 561 | ज्या | 1499 | **ट** | |
| छुप | 1418 | जि | 946 | ज्युङ् | 956 | टकि | 1638 |
| छुर | 1372 | जि | 1793 | ज्रि | 947 | टल | 834 |
| छृदी | 1820 | जिरि | 1278 | ज्रि | 1815 | टिकृ | 103 |
| छेद | 1934 | जिवि | 594 | ज्वर | 776 | टीकृ | 104 |
| छो | 1146 | जिषु | 697 | ज्वल | 804 | टुओष्वि | 1010 |

| | | | | | | | | |
|---|---|---|---|---|---|---|---|---|---|
| टुओस्फूर्जा | 235 | डुमिञ् | 1250 | णिल | 1360 | तप | 985 |
| टुक्षु | 1036 | डुलभष् | 975 | णिवि | 590 | तप | 1159 |
| टुदु | 1256 | डुवप | 1003 | णिश | 722 | तप | 1818 |
| टुनदि | 67 | **ढ** | | णिसि | 1025 | तमु | 1202 |
| टुभ्राजृ | 823 | ढौकृ | 98 | णीञ् | 901 | तय | 479 |
| टुभ्राशृ | 824 | **ण** | | णील | 522 | तर्क | 1780 |
| टुभ्लाशृ | 825 | णक्ष | 662 | णीव | 566 | तर्ज | 227 |
| टुमस्जो | 1415 | णख | 134 | णु | 1035 | तर्ज | 1681 |
| टुयाचृ | 863 | णखि | 135 | णुद | 1282 | तर्द | 58 |
| टुवम | 849 | णट | 310 | णुद | 1426 | तल | 1598 |
| टुवेपृ | 367 | णट | 781 | णू | 1397 | तसि | 1729 |
| ट्वल | 835 | णद | 54 | णेदृ | 872 | तसु | 1212 |
| **ठ** | | णद | 1778 | णेषृ | 617 | तायृ | 489 |
| no entry | | णभ | 752 | **त** | | तिक | 1266 |
| **ड** | | णभ | 1240 | तक | 117 | तिकृ | 105 |
| डप | 1676 | णभ | 1520 | तकि | 118 | तिग | 1267 |
| डिप | 1232 | णम | 981 | तक्ष | 665 | तिज | 971 |
| डिप | 1371 | णय | 480 | तक्षू | 655 | तिज | 1652 |
| डिप | 1671 | णल | 838 | तगि | 149 | तिपृ | 362 |
| डिप | 1677 | णश | 1194 | तञ्चु | 191 | तिम | 1123 |
| डीङ् | 968 | णस | 627 | तञ्चू | 1459 | तिल | 534 |
| डीङ् | 1135 | णह | 1166 | तट | 308 | तिल | 1354 |
| डुकृञ् | 1472 | णासृ | 625 | तड | 1579 | तिल | 1607 |
| डुक्रीञ् | 1473 | णिक्ष | 659 | तड | 1801 | तीकृ | 106 |
| डुदाञ् | 1091 | णिजि | 1026 | तडि | 280 | तीर | 1912 |
| डुधाञ् | 1092 | णिजिर् | 1093 | तत्रि | 1678 | तीव | 565 |
| डुपचष् | 996 | णिदि | 66 | तनु | 1463 | तुज | 244 |
| डुभृञ् | 1087 | णिदृ | 871 | तनु | 1840 | तुजि | 245 |

| | | | | | |
|---|---|---|---|---|---|
| तुजि | 1566 | तूण | 1689 | त्रुफ | 410 | दशि | 1674 |
| तुजि | 1755 | तूरी | 1152 | त्रुम्प | 407 | दशि | 1764 |
| तुट | 1376 | तूल | 527 | त्रुम्फ | 411 | दसि | 1675 |
| तुड | 1386 | तूष | 674 | त्रैङ् | 965 | दसि | 1786 |
| तुडि | 276 | तृ॑ंहू | 1350 | त्रौकृ | 99 | दसु | 1213 |
| तुड्ड | 351 | तृणु | 1468 | त्वक्षू | 656 | दह | 991 |
| तुण | 1332 | तृप | 1195 | त्वगि | 150 | दाण् | 930 |
| तुत्थ | 1943 | तृप | 1307 | त्वच | 1301 | दान | 994 |
| तुद | 1281 | तृप | 1819 | त्वञ्चु | 192 | दाप् | 1059 |
| तुप | 404 | तृम्फ | 1308 | त्विष | 1001 | दाश | 1279 |
| तुप | 1309 | तृह | 1455 | त्सर | 554 | दाशृ | 882 |
| तुफ | 408 | तृहू | 1348 | **थ** | | दासृ | 894 |
| तुफ | 1311 | तॄ | 969 | थुड | 1387 | दिवि | 592 |
| तुबि | 428 | तेज | 231 | थुर्वी | 571 | दिवु | 1107 |
| तुबि | 1657 | तेपृ | 363 | **द** | | दिवु | 1706 |
| तुभ | 753 | तेवृ | 499 | दंश | 989 | दिवु | 1724 |
| तुभ | 1241 | त्यज | 986 | दक्ष | 608 | दिश | 1283 |
| तुभ | 1521 | **त्र** | | दक्ष | 770 | दिह | 1015 |
| तुम्प | 405 | त्रकि | 97 | दघ | 1273 | दीक्ष | 609 |
| तुम्प | 1310 | त्रक्ष | 660 | दण्ड | 1926 | दीङ् | 1134 |
| तुम्फ | 409 | त्रदि | 69 | दद | 17 | दीधीङ् | 1076 |
| तुम्फ | 1312 | त्रपूष् | 374 | दध | 8 | दीपी | 1150 |
| तुर | 1102 | त्रस | 1741 | दमु | 1203 | दु | 944 |
| तुर्वी | 570 | त्रसि | 1761 | दम्भु | 1270 | दुःख | 1930 |
| तुल | 1599 | त्रसी | 1117 | दय | 481 | दुर्वी | 572 |
| तुष | 1184 | त्रुट | 1375 | दरिद्रा | 1073 | दुल | 1600 |
| तुस | 710 | त्रुट | 1698 | दल | 548 | दुष | 1185 |
| तुहिर् | 737 | त्रुप | 406 | दल | 1751 | दुह | 1014 |

| | | | | | | | |
|---|---|---|---|---|---|---|---|
| दुहिर् | 738 | द्राह्ल | 646 | धृङ् | 960 | ध्वाक्षि | 672 |
| दूङ् | 1133 | द्रु | 945 | धृङ् | 1412 | ध्वृ | 939 |
| दृ | 1280 | द्रुण | 1337 | धृज | 219 | **न** | |
| दृङ् | 1411 | द्रुह | 1197 | धृजि | 220 | नक्क | 1593 |
| दृप | 1196 | द्रूञ् | 1481 | धृञ् | 900 | नट | 1545 |
| दृप | 1313 | द्रेकृ | 78 | धृष | 1850 | नट | 1791 |
| दृभ | 1822 | द्रै | 906 | धेक | 1914 | नर्द | 56 |
| दृभी | 1323 | द्विष | 1013 | धेट् | 902 | नल | 1802 |
| दृभी | 1821 | **ध** | | धोरृ | 553 | नाथृ | 6 |
| दृम्फ | 1314 | धक्क | 1594 | ध्मा | 927 | नाथृ | 7 |
| दृशिर् | 988 | धन | 1104 | ध्यै | 908 | निवास | 1885 |
| दृह | 733 | धवि | 597 | ध्रज | 217 | निष्क | 1686 |
| दृहि | 734 | धावु | 601 | ध्रजि | 218 | नृती | 1116 |
| दॄ | 808 | धि | 1406 | ध्रण | 459 | नृ | 809 |
| दॄ | 1493 | धिक्ष | 603 | ध्राक्षि | 671 | नॄ | 1495 |
| देङ् | 962 | धिवि | 593 | ध्राखृ | 125 | **प** | |
| देवृ | 500 | धिष | 1103 | ध्राडृ | 288 | पक्ष | 1550 |
| दैप् | 924 | धीङ् | 1136 | ध्रु | 943 | पचि | 174 |
| दो | 1148 | धुक्ष | 602 | ध्रु | 1400 | पचि | 1651 |
| द्युु | 1040 | धुञ् ,धूञ् | 1255 | ध्रेकृ | 79 | पट | 296 |
| द्युत | 741 | धुर्वी | 573 | ध्रै | 907 | पट | 1752 |
| द्यै | 905 | धू | 1398 | ध्वंसु | 755 | पट | 1856 |
| द्रम | 466 | धूञ् | 1487 | ध्वज | 221 | पठ | 330 |
| द्रा | 1054 | धूञ् | 1835 | ध्वजि | 222 | पडि | 281 |
| द्राक्षि | 670 | धूप | 396 | ध्वण | 453 | पडि | 1615 |
| द्राखृ | 124 | धूप | 1772 | ध्वन | 816 | पण | 439 |
| द्राघृ ,ध्राघृ | 114 | धूरी | 1153 | ध्वन | 828 | पत | 1861 |
| द्राडृ | 287 | धूस | 1639 | ध्वन | 1889 | पतॢ | 845 |

| पथि | 1575 | पिडि | 1669 | पुष | 1529 | पेसृ | 720 |
|---|---|---|---|---|---|---|---|
| पथे | 847 | पिवि | 588 | पुष | 1750 | पै | 920 |
| पद | 1169 | पिश | 1437 | पुष्प | 1122 | पैणृ | 458 |
| पद | 1898 | पिष्ू | 1452 | पुस्त | 1590 | प्यैङ् | 964 |
| पन | 440 | पिस | 1568 | पूङ् | 966 | प्रच्छ | 1413 |
| पय | 476 | पिसि | 1762 | पूज | 1642 | प्रथ | 765 |
| पर्ण | 1939 | पिसृ | 719 | पूञ् | 1482 | प्रथ | 1553 |
| पर्द | 29 | पीङ् | 1141 | पूयी | 484 | प्रस | 766 |
| पर्प | 412 | पीड | 1544 | पूरी | 1151 | प्रा | 1061 |
| पर्ब | 416 | पील | 521 | पूरी | 1803 | प्रीङ् | 1144 |
| पर्व | 577 | पीव | 563 | पूल | 528 | प्रीञ् | 1474 |
| पल | 839 | पुंस | 1637 | पूल | 1636 | प्रीञ् | 1836 |
| पल्पूल | 1881 | पुट | 1367 | पूष | 675 | प्रुङ् | 957 |
| पश | 1719 | पुट | 1753 | पृ | 1258 | प्रुड | 324 |
| पष | 1862 | पुट | 1913 | पृङ् | 1402 | प्रुष | 1527 |
| पसि | 1616 | पुटि | 1792 | पृच | 1807 | प्रुषु | 703 |
| पा | 925 | पुट्ट | 1559 | पृची | 1030 | प्रेषृ | 619 |
| पा | 1056 | पुड | 1384 | पृची | 1462 | प्रोथृ | 867 |
| पार | 1911 | पुण | 1333 | पृड | 1328 | प्लिह | 642 |
| पाल | 1609 | पुथ | 1119 | पृण | 1329 | प्ली | 1503 |
| पि | 1405 | पुथ | 1775 | पृथ | 1554 | प्लुङ् | 958 |
| पिच्छ | 1576 | पुथि | 44 | पृषु | 705 | प्लुष | 1115 |
| पिजि | 1028 | पुर | 1346 | पृ | 1086 | प्लुष | 1216 |
| पिजि | 1567 | पुर्व | 576 | पृ | 1489 | प्लुष | 1528 |
| पिजि | 1757 | पुल | 841 | पृ | 1548 | प्लुषु | 704 |
| पिट | 311 | पुल | 1601 | पेलृ | 541 | प्सा | 1055 |
| पिठ | 339 | पुष | 700 | पेवृ | 504 | | |
| पिडि | 274 | पुष | 1182 | पेषृ | 615 | | |

| | | | | | | | | |
|---|---|---|---|---|---|---|---|---|---|
| **फ** | | बिस | 1217 | भल | 495 | भ्रंशु | 1225 |
| फक्क | 116 | बुक्क | 119 | भल | 1700 | भ्रंसु | 756 |
| फण | 821 | बुक्क | 1713 | भल्ल | 496 | भ्रक्ष | 892 |
| फल | 530 | बुगि | 158 | भष | 695 | भ्रण | 452 |
| फुल्ल | 532 | बुध | 858 | भस | 1100 | भ्रमु | 850 |
| फेल्ल | 542 | बुध | 1172 | भा | 1051 | भ्रमु | 1205 |
| **ब** | | बुधिर् | 875 | भाज | 1886 | भ्रस्ज | 1284 |
| बद | 51 | बुस | 1219 | भाम | 441 | भ्राजृ | 181 |
| बध | 973 | बुस्त | 1591 | भाम | 1872 | भ्री | 1505 |
| बध | 1547 | बृह | 735 | भाष | 612 | भ्रूण | 1690 |
| बन्ध | 1508 | बृहि | 736 | भासृ | 624 | भ्रेजृ | 180 |
| बर्ब | 418 | बृहि | 1768 | भिक्ष | 606 | भ्रेषृ | 884 |
| बर्ह | 638 | ब्रूञ् | 1044 | भिदिर् | 1439 | भ्लक्ष | 893 |
| बर्ह | 1664 | ब्रूस | 1663 | भुज | 1454 | भ्लेषृ | 885 |
| बर्ह | 1769 | **भ** | | भुजो | 1417 | **म** | |
| बल | 840 | भक्ष | 1557 | भू | 1 | मकि | 89 |
| बल | 1628 | भज | 998 | भू (भुवो) | 1747 | मख | 132 |
| बल्ह | 639 | भज | 1733 | भू | 1844 | मखि | 133 |
| बल्ह | 1770 | भजि | 1759 | भूष | 682 | मगि | 148 |
| बष्क | 1916 | भओ | 1453 | भूष | 1730 | मघि | 111 |
| बस्त | 1683 | भट | 307 | भृजी | 178 | मघि | 160 |
| बहि | 633 | भट | 780 | भृञ् | 898 | मच | 171 |
| बाड्ड | 286 | भडि | 273 | भृड | 1395 | मचि | 173 |
| बाध् | 5 | भडि | 1588 | भृशि | 1787 | मठ | 332 |
| बिट | 317 | भण | 447 | भृशु | 1224 | मठि | 263 |
| बिदि | 64 | भदि | 12 | भृ | 1491 | मडि | 272 |
| बिल | 1359 | भर्त्स | 1682 | भेषृ | 883 | मडि | 321 |
| बिल | 1606 | भर्व | 580 | भ्यस | 628 | मडि | 1587 |

| | | | | | | | |
|---|---|---|---|---|---|---|---|
| मण | 448 | महि | 1799 | मीव | 564 | मृग | 1900 |
| मत्रि | 1679 | मा | 1062 | मुच | 1743 | मृङ् | 1403 |
| मथि | 46 | माक्षि | 669 | मुचि | 172 | मृजू | 1066 |
| मथे | 848 | माङ् | 1088 | मुचू | 1430 | मृजू | 1848 |
| मद | 1705 | माङ् | 1142 | मुज | 250 | मृड | 1327 |
| मदि | 13 | मान | 972 | मुजि | 251 | मृड | 1516 |
| मदी | 815 | मान | 1709 | मुट | 1374 | मृण | 1331 |
| मदी | 1208 | मान | 1843 | मुट | 1614 | मृद | 1515 |
| मन | 1176 | मार्ग | 1846 | मुठि | 265 | मृधु | 874 |
| मनु | 1471 | मार्ज | 1648 | मुड | 323 | मृश | 1425 |
| मन्थ | 42 | माह | 895 | मुडि | 275 | मृष | 1164 |
| मन्थ | 1511 | मिच्छ | 1297 | मुडि | 326 | मृष | 1849 |
| मभ्र | 558 | मिजि | 1756 | मुण | 1334 | मृषु | 707 |
| मय | 477 | मिदि | 1541 | मुद | 16 | मृ | 1492 |
| मर्च | 1649 | मिदृ | 868 | मुद | 1740 | मेङ् | 961 |
| मर्ब | 419 | मिल | 1364 | मुर | 1343 | मेदृ | 869 |
| मर्व | 578 | मिल | 1429 | मुर्च्छा | 212 | मेधृ | 870 |
| मल | 493 | मिवि | 589 | मुर्वी | 575 | मेपृ | 371 |
| मल्ल | 494 | मिश | 723 | मुष | 1530 | मेवृ | 505 |
| मव | 599 | मिश्र | 1921 | मुस | 1220 | म्रा | 929 |
| मव्य | 508 | मिष | 1352 | मुस्त | 1631 | म्रक्ष | 1661 |
| मश | 724 | मिषु | 699 | मुह | 1198 | म्रद | 767 |
| मष | 692 | मिह | 992 | मूङ् | 967 | म्रुचु | 195 |
| मसी | 1221 | मी | 1824 | मूत्र | 1909 | म्रुञ्चु | 193 |
| मस्क | 102 | मीङ् | 1137 | मूल | 529 | म्रेडृ | 293 |
| मह | 730 | मीञ् | 1476 | मूल | 1603 | म्लुचु | 196 |
| मह | 1867 | मीमृ | 468 | मूष | 676 | म्लुञ्चु | 194 |
| महि | 634 | मील | 517 | मृक्ष | 664 | म्लेच्छ | 205 |

| | | | | | | | |
|---|---|---|---|---|---|---|---|
| म्लेच्छ | 1662 | यौट्ट | 291 | रस | 1931 | रुज | 1804 |
| म्लेट्ट | 292 | **र** | | रह | 731 | रुजो | 1416 |
| म्लेवृ | 506 | रक | 1736 | रह | 1627 | रुट | 747 |
| म्लै | 904 | रक्ष | 658 | रह | 1858 | रुट | 1783 |
| **य** | | रख | 136 | रहि | 732 | रुटि | 327 |
| यक्ष | 1692 | रखि | 137 | रहि | 1798 | रुठ | 336 |
| यज | 1002 | रगि | 144 | रा | 1057 | रुठि | 345 |
| यत | 1735 | रगे | 785 | राखृ | 122 | रुदिर् | 1067 |
| यती | 30 | रघि | 107 | राघृ | 112 | रुधिर् | 1438 |
| यत्रि | 1536 | रघि | 1795 | राजृ | 822 | रुप | 1236 |
| यभ | 980 | रच | 1864 | राध | 1180 | रुश | 1419 |
| यम | 984 | रञ्ज | 999 | राध | 1262 | रुशि | 1788 |
| यम | 1625 | रञ्ज | 1167 | रासृ | 626 | रुष | 693 |
| यमो | 819 | रट | 297 | रि | 1275 | रुष | 1230 |
| यसु | 1210 | रट | 334 | रि | 1404 | रुष | 1670 |
| या | 1049 | रण | 445 | रिगि | 154 | रुसि | 1790 |
| यु | 1033 | रण | 795 | रिच | 1816 | रुह | 859 |
| यु | 1710 | रद | 53 | रिचिर् | 1441 | रूक्ष | 1910 |
| युगि | 156 | रध | 1193 | रिफ | 1306 | रूप | 1933 |
| युच्छ | 214 | रप | 401 | रिवि | 595 | रूष | 678 |
| युज | 1177 | रफ | 413 | रिश | 1420 | रेकृ | 80 |
| युज | 1806 | रफि | 414 | रिष | 694 | रेट्ट | 864 |
| युजिर् | 1444 | रबि | 376 | रिष | 1231 | रेपृ | 372 |
| युञ् | 1479 | रभ | 974 | री | 1500 | रेभृ | 385 |
| युतृ | 31 | रमु | 853 | रीङ् | 1138 | रेवृ | 507 |
| युध | 1173 | रय | 482 | रु | 1034 | रेषृ | 620 |
| युप | 1235 | रवि | 596 | रुङ् | 959 | रै | 909 |
| यूष | 680 | रस | 713 | रुच | 745 | रोड्ड | 356 |

| | | | | | |
|---|---|---|---|---|---|
| रौड्रृ | 355 | लस | 714 | लुठ | 749 | वघि | 110 |
| **ल** | | लस | 1728 | लुठि | 343 | वच | 1063 |
| लक्ष | 1538 | ला | 1058 | लुठि | 346 | वच | 1842 |
| लक्ष | 1696 | लाखृ | 123 | लुण्ठ | 1563 | वज | 252 |
| लख | 138 | लाघृ | 113 | लुथि | 45 | वञ्चु | 189 |
| लखि | 139 | लाछि | 207 | लुप | 1237 | वञ्चु | 1703 |
| लग | 1737 | लाज | 240 | लुपू | 1431 | वट | 300 |
| लगि | 145 | लाजि | 241 | लुबि | 427 | वट | 779 |
| लगे | 786 | लाभ | 1936 | लुबि | 1656 | वट | 1857 |
| लघि | 108 | लिख | 1365 | लुभ | 1238 | वट | 1919 |
| लघि | 1760 | लिगि | 155 | लुभ | 1305 | वटि | 1586 |
| लघि | 1796 | लिगि | 1739 | लूञ् | 1483 | वठ | 331 |
| लछ | 206 | लिप | 1433 | लूष | 677 | वठि | 262 |
| लज | 238 | लिश | 1179 | लूष | 1610 | वडि | 271 |
| लज | 1920 | लिश | 1421 | लेपृ | 373 | वण | 446 |
| लजि | 239 | लिह | 1016 | लोकृ | 76 | वद | 1009 |
| लजि | 1784 | ली | 1501 | लोकृ | 1776 | वद | 1841 |
| लट | 298 | ली | 1811 | लोचृ | 164 | वदि | 11 |
| लड | 359 | लीड्ङ् | 1139 | लोचृ | 1777 | वन | 462 |
| लड | 1540 | लुजि | 1758 | लोड्रृ | 357 | वन | 463 |
| लडि | 1800 | लुभ्र | 187 | लोष्ट | 258 | वन | 803 |
| लडिः | 814 | लुट | 314 | **व** | | वनु | 1470 |
| लप | 402 | लुट | 748 | वकि | 88 | वभ्र | 557 |
| लबि | 377 | लुट | 1222 | वकि | 95 | वय | 475 |
| लबि | 379 | लुट | 1381 | वक्ष | 663 | वर | 1852 |
| लर्ब | 417 | लुट | 1754 | वख | 130 | वर्च | 162 |
| लल | 1687 | लुटि | 328 | वखि | 131 | वर्ण | 1551 |
| लष | 888 | लुठ | 337 | वगि | 147 | वर्ण | 1938 |

| | | | | | | | |
|---|---|---|---|---|---|---|---|
| वर्ध | 1654 | विजिर् | 1094 | वृतु | 758 | व्रज | 253 |
| वर्ष | 613 | विट | 316 | वृतु | 1160 | व्रज | 1617 |
| वर्ह | 640 | विथृ | 33 | वृतु | 1781 | व्रण | 451 |
| वल | 491 | विद | 1064 | वृधु | 759 | व्रण | 1937 |
| वल्क | 1571 | विद | 1171 | वृधु | 1782 | व्री | 1504 |
| वल्ग | 143 | विद | 1450 | वृश | 1226 | व्रीड् | 1140 |
| वल्भ | 391 | विद | 1708 | वृष | 1704 | व्रीड | 1126 |
| वल्ल | 492 | विद्ल | 1432 | वृषु | 706 | व्रुड | 1393 |
| वल्ह | 641 | विध | 1325 | वृहू | 1347 | व्ली | 1502 |
| वश | 1080 | विल | 1358 | वृ | 1490 | **श** | |
| वष | 691 | विल | 1605 | वृञ् | 1486 | शंसु | 728 |
| वस | 1005 | विश | 1424 | वेञ् | 1006 | शक | 1187 |
| वस | 1023 | विष | 1526 | वेणृ | 877 | शकि | 86 |
| वस | 1744 | विषु | 698 | वेथृ | 34 | शक्ल | 1261 |
| वस | 1942 | विष्ल | 1095 | वेल | 1880 | शच | 165 |
| वसु | 1214 | विष्क | 1685 | वेलृ | 535 | शट | 299 |
| वस्क | 101 | विष्क | 1940 | वेल्ल | 540 | शठ | 340 |
| वह | 1004 | वी | 1048 | वेवीड् | 1077 | शठ | 1564 |
| वा | 1050 | वीर | 1903 | वेष्ट | 255 | शठ | 1691 |
| वाक्षि | 668 | वृक | 92 | वेह | 643 | शठ | 1854 |
| वाछि | 208 | वृक्ष | 604 | व्यच | 1293 | शडि | 279 |
| वात | 1882 | वृड् | 1509 | व्यथ | 764 | शण | 797 |
| वाशृ | 1163 | वृजी | 1029 | व्यध | 1181 | शद्ल | 855 |
| वास | 1884 | वृजी | 1461 | व्यय | 881 | शद्ल | 1428 |
| वाह | 645 | वृजी | 1812 | व्यय | 1932 | शप | 1000 |
| विचिर् | 1442 | वृञ् | 1254 | व्युष | 1114 | शप | 1168 |
| विच्छ | 1423 | वृञ् | 1813 | व्युष | 1215 | शब्द | 1714 |
| विच्छ | 1773 | वृण | 1330 | व्येञ् | 1007 | शम | 1695 |

| | | | | | | | |
|---|---|---|---|---|---|---|---|
| शमु | 1201 | शीङ् | 1032 | शृधु | 873 | श्रिञ् | 897 |
| शमो | 818 | शीभृ | 383 | शृधु | 1734 | श्रिषु | 701 |
| शम्ब | 1556 | शील | 523 | शृ | 1488 | श्रीञ् | 1475 |
| शर्ब | 423 | शील | 1878 | शेलृ | 543 | श्रु | 942 |
| शर्व | 585 | शुच | 183 | शै | 918 | श्रै | 919 |
| शल | 490 | शुच्य | 513 | शो | 1145 | श्रोणृ | 456 |
| शल | 843 | शुठ | 341 | शोणृ | 455 | श्रकि | 85 |
| शल्भ | 390 | शुठ | 1644 | शौटृ | 290 | श्रगि | 152 |
| शव | 725 | शुठि | 344 | **श्च्युतिर्** | 41 | श्राखृ | 127 |
| शश | 726 | शुठि | 1645 | श्मील | 518 | श्लाघृ | 115 |
| शष | 690 | शुध | 1191 | श्यैङ् | 963 | श्लिष | 1186 |
| शसु | 727 | शुन | 1336 | **श्र** | | श्लिष | 1574 |
| शाखृ | 126 | शुन्ध | 74 | श्रकि | 84 | श्लिषु | 702 |
| शाड्ट | 289 | शुन्ध | 1832 | श्रगि | 151 | श्लोकृ | 77 |
| शान | 995 | शुभ | 432 | श्रण | 798 | श्रोणृ | 457 |
| शासु | 1075 | शुभ | 750 | श्रण | 1578 | श्वकि | 96 |
| शिक्ष | 605 | शुभ | 1321 | श्रथ | 799 | श्वच | 166 |
| शिघि | 161 | शुम्भ | 433 | श्रथ | 1546 | श्वचि | 167 |
| शिजि | 1027 | शुम्भ | 1322 | श्रथ | 1823 | श्वठ | 1565 |
| शिञ् | 1249 | शुल्क | 1618 | श्रथ | 1870 | श्वठ | 1855 |
| शिट | 303 | शुल्ब | 1611 | श्रथि | 35 | श्वभ्र | 1623 |
| शिल | 1362 | शुष | 1183 | श्रन्थ | 1510 | श्वर्त | 1622 |
| शिष | 687 | शूर | 1902 | श्रन्थ | 1512 | श्वल | 549 |
| शिष | 1817 | शूरी | 1157 | श्रन्थ | 1837 | श्वल्क | 1570 |
| शिशृ | 1451 | शूर्प | 1612 | श्रमु | 1204 | श्वल्ल | 550 |
| शीक | 1789 | शूल | 526 | श्रम्भु | 393 | श्वस | 1069 |
| शीक | 1826 | शूष | 679 | श्रा | 810 | श्विता | 742 |
| शीकृ | 75 | शृधु | 760 | श्रा | 1053 | श्विदि | 10 |

| | | | | | | | |
|---|---|---|---|---|---|---|---|
| ष | | षिज्ञ् | 1477 | ष्टिघ | 1265 | ष्वष्क | 100 |
| षगे | 789 | षिट | 304 | ष्टिपृ | 364 | ष्विदा | 1188 |
| षघ | 1268 | षिध्र | 47 | ष्टिम | 1124 | स | |
| षच | 163 | षिधु | 1192 | ष्रीम | 1125 | सङ्केत | 1891 |
| षच | 997 | षिधू | 48 | ष्टुच | 175 | सङ्ग्राम | 1922 |
| षञ्ञ | 987 | षिल | 1363 | ष्टुञ् | 1043 | सत्र | 1906 |
| षट | 313 | षिवु | 1108 | ष्टुप | 1672 | सभाज | 1887 |
| षट्ट | 1633 | षु | 941 | ष्टुभु | 394 | साध | 1263 |
| षण | 464 | षु | 1041 | ष्टेपृ | 365 | साम | 1879 |
| षणु | 1464 | षुञ् | 1247 | ष्टै | 922 | सार | 1868 |
| षद्ॄ | 854 | षुट्ट | 1562 | ष्ट्यै | 911 | सुख | 1929 |
| षद्ॄ | 1427 | षुर | 1340 | ष्र्क्ष | 661 | सूच | 1873 |
| षप | 400 | षुह | 1129 | ष्ठल | 836 | सूत्र | 1908 |
| षम | 829 | षू | 1408 | ष्ठा | 928 | सूर्क्ष | 666 |
| षम्ब | 1555 | षूङ् | 1031 | ष्ठिवु | 560 | सूर्क्ष्य | 509 |
| षर्ज | 225 | षूङ् | 1132 | ष्ठिवु | 1110 | सृ | 935 |
| षर्ब | 424 | षूद | 25 | ष्णसु | 1112 | सृ | 1099 |
| षर्व | 586 | षूद | 1717 | ष्णा | 1052 | सृज | 1178 |
| षल | 547 | षृभु | 430 | ष्णिह | 1200 | सृज | 1414 |
| षस | 1078 | षृम्भु | 431 | ष्णिह | 1572 | सृपृ | 983 |
| षस्ज | 202 | षेवृ | 501 | ष्णु | 1038 | सेकृ | 81 |
| षस्ति | 1079 | षै | 915 | ष्णसु | 1111 | स्कन्दिर् | 979 |
| षह | 852 | षो | 1147 | ष्णुह | 1199 | स्कभि | 387 |
| षह | 1128 | ष्टक | 782 | ष्णै | 923 | स्कुञ् | 1478 |
| षह | 1809 | ष्टगे | 790 | ष्मिङ् | 948 | स्कुदि | 9 |
| षान्त्व | 1569 | ष्टन | 461 | ष्वञ्ञ | 976 | स्खद | 768 |
| षिच | 1434 | ष्टभि | 386 | ष्वद | 18 | स्खदिर् | 820 |
| षिज्ञ् | 1248 | ष्टम | 830 | ष्वद | 1805 | स्खल | 544 |

| | | | | | | | |
|---|---|---|---|---|---|---|---|
| स्तन | 1859 | स्मिट | 1573 | हल | 837 | होड़ | 354 |
| स्तृञ् | 1252 | स्मील | 519 | हसे | 721 | हुङ् | 1082 |
| स्तृहू | 1349 | स्मृ | 807 | हि | 1257 | ह्नल | 806 |
| स्तॄञ् | 1484 | स्मृ | 933 | हिक्क | 861 | ह्गे | 787 |
| स्तेन | 1897 | स्यन्दू | 761 | हिठ | 1532 | ह्स | 711 |
| स्तोम | 1923 | स्यम | 1693 | हिडि | 268 | ह्लाद | 26 |
| स्त्यै | 910 | स्यमु | 826 | हिल | 1361 | ह्ली | 1085 |
| स्थुड | 1388 | स्रंसु | 754 | हिवि | 591 | ह्लीछ | 210 |
| स्थूल | 1904 | स्रकि | 83 | हिसि | 1456 | हेषृ | 622 |
| स्पदि | 14 | स्रम्भु | 757 | हिसि | 1829 | ह्गे | 788 |
| स्पर्ध | 3 | स्रिवु | 1109 | हु | 1083 | ह्प | 1658 |
| स्पश | 887 | स्रु | 940 | हुडि | 269 | ह्स | 712 |
| स्पश | 1680 | स्रेकृ | 82 | हुडि | 277 | ह्लादी | 27 |
| स्पृ | 1259 | स्वन | 817 | हुड्ड | 352 | ह्ल | 805 |
| स्पृश | 1422 | स्वन | 827 | हुर्छा | 211 | ह्व | 931 |
| स्पृह | 1871 | स्वर | 1863 | हुल | 844 | ह्व | 934 |
| स्फायी | 487 | स्वर्द | 19 | हूड्ड | 353 | ह्रेञ् | 1008 |
| स्फिट्ट | 1634 | स्वाद | 28 | ह | 1097 | | |
| स्फुट | 260 | स्वृ | 932 | हञ् | 899 | | |
| स्फुट | 1373 | ह | | हष | 1229 | | |
| स्फुट | 1722 | हट | 312 | हषु | 709 | | |
| स्फुटिर् | 329 | हठ | 335 | हेठ | 266 | | |
| स्फुड | 1391 | हद | 977 | हेठ | 1532 | | |
| स्फुडि | 1537 | हन | 1012 | हेड | 778 | | |
| स्फुर | 1389 | हम्म | 467 | हेड्ड | 284 | | |
| स्फुर्छा | 213 | हय | 512 | हेषृ | 621 | | |
| स्फुल | 1390 | हर्य | 514 | होड़ | 285 | | |

## *Standard Alphabetical Index*

Indexed on Dhatu ready for Conjugation.

Contains 1943-1=1942 Dhatus without Tag letters  (ग॰ सू॰1081.चर्करीतं)
Shows Dhatu Number which is unique and easily referenced in standard Dhatupathas.

Easily locate dhatus without tag e.g. बुन्द् 876 , इन्ध् 1448 , श्वि 1010

Dhatus with णो नः नत्वम् are under न e.g. नक्ष 662 , नख 134

Dhatus with षः सः सत्वम् are under स e.g. सगे 789  ,  सघ 1268

इदित् Dhatus are listed with the नुम् augment e.g.
अङ्क 87 , अञ्ज 1785 , अण्ठ 261

Dhatus that have a penultimate नकार are listed with the नकार changed to the corresponding row class nasal, e.g.
अञ्च् 188 , तुम्प् 1311

Out of 1943 Roots, there are some 662 Dhatus that are commonly found in literature.

| | | | | | | | |
|---|---|---|---|---|---|---|---|
| **अ** | | अद् | 1011 | अस् | 1065 | **ई** | |
| अंश् | 1918 | अन् | 1070 | अस् | 1209 | ई | 1143 |
| अंस् | 1918 | अन्त् | 61 | अह् | 1272 | ईक्ष् | 610 |
| अंह् | 635 | अन्द् | 62 | **आ** | | ईङ्ख् | 142 |
| अंह् | 1797 | अन्ध् | 1925 | आक्रन्द् | 1727 | ईज् | 182 |
| अक् | 792 | अभ्र | 556 | आञ्छ् | 209 | ईड् | 1019 |
| अक्ष् | 654 | अम् | 465 | आप् | 1260 | ईड् | 1667 |
| अग् | 793 | अम् | 1720 | आप् | 1839 | ईर् | 1018 |
| अङ्क् | 87 | अम्ब् | 378 | आशंस् | 629 | ईर् | 1810 |
| अङ्क् | 1927 | अय् | 474 | आशास् | 1022 | ईर्ष्य् | 510 |
| अङ्ग् | 146 | अर्क् | 1643 | आसद् | 1831 | ईर्ष्य् | 511 |
| अङ्ग् | 1928 | अर्च् | 204 | आस् | 1021 | ईश् | 1020 |
| अङ्घ् | 109 | अर्च् | 1808 | **इ** | | ईष् | 611 |
| अज् | 230 | अर्ज् | 224 | इ | 1045 | ईष् | 684 |
| अञ्च् | 188 | अर्ज् | 1725 | इ | 1046 | ईह् | 632 |
| अञ्च् | 862 | अर्थ् | 1905 | इ | 1047 | **उ** | |
| अञ्च् | 1738 | अर्द् | 55 | इख् | 140 | उ | 953 |
| अञ्ज् | 1458 | अर्द् | 1828 | इङ्ख् | 141 | उक्ष् | 657 |
| अञ्ज् | 1785 | अर्ब् | 415 | इङ्ग् | 153 | उख् | 128 |
| अट् | 295 | अर्व् | 584 | इट् | 318 | उङ्ख् | 129 |
| अट्ट् | 254 | अर्ह् | 740 | इन्द् | 63 | उच् | 1223 |
| अट्ट् | 1561 | अर्ह् | 1731 | इन्ध् | 1448 | उच्छ् | 216 |
| अड् | 358 | अर्ह् | 1830 | इन्व् | 587 | उच्छ् | 1295 |
| अड्ड् | 348 | अल् | 515 | इल् | 1357 | उज्झ् | 1304 |
| अण् | 444 | अव् | 600 | इल् | 1660 | उञ्छ् | 215 |
| अण् | 1175 | अश् | 1264 | इष् | 1127 | उञ्छ् | 1294 |
| अण्ठ् | 261 | अश् | 1523 | इष् | 1351 | उठ् | 338 |
| अत् | 38 | अस् | 886 | इष् | 1525 | उध्रस् | 1742 |

| | | | | | | | |
|---|---|---|---|---|---|---|---|
| कुट्ट् | 1702 | कूण् | 1688 | क्मर् | 555 | क्षम् | 1206 |
| कुड्ड् | 1383 | कूण् | 1896 | क्रथ् | 801 | क्षम्प् | 1620 |
| कुण् | 1335 | कूल् | 525 | क्रन्द् | 71 | क्षर् | 851 |
| कुण् | 1893 | कृ | 1253 | क्रन्द् | 773 | क्षल् | 1597 |
| कुण्ठ् | 342 | कृ | 1472 | क्रप् | 771 | क्षि | 236 |
| कुण्ड् | 270 | कृड् | 1382 | क्रम् | 473 | क्षि | 1276 |
| कुण्ड् | 322 | कृत् | 1435 | क्री | 1473 | क्षि | 1407 |
| कुण्ड् | 1583 | कृत् | 1447 | क्रीड् | 350 | क्षिण् | 1466 |
| कुत्स् | 1697 | कृन्व् | 598 | क्रुञ्च् | 186 | क्षिप् | 1121 |
| कुथ् | 1118 | कृप् | 762 | क्रुड् | 1394 | क्षिप् | 1285 |
| कुन्थ् | 43 | कृप् | 1748 | क्रुध् | 1189 | क्षिप् (क्षप्) | 1941 |
| कुन्थ् | 1514 | कृप् | 1869 | क्रुश् | 856 | क्षी | 1506 |
| कुन्द् | 1539 | कृश् | 1227 | क्लथ् | 802 | क्षीज् | 237 |
| कुप् | 1233 | कृष् | 990 | क्लन्द् | 72 | क्षीब् | 382 |
| कुप् | 1779 | कृष् | 1286 | क्लन्द् | 774 | क्षीव् | 567 |
| कुमार् | 1877 | कॄ | 1409 | क्लम् | 1207 | क्षु | 1036 |
| कुम्ब् | 426 | कॄ | 1485 | क्लिद् | 1242 | क्षुद् | 1443 |
| कुम्ब् | 1655 | कॄ | 1496 | क्लिन्द् | 15 | क्षुध् | 1190 |
| कुर् | 1341 | कॄत् | 1653 | क्लिन्द् | 73 | क्षुभ् | 751 |
| कुर्द् | 21 | कॢप् | 1748 | क्लिश् | 1161 | क्षुभ् | 1239 |
| कुल् | 842 | केत् | 1895 | क्लिश् | 1522 | क्षुभ् | 1519 |
| कुष् | 1518 | केप् | 368 | क्लीब् | 381 | क्षुर् | 1344 |
| कुस् | 1218 | केल् | 537 | क्लेश् | 607 | क्षेव् | 568 |
| कुस्म् | 1711 | कै | 916 | क्वण् | 450 | क्षै | 913 |
| कुह् | 1901 | क्नथ् | 800 | क्वथ् | 846 | क्षोट् | 1875 |
| कूज् | 223 | क्नस् | 1113 | क्षञ्ज् | 769 | क्षण॒ | 1037 |
| कूट् | 1701 | क्नू | 1480 | क्षण् | 1465 | क्ष्माय् | 486 |
| कूट् | 1890 | क्नूय् | 485 | क्षम् | 442 | क्ष्मील् | 520 |

| | | | | | | | |
|---|--:|---|--:|---|--:|---|--:|
| क्ष्विद् | 1244 | खेट् | 1874 | गल्ह् | 637 | गूर् | 1694 |
| क्ष्वेल् | 539 | खेल् | 538 | गवेष् | 1883 | गृ | 937 |
| **ख** | | खै | 912 | गा | 950 | गृ | 1707 |
| खच् | 1531 | खोर् | 552 | गा | 1106 | गृज् | 248 |
| खज् | 232 | खोल् | 551 | गाध् | 4 | गृञ्ज् | 249 |
| खञ्ज् | 233 | ख्या | 1060 | गाह् | 649 | गृध् | 1246 |
| खट् | 309 | **ग** | | गु | 949 | गृह् | 650 |
| खट्ट् | 1632 | गज् | 246 | गु | 1399 | गृह् | 1899 |
| खड् | 1580 | गज् | 1647 | गुज् | 1369 | गृ | 1410 |
| खण्ड् | 283 | गञ्ज् | 247 | गुञ्ज् | 203 | गृ | 1498 |
| खण्ड् | 1581 | गड् | 777 | गुड् | 1370 | गेप् | 369 |
| खद् | 50 | गण् | 1853 | गुण् | 1894 | गेव् | 502 |
| खन् | 878 | गण्ड् | 65 | गुण्ड् | 1584 | गेष् | 614 |
| खर्ज् | 229 | गण्ड् | 361 | गुद् | 24 | गै | 917 |
| खर्द् | 60 | गद् | 52 | गुध् | 1120 | गोम् | 1876 |
| खर्ब् | 421 | गद् | 1860 | गुध् | 1517 | गोष्ट् | 257 |
| खर्व् | 582 | गन्ध् | 1684 | गुप् | 395 | ग्रन्थ् | 36 |
| खल् | 545 | गम् | 982 | गुप् | 970 | ग्रन्थ् | 1513 |
| खष् | 686 | गर्ज् | 226 | गुप् | 1234 | ग्रन्थ् | 1825 |
| खाद् | 49 | गर्द् | 57 | गुप् | 1771 | ग्रन्थ् | 1838 |
| खिट् | 302 | गर्ब् | 422 | गुफ् | 1317 | ग्रस् | 630 |
| खिद् | 1170 | गर्व् | 583 | गुम्फ् | 1318 | ग्रस् | 1749 |
| खिद् | 1436 | गर्व् | 1907 | गुर् | 1396 | ग्रह् | 1533 |
| खिद् | 1449 | गर्ह् | 636 | गुर्द् | 23 | ग्राम् | 1892 |
| खुज् | 200 | गर्ह् | 1845 | गुर्द् | 1665 | ग्रुच् | 197 |
| खुण्ड् | 1585 | गल् | 546 | गुर्व् | 574 | ग्लस् | 631 |
| खुर् | 1342 | गल् | 1699 | गुह् | 896 | ग्लह् | 651 |
| खुर्द् | 22 | गल्भ् | 392 | गूर् | 1154 | ग्लुच् | 198 |

| | | | | | | | |
|---|---|---|---|---|---|---|---|
| ग्लुञ्च् | 201 | घृ | 938 | चर् | 559 | चीभ् | 384 |
| ग्लेप् | 366 | घृ | 1096 | चर् | 1745 | चीव् | 879 |
| ग्लेप् | 370 | घृ | 1650 | चर्च् | 717 | चीव् | 1774 |
| ग्लेव् | 503 | घृण् | 1469 | चर्च् | 1299 | चुक्क् | 1596 |
| ग्लै | 903 | घृण्ण् | 436 | चर्च् | 1712 | चुट् | 1377 |
| **घ** | | घृष् | 708 | चर्ब् | 425 | चुट् | 1613 |
| घघ् | 159 | घ्रा | 926 | चर्व् | 579 | चुट्ट् | 1560 |
| घट् | 763 | **ङ** | | चल् | 812 | चुड् | 1392 |
| घट् | 1723 | ङु | 954 | चल् | 832 | चुड्ड् | 347 |
| घट् | 1766 | **च** | | चल् | 1356 | चुण्ट् | 1659 |
| घट्ट् | 259 | चकास् | 1074 | चल् | 1608 | चुण्ड् | 325 |
| घट्ट् | 1630 | चक् | 93 | चष् | 889 | चुद् | 1592 |
| घण्ट् | 1767 | चक् | 783 | चह् | 729 | चुप् | 403 |
| घस् | 715 | चक्क् | 1595 | चह् | 1626 | चुम्ब् | 429 |
| घिण्ण् | 434 | चक्ष् | 1017 | चह् | 1866 | चुम्ब् | 1635 |
| घु | 952 | चञ्च् | 190 | चाय् | 880 | चुर् | 1534 |
| घुंष् | 652 | चट् | 1721 | चि | 1251 | चुल् | 1602 |
| घुट् | 746 | चण् | 796 | चि | 1629 | चुल्ल् | 531 |
| घुट् | 1385 | चण्ड् | 278 | चि | 1794 | चूर् | 1158 |
| घुण् | 437 | चत् | 865 | चिट् | 315 | चूर्ण् | 1552 |
| घुण् | 1338 | चद् | 866 | चित् | 39 | चूर्ण् | 1641 |
| घुण्ण् | 435 | चन्द् | 68 | चित् | 1673 | चूष् | 673 |
| घुर् | 1345 | चप् | 399 | चित्र् | 1917 | चृत् | 1324 |
| घुष् | 653 | चप् | 1626 | चिन्त् | 1535 | चेल् | 536 |
| घुष् | 1726 | चम् | 469 | चिरि | 1277 | चेष्ट् | 256 |
| घूर् | 1155 | चम् | 1274 | चिल् | 1355 | च्यु | 955 |
| घूर्ण् | 438 | चम्प् | 1619 | चिल्ल् | 533 | च्यु | 1746 |
| घूर्ण् | 1339 | चय् | 478 | चीक् | 1827 | च्युत् | 40 |

| | | | | | | | |
|---|---|---|---|---|---|---|---|
| **छ** | | जम्भ् | 388 | जृम्भ् | 389 | **अ** | |
| छञ्ज् | 1621 | जम्भ् | 1716 | जृ | 1130 | no entry | |
| छद् | 813 | जर्ज् | 716 | जॄ | 1494 | **ट** | |
| छद् | 1833 | जर्ज् | 1298 | जॄ | 1814 | टङ्क् | 1638 |
| छद् | 1935 | जल् | 833 | जेष् | 616 | टल् | 834 |
| छन्द् | 1577 | जल् | 1543 | जेह् | 644 | टिक् | 103 |
| छम् | 470 | जल्प् | 398 | जै | 914 | टीक् | 104 |
| छर्द | 1589 | जष् | 688 | **ञ** | | ट्वल् | 835 |
| छष् | 890 | जस् | 1211 | ञप् | 1624 | **ठ** | |
| छिद् | 1440 | जस् | 1668 | ज्ञा | 811 | no entry | |
| छिद्र् | 1924 | जस् | 1718 | ज्ञा | 1507 | **ड** | |
| छुट् | 1378 | जागृ | 1072 | ज्ञा | 1732 | डप् | 1676 |
| छुप् | 1418 | जि | 561 | ज्या | 1499 | डिप् | 1232 |
| छुर् | 1372 | जि | 946 | ज्यु | 956 | डिप् | 1371 |
| छृद् | 1445 | जि | 1793 | ज्रि | 947 | डिप् | 1671 |
| छृद् | 1820 | जिन्व् | 594 | ज्रि | 1815 | डिप् | 1677 |
| छेद् | 1934 | जिरि | 1278 | ज्वर् | 776 | डी | 968 |
| छो | 1146 | जिष् | 697 | ज्वल् | 804 | डी | 1135 |
| **ज** | | जीव् | 562 | ज्वल् | 831 | **ढ** | |
| जंस् | 1666 | जुङ्ग् | 157 | **झ** | | ढौक् | 98 |
| जक्ष् | 1071 | जुड् | 1326 | झट् | 306 | **ण** | |
| जज् | 242 | जुड् | 1379 | झम् | 472 | no entry | |
| जञ्ज् | 243 | जुड् | 1646 | झर्झ् | 718 | **त** | |
| जट् | 305 | जुत् | 32 | झर्झ् | 1300 | तंस् | 1729 |
| जन् | 1105 | जुष् | 1288 | झष् | 689 | तक् | 117 |
| जन् | 1149 | जुष् | 1834 | झष् | 891 | तक्ष् | 655 |
| जप् | 397 | जूर् | 1156 | झॄ | 1131 | तक्ष् | 665 |
| जम् | 471 | जूष् | 681 | | | तङ्क् | 118 |

| | | | | | | | |
|---|---|---|---|---|---|---|---|
| तङ्ग् | 149 | तिम् | 1123 | तुम्फ् | 1312 | **त्र** | |
| तञ्च् | 191 | तिल् | 534 | तुम्ब् | 428 | त्रंस् | 1761 |
| तञ्च् | 1459 | तिल् | 1354 | तुम्ब् | 1657 | त्रक्ष् | 660 |
| तट् | 308 | तिल् | 1607 | तुर् | 1102 | त्रङ्क् | 97 |
| तड् | 1579 | तीक् | 106 | तुर्व् | 570 | त्रन्द् | 69 |
| तड् | 1801 | तीर् | 1912 | तुल् | 1599 | त्रप् | 374 |
| तण्ड् | 280 | तीव् | 565 | तुष् | 1184 | त्रस् | 1117 |
| तन् | 1463 | तुज् | 244 | तुस् | 710 | त्रस् | 1741 |
| तन् | 1840 | तुञ्ज् | 245 | तुह् | 737 | त्रुट् | 1375 |
| तन्त्र् | 1678 | तुञ्ज् | 1566 | तूण् | 1689 | त्रुट् | 1698 |
| तप् | 985 | तुञ्ज् | 1755 | तूर् | 1152 | त्रुप् | 406 |
| तप् | 1159 | तुट् | 1376 | तूल् | 527 | त्रुफ् | 410 |
| तप् | 1818 | तुड् | 351 | तूष् | 674 | त्रुम्प् | 407 |
| तम् | 1202 | तुड् | 1386 | तृ॰ह् | 1350 | त्रुम्फ् | 411 |
| तय् | 479 | तुण् | 1332 | तृण् | 1468 | त्रै | 965 |
| तर्क् | 1780 | तुण्ड् | 276 | तृद् | 1446 | त्रौक् | 99 |
| तर्ज् | 227 | तुत्थ् | 1943 | तृप् | 1195 | त्वक्ष् | 656 |
| तर्ज् | 1681 | तुद् | 1281 | तृप् | 1307 | त्वङ्ग् | 150 |
| तर्द् | 58 | तुप् | 404 | तृप् | 1819 | त्वच् | 1301 |
| तल् | 1598 | तुप् | 1309 | तृम्फ् | 1308 | त्वञ्च् | 192 |
| तस् | 1212 | तुफ् | 408 | तृष् | 1228 | त्वर् | 775 |
| ताय् | 489 | तुफ् | 1311 | तृह् | 1348 | त्विष् | 1001 |
| तिक् | 105 | तुभ् | 753 | तृह् | 1455 | त्सर् | 554 |
| तिक् | 1266 | तुभ् | 1241 | तृ | 969 | **थ** | |
| तिग् | 1267 | तुभ् | 1521 | तेज् | 231 | थुड् | 1387 |
| तिज् | 971 | तुम्प् | 405 | तेप् | 363 | थुर्व् | 571 |
| तिज् | 1652 | तुम्प् | 1310 | तेव् | 499 | **द** | |
| तिप् | 362 | तुम्फ् | 409 | त्यज् | 986 | दंश् | 989 |

| | | | | | | | |
|---|---|---|---|---|---|---|---|
| दंश् | 1674 | दिव् | 1724 | दृ | 1493 | धि | 1406 |
| दंश् | 1764 | दिश् | 1283 | दे | 962 | धिक्ष् | 603 |
| दंस् | 1675 | दिह् | 1015 | देव् | 500 | धिन्व् | 593 |
| दंस् | 1786 | दी | 1134 | दै | 924 | धिष् | 1103 |
| दक्ष् | 608 | दीक्ष् | 609 | दो | 1148 | धी | 1136 |
| दक्ष् | 770 | दीधी | 1076 | द्यु | 1040 | धु , धू | 1255 |
| दघ् | 1273 | दीप् | 1150 | द्युत् | 741 | धुक्ष् | 602 |
| दण्ड् | 1926 | दु | 944 | द्यै | 905 | धुर्व् | 573 |
| दद् | 17 | दु | 1256 | द्रम् | 466 | धू | 1398 |
| दध् | 8 | दुःख् | 1930 | द्रा | 1054 | धू | 1487 |
| दम् | 1203 | दुर्व् | 572 | द्राख् | 124 | धू | 1835 |
| दम्भ् | 1270 | दुल् | 1600 | द्राघ् ,ध्राघ् | 114 | धूप् | 396 |
| दय् | 481 | दुष् | 1185 | द्राङ्क्ष् | 670 | धूप् | 1772 |
| दरिद्रा | 1073 | दुह् | 738 | द्राड् | 287 | धूर् | 1153 |
| दल् | 548 | दुह् | 1014 | द्राह् | 646 | धूस् | 1639 |
| दल् | 1751 | दू | 1133 | द्रु | 945 | धृ | 900 |
| दस् | 1213 | दृ | 1280 | द्रुण् | 1337 | धृ | 960 |
| दह् | 991 | दृ | 1411 | द्रुह् | 1197 | धृ | 1412 |
| दा | 930 | दृंह् | 734 | द्रू | 1481 | धृज् | 219 |
| दा | 1059 | दृप् | 1196 | द्रेक् | 78 | धृञ्ज् | 220 |
| दा | 1091 | दृप् | 1313 | द्रै | 906 | धृष् | 1269 |
| दान् | 994 | दृभ् | 1323 | द्विष् | 1013 | धृष् | 1850 |
| दाश् | 882 | दृभ् | 1821 | **ध** | | धे | 902 |
| दाश् | 1279 | दृभ् | 1822 | धक्क् | 1594 | धेक् | 1914 |
| दास् | 894 | दृम्फ् | 1314 | धन् | 1104 | धोर् | 553 |
| दिन्व् | 592 | दृश् | 988 | धन्व् | 597 | क्ष्मा | 927 |
| दिव् | 1107 | दृह् | 733 | धा | 1092 | क्ष्यै | 908 |
| दिव् | 1706 | दृ | 808 | धाव् | 601 | क्ष्वज् | 217 |

| | | | | | | | |
|---|---:|---|---:|---|---:|---|---:|
| ध्रञ्ज् | 218 | नद् | 54 | नी | 901 | पद् | 1169 |
| धृण् | 459 | नद् | 1778 | नील् | 522 | पद् | 1898 |
| धृस् | 1524 | नन्द् | 67 | नीव् | 566 | पन् | 440 |
| ध्राख् | 125 | नभ् | 752 | नु | 1035 | पन्थ् | 1575 |
| ध्राङ्क्ष् | 671 | नभ् | 1240 | नुद् | 1282 | पय् | 476 |
| ध्राङ् | 288 | नभ् | 1520 | नुद् | 1426 | पर्ण् | 1939 |
| धु | 943 | नम् | 981 | नू | 1397 | पर्द् | 29 |
| धु | 1400 | नय् | 480 | नृत् | 1116 | पर्प् | 412 |
| धेक् | 79 | नर्द् | 56 | नृ | 809 | पर्ब् | 416 |
| धै | 907 | नल् | 838 | नृ | 1495 | पर्व् | 577 |
| ध्वंस् | 755 | नल् | 1802 | नेद् | 872 | पल् | 839 |
| ध्वज् | 221 | नश् | 1194 | नेष् | 617 | पल्पूल् | 1881 |
| ध्वञ्ज् | 222 | नस् | 627 | **प** | | पश् | 1719 |
| ध्वण् | 453 | नह् | 1166 | पंस् | 1616 | पष् | 1862 |
| ध्वन् | 816 | नाथ् | 6 | पक्ष् | 1550 | पा | 925 |
| ध्वन् | 828 | नाध् | 7 | पच् | 996 | पा | 1056 |
| ध्वन् | 1889 | नास् | 625 | पञ्च् | 174 | पार् | 1911 |
| ध्वाङ्क्ष् | 672 | निंस् | 1025 | पञ्च् | 1651 | पाल् | 1609 |
| ध्वृ | 939 | निक्ष् | 659 | पट् | 296 | पि | 1405 |
| **न** | | निज् | 1093 | पट् | 1752 | पिंस् | 1762 |
| नक्क् | 1593 | निञ्ज् | 1026 | पट् | 1856 | पिच्छ् | 1576 |
| नक्ष् | 662 | निद् | 871 | पठ् | 330 | पिञ्ज् | 1028 |
| नख् | 134 | निन्द् | 66 | पण् | 439 | पिञ्ज् | 1567 |
| नङ्ख् | 135 | निन्व् | 590 | पण्ड् | 281 | पिञ्ज् | 1757 |
| नट् | 310 | निल् | 1360 | पण्ड् | 1615 | पिट् | 311 |
| नट् | 781 | निवास् | 1885 | पत् | 845 | पिठ् | 339 |
| नट् | 1545 | निश् | 722 | पत् | 1861 | पिण्ड् | 274 |
| नट् | 1791 | निष्क् | 1686 | पथ् | 847 | पिण्ड् | 1669 |

| | | | | | | | |
|---|---|---|---|---|---|---|---|
| पिन्व् | 588 | पुष्प् | 1122 | पैण् | 458 | फल् | 516 |
| पिश् | 1437 | पुस्त् | 1590 | प्याय् | 488 | फल् | 530 |
| पिष् | 1452 | पू | 966 | प्यै | 964 | फुल्ल् | 532 |
| पिस् | 719 | पू | 1482 | प्रच्छ् | 1413 | फेल् | 542 |
| पिस् | 1568 | पूज् | 1642 | प्रथ् | 765 | **ब** | |
| पी | 1141 | पूय् | 484 | प्रथ् | 1553 | बंह् | 633 |
| पीड् | 1544 | पूर् | 1151 | प्रस् | 766 | बद् | 51 |
| पील् | 521 | पूर् | 1803 | प्रा | 1061 | बध् | 973 |
| पीव् | 563 | पूल् | 528 | प्री | 1144 | बध् | 1547 |
| पुंस् | 1637 | पूल् | 1636 | प्री | 1474 | बन्ध् | 1508 |
| पुट् | 1367 | पूष् | 675 | प्री | 1836 | बर्ब् | 418 |
| पुट् | 1753 | पृ | 1258 | प्रु | 957 | बर्ह् | 638 |
| पुट् | 1913 | पृ | 1402 | प्रुड् | 324 | बर्ह् | 1664 |
| पुट्ट् | 1559 | पृच् | 1030 | प्रुष् | 703 | बर्ह् | 1769 |
| पुड् | 1384 | पृच् | 1462 | प्रुष् | 1527 | बल् | 840 |
| पुण् | 1333 | पृच् | 1807 | प्रेष् | 619 | बल् | 1628 |
| पुण्ट् | 1792 | पृड् | 1328 | प्रोथ् | 867 | बल्ह् | 639 |
| पुथ् | 1119 | पृण् | 1329 | प्लिह् | 642 | बल्ह् | 1770 |
| पुथ् | 1775 | पृथ् | 1554 | प्ली | 1503 | बष्क् | 1916 |
| पुन्थ् | 44 | पृष् | 705 | प्लु | 958 | बस्त् | 1683 |
| पुर् | 1346 | पृ | 1086 | प्लुष् | 704 | बाड् | 286 |
| पुर्व् | 576 | पृ | 1489 | प्लुष् | 1115 | बाध् | 5 |
| पुल् | 841 | पृ | 1548 | प्लुष् | 1216 | बिट् | 317 |
| पुल् | 1601 | पेल् | 541 | प्लुष् | 1528 | बिन्द् | 64 |
| पुष् | 700 | पेव् | 504 | प्सा | 1055 | बिल् | 1359 |
| पुष् | 1182 | पेष् | 615 | **फ** | | बिल् | 1606 |
| पुष् | 1529 | पेस् | 720 | फक्क् | 116 | बिस् | 1217 |
| पुष् | 1750 | पै | 920 | फण् | 821 | बुक्क् | 119 |

| बुक्क् | 1713 | भल् | 1700 | भ्यस् | 628 | मऊच् | 173 |
| बुङ्ग् | 158 | भल्ल् | 496 | भ्रंश् | 1225 | मठ् | 332 |
| बुध् | 858 | भष् | 695 | भ्रंस् | 756 | मण् | 448 |
| बुध् | 875 | भस् | 1100 | भ्रक्ष् | 892 | मण्ठ् | 263 |
| बुध् | 1172 | भा | 1051 | भ्रण् | 452 | मण्ड् | 272 |
| बुन्द् | 876 | भाज् | 1886 | भ्रम् | 850 | मण्ड् | 321 |
| बुस् | 1219 | भाम् | 441 | भ्रम् | 1205 | मण्ड् | 1587 |
| बुस्त् | 1591 | भाम् | 1872 | भ्रस्ज् | 1284 | मथ् | 848 |
| बृंह् | 736 | भाष् | 612 | भ्राज् | 181 | मद् | 815 |
| बृंह् | 1768 | भास् | 624 | भ्राज् | 823 | मद् | 1208 |
| बृह् | 735 | भिक्ष् | 606 | भ्राश् | 824 | मद् | 1705 |
| ब्रू | 1044 | भिद् | 1439 | भ्री | 1505 | मन् | 1176 |
| ब्रूस् | 1663 | भी | 1084 | भ्रूण् | 1690 | मन् | 1471 |
| **भ** | | भुज् | 1417 | भ्रेज् | 180 | मन्त्र् | 1679 |
| भक्ष् | 1557 | भुज् | 1454 | भ्रेष् | 884 | मन्थ् | 42 |
| भज् | 998 | भ॰ | 1 | भ्लक्ष् | 893 | मन्थ् | 46 |
| भज् | 1733 | भू | 1747 | भ्लाश् | 825 | मन्थ् | 1511 |
| भञ्ज् | 1453 | भू | 1844 | भ्लेष् | 885 | मन्द् | 13 |
| भञ्ज् | 1759 | भूष् | 682 | **म** | | मभ्र् | 558 |
| भट् | 307 | भूष् | 1730 | मंह् | 634 | मय् | 477 |
| भट् | 780 | भृ | 898 | मंह् | 1799 | मर्च् | 1649 |
| भण् | 447 | भृ | 1087 | मख् | 132 | मर्ब् | 419 |
| भण्ड् | 273 | भृंश् | 1787 | मङ्क् | 89 | मर्व् | 578 |
| भण्ड् | 1588 | भृज् | 178 | मङ्ख् | 133 | मल् | 493 |
| भन्द् | 12 | भृड् | 1395 | मङ्ग् | 148 | मल्ल् | 494 |
| भर्त्स् | 1682 | भृश् | 1224 | मङ्घ् | 111 | मव् | 599 |
| भर्व् | 580 | भृ | 1491 | मङ्घ् | 160 | मव्य् | 508 |
| भल् | 495 | भेष् | 883 | मच् | 171 | मश् | 724 |

| | | | | | | | | |
|---|---|---|---|---|---|---|---|---|
| मष् | 692 | मिष् | 699 | मुस्त् | 1631 | म्रक्ष् | 1661 |
| मस् | 1221 | मिष् | 1352 | मुह् | 1198 | म्रद् | 767 |
| मस्क् | 102 | मिह् | 992 | मू | 967 | मुच् | 195 |
| मस्ज् | 1415 | मी | 1137 | मूत्र् | 1909 | मुञ्च् | 193 |
| मह् | 730 | मी | 1476 | मूल् | 529 | म्रेड् | 293 |
| मह् | 1867 | मी | 1824 | मूल् | 1603 | म्लुच् | 196 |
| मा | 1062 | मीम् | 468 | मूष् | 676 | म्लुञ्च् | 194 |
| मा | 1088 | मील् | 517 | मृ | 1403 | म्लेच्छ् | 205 |
| मा | 1142 | मीव् | 564 | मृक्ष् | 664 | म्लेच्छ् | 1662 |
| माङ्क्ष् | 669 | मुच् | 1430 | मृग् | 1900 | म्लेट् | 292 |
| मान् | 972 | मुच् | 1743 | मृज् | 1066 | म्लेव् | 506 |
| मान् | 1709 | मुज् | 250 | मृज् | 1848 | म्लै | 904 |
| मान् | 1843 | मुञ्च् | 172 | मृड् | 1327 | **य** | |
| मार्ग् | 1846 | मुञ्ज् | 251 | मृड् | 1516 | यक्ष् | 1692 |
| मार्ज् | 1648 | मुट् | 1374 | मृण् | 1331 | यज् | 1002 |
| माह् | 895 | मुट् | 1614 | मृद् | 1515 | यत् | 30 |
| मि | 1250 | मुड् | 323 | मृध् | 874 | यत् | 1735 |
| मिच्छ् | 1297 | मुण् | 1334 | मृश् | 1425 | यन्त्र् | 1536 |
| मिञ्ज् | 1756 | मुण्ठ् | 265 | मृष् | 707 | यभ् | 980 |
| मिद् | 743 | मुण्ड् | 275 | मृष् | 1164 | यम् | 819 |
| मिद् | 868 | मुण्ड् | 326 | मृष् | 1849 | यम् | 984 |
| मिद् | 1243 | मुद् | 16 | मृ | 1492 | यम् | 1625 |
| मिन्द् | 1541 | मुद् | 1740 | मे | 961 | यस् | 1210 |
| मिन्व् | 589 | मुर् | 1343 | मेद् | 869 | या | 1049 |
| मिल् | 1364 | मुर्च्छ् | 212 | मेध् | 870 | याच् | 863 |
| मिल् | 1429 | मुर्व् | 575 | मेप् | 371 | यु | 1033 |
| मिश् | 723 | मुष् | 1530 | मेव् | 505 | यु | 1479 |
| मिश्र् | 1921 | मुस् | 1220 | **म्ना** | 929 | यु | 1710 |

| | | | | | | | | |
|---|---|---|---|---|---|---|---|---|---|
| युङ्ग् | 156 | रद् | 53 | रिफ् | 1306 | रूप् | 1933 |
| युच्छ् | 214 | रध् | 1193 | रिश् | 1420 | रूष् | 678 |
| युज् | 1177 | रन्व् | 596 | रिष् | 694 | रेक् | 80 |
| युज् | 1444 | रप् | 401 | रिष् | 1231 | रेट् | 864 |
| युज् | 1806 | रफ् | 413 | री | 1138 | रेप् | 372 |
| युत् | 31 | रभ् | 974 | री | 1500 | रेभ् | 385 |
| युध् | 1173 | रम् | 853 | रु | 959 | रेव् | 507 |
| युप् | 1235 | रम्फ् | 414 | रु | 1034 | रेष् | 620 |
| यूष् | 680 | रम्ब् | 376 | रुंश् | 1788 | रै | 909 |
| यौट् | 291 | रय् | 482 | रुंस् | 1790 | रोड् | 356 |
| **र** | | रस् | 713 | रुच् | 745 | रौड् | 355 |
| रंह् | 732 | रस् | 1931 | रुज् | 1416 | **ल** | |
| रंह् | 1798 | रह् | 731 | रुज् | 1804 | लक्ष् | 1538 |
| रक् | 1736 | रह् | 1627 | रुट् | 747 | लक्ष् | 1696 |
| रक्ष् | 658 | रह् | 1858 | रुट् | 1783 | लख् | 138 |
| रख् | 136 | रा | 1057 | रुठ् | 336 | लग् | 786 |
| रग् | 785 | राख् | 122 | रुण्ट् | 327 | लग् | 1737 |
| रङ्ख् | 137 | राघ् | 112 | रुण्ठ् | 345 | लङ्ख् | 139 |
| रङ्ग् | 144 | राज् | 822 | रुद् | 1067 | लङ्ग् | 145 |
| रङ्घ् | 107 | राध् | 1180 | रुध् | 1174 | लङ्घ् | 1760 |
| रङ्घ् | 1795 | राध् | 1262 | रुध् | 1438 | लङ्घ् | 1796 |
| रच् | 1864 | रास् | 626 | रुप् | 1236 | लच्छ् | 206 |
| रज्ज् | 999 | रि | 1275 | रुश् | 1419 | लज् | 238 |
| रज्ज् | 1167 | रि | 1404 | रुष् | 693 | लज् | 1290 |
| रट् | 297 | रिङ्ग् | 154 | रुष् | 1230 | लज् | 1920 |
| रट् | 334 | रिच् | 1441 | रुष् | 1670 | लञ्ज् | 239 |
| रण् | 445 | रिच् | 1816 | रुह् | 859 | लञ्ज् | 1784 |
| रण् | 795 | रिन्व् | 595 | रूक्ष् | 1910 | लट् | 298 |

| | | | | | | | |
|---|---|---|---|---|---|---|---|
| लङ् | 359 | लिहू | 1016 | लोक् | 76 | वद् | 1009 |
| लङ् | 814 | ली | 1139 | लोक् | 1776 | वद् | 1841 |
| लङ् | 1540 | ली | 1501 | लोच् | 164 | वन् | 462 |
| लण्ड् | 1800 | ली | 1811 | लोच् | 1777 | वन् | 463 |
| लन्घ् | 108 | लुञ्च् | 187 | लोड् | 357 | वन् | 803 |
| लप् | 402 | लुञ्ज् | 1758 | लोष्ट् | 258 | वन् | 1470 |
| लभ् | 975 | लुट् | 314 | **व** | | वन्द् | 11 |
| लम्ब् | 377 | लुट् | 748 | वक्ष् | 663 | वप् | 1003 |
| लम्ब् | 379 | लुट् | 1222 | वख् | 130 | वभ्र् | 557 |
| लर्ब् | 417 | लुट् | 1381 | वङ्क् | 88 | वम् | 849 |
| लल् | 1687 | लुट् | 1754 | वङ्क् | 95 | वय् | 475 |
| लष् | 888 | लुठ् | 337 | वङ्ख् | 131 | वर् | 1852 |
| लस् | 714 | लुठ् | 749 | वङ्ग् | 147 | वर्च् | 162 |
| लस् | 1728 | लुण्ट् | 328 | वङ्घ् | 110 | वर्ण् | 1551 |
| लस्ज् | 1291 | लुण्ठ् | 343 | वच् | 1063 | वर्ण् | 1938 |
| ला | 1058 | लुण्ठ् | 346 | वच् | 1842 | वर्ध् | 1654 |
| लाख् | 123 | लुण्ठ् | 1563 | वज् | 252 | वर्ष् | 613 |
| लाघ् | 113 | लुन्थ् | 45 | वञ्च् | 189 | वर्ह् | 640 |
| लाज् | 240 | लुप् | 1237 | वञ्च् | 1703 | वल् | 491 |
| लाञ्छ् | 207 | लुप् | 1431 | वट् | 300 | वल्क् | 1571 |
| लाञ्ज् | 241 | लुभ् | 1238 | वट् | 779 | वल्ग् | 143 |
| लाभ् | 1936 | लुभ् | 1305 | वट् | 1857 | वल्भ् | 391 |
| लिख् | 1365 | लुम्ब् | 427 | वट् | 1919 | वल्ल् | 492 |
| लिङ्ग् | 155 | लुम्ब् | 1656 | वठ् | 331 | वल्ह् | 641 |
| लिङ्ग् | 1739 | लू | 1483 | वण् | 446 | वश् | 1080 |
| लिप् | 1433 | लूष् | 677 | वण्ट् | 1586 | वष् | 691 |
| लिश् | 1179 | लूष् | 1610 | वण्ठ् | 262 | वस् | 1005 |
| लिश् | 1421 | लेप् | 373 | वण्ड् | 271 | वस् | 1023 |

| | | | | | | | |
|---|---|---|---|---|---|---|---|
| वस् | 1214 | विश् | 1424 | वे | 1006 | व्ली | 1502 |
| वस् | 1744 | विष् | 698 | वेण् | 877 | **श** | |
| वस् | 1942 | विष् | 1095 | वेथ् | 34 | शंस् | 728 |
| वस्क् | 101 | विष् | 1526 | वेप् | 367 | शक् | 1187 |
| वह् | 1004 | विष्क् | 1685 | वेल् | 535 | शक् | 1261 |
| वा | 1050 | विष्क् | 1940 | वेल् | 1880 | शङ्क् | 86 |
| वाङ्क्ष् | 668 | वी | 1048 | वेल्ल् | 540 | शच् | 165 |
| वाञ्छ् | 208 | वीर् | 1903 | वेवी | 1077 | शट् | 299 |
| वात् | 1882 | वृ | 1254 | वेष्ट् | 255 | शठ् | 340 |
| वाश् | 1163 | वृ | 1509 | वेहृ | 643 | शठ् | 1564 |
| वास् | 1884 | वृ | 1813 | वै | 921 | शठ् | 1691 |
| वाहृ | 645 | वृक् | 92 | व्यच् | 1293 | शठ् | 1854 |
| विच् | 1442 | वृक्ष् | 604 | व्यथ् | 764 | शण् | 797 |
| विच्छ् | 1423 | वृज् | 1029 | व्यध् | 1181 | शण्ड् | 279 |
| विच्छ् | 1773 | वृज् | 1461 | व्यय् | 881 | शद् | 855 |
| विज् | 1094 | वृज् | 1812 | व्यय् | 1932 | शद् | 1428 |
| विज् | 1289 | वृण् | 1330 | व्युष् | 1114 | शप् | 1000 |
| विज् | 1460 | वृत् | 758 | व्युष् | 1215 | शप् | 1168 |
| विट् | 316 | वृत् | 1160 | व्ये | 1007 | शब्द् | 1714 |
| विथ् | 33 | वृत् | 1781 | व्रज् | 253 | शम् | 818 |
| विद् | 1064 | वृध् | 759 | व्रज् | 1617 | शम् | 1201 |
| विद् | 1171 | वृध् | 1782 | व्रण् | 451 | शम् | 1695 |
| विद् | 1432 | वृश् | 1226 | व्रण् | 1937 | शम्ब् | 1556 |
| विद् | 1450 | वृष् | 706 | व्रश्च् | 1292 | शर्ब् | 423 |
| विद् | 1708 | वृष् | 1704 | व्री | 1140 | शर्व् | 585 |
| विध् | 1325 | वृहृ | 1347 | व्री | 1504 | शल् | 490 |
| विल् | 1358 | वृ | 1486 | व्रीड् | 1126 | शल् | 843 |
| विल् | 1605 | वृ | 1490 | व्रुड् | 1393 | शल्भ् | 390 |

| | | | | | | | |
|---|---|---|---|---|---|---|---|
| शव् | 725 | शुठ् | 1644 | शौट् | 290 | श्रङ्ग् | 152 |
| शश् | 726 | शुण्ठ् | 344 | श्युत् | 41 | श्राख् | 127 |
| शष् | 690 | शुण्ठ् | 1645 | श्मील् | 518 | श्राघ् | 115 |
| शस् | 727 | शुध् | 1191 | श्यै | 963 | श्लिष् | 702 |
| शाख् | 126 | शुन् | 1336 | **श्र** | | श्लिष् | 1186 |
| शाड् | 289 | शुन्ध् | 74 | श्रङ्क् | 84 | श्लिष् | 1574 |
| शान् | 995 | शुन्ध् | 1832 | श्रङ्ग् | 151 | श्लोक् | 77 |
| शास् | 1075 | शुभ् | 432 | श्रण् | 798 | श्रोण् | 457 |
| शि | 1249 | शुभ् | 750 | श्रण् | 1578 | श्वङ्क् | 96 |
| शिक्ष् | 605 | शुभ् | 1321 | श्रथ् | 799 | श्वच् | 166 |
| शिङ्घ् | 161 | शुम्भ् | 433 | श्रथ् | 1546 | श्वञ्च् | 167 |
| शिञ्ज् | 1027 | शुम्भ् | 1322 | श्रथ् | 1823 | श्वठ् | 1565 |
| शिट् | 303 | शुल्क् | 1618 | श्रथ् | 1870 | श्वठ् | 1855 |
| शिल् | 1362 | शुल्ब् | 1611 | श्रन्थ् | 35 | श्वभ्र् | 1623 |
| शिष् | 687 | शुष् | 1183 | श्रन्थ् | 1510 | श्वर्त् | 1622 |
| शिष् | 1451 | शूर् | 1157 | श्रन्थ् | 1512 | श्वल् | 549 |
| शिष् | 1817 | शूर् | 1902 | श्रन्थ् | 1837 | श्वल्क् | 1570 |
| शी | 1032 | शूर्प् | 1612 | श्रम् | 1204 | श्वल्ल् | 550 |
| शीक् | 75 | शूल् | 526 | श्रम्भ् | 393 | श्वस् | 1069 |
| शीक् | 1789 | शूष् | 679 | श्रा | 810 | श्वि० | 1010 |
| शीक् | 1826 | शृध् | 760 | श्रा | 1053 | श्वित् | 742 |
| शीभ् | 383 | शृध् | 873 | श्रि | 897 | श्विन्द् | 10 |
| शील् | 523 | शृध् | 1734 | श्रिष् | 701 | | |
| शील् | 1878 | शॄ | 1488 | श्री | 1475 | **ष** | |
| शुच् | 183 | शेल् | 543 | श्रु | 942 | ष्ठिव् | 560 |
| शुच् | 1165 | शै | 918 | श्रै | 919 | ष्ठिव् | 1110 |
| शुच्य् | 513 | शो | 1145 | श्रोण् | 456 | ष्वष्क् | 100 |
| शुठ् | 341 | शोण् | 455 | श्लङ्क् | 85 | | |

| **स** | | सह् | 1809 | सूर्क्ष् | 666 | स्तिम् | 1124 |
|---|---|---|---|---|---|---|---|
| संस्त् | 1079 | साध् | 1263 | सूर्ष्य् | 509 | स्तीम् | 1125 |
| सग् | 789 | सान्त्व् | 1569 | सृ | 935 | स्तु | 1043 |
| सघ् | 1268 | साम् | 1879 | सृ | 1099 | स्तुच् | 175 |
| सङ्केत् | 1891 | सार् | 1868 | सृज् | 1178 | स्तुप् | 1672 |
| सङ्ग्राम् | 1922 | सि | 1248 | सृज् | 1414 | स्तुभ् | 394 |
| सच् | 163 | सि | 1477 | सृप् | 983 | स्तृ | 1252 |
| सच् | 997 | सिच् | 1434 | सृभ् | 430 | स्तृह् | 1349 |
| सञ्ज् | 987 | सिट् | 304 | सृम्भ् | 431 | स्तॄ | 1484 |
| सट् | 313 | सिध् | 47 | सेक् | 81 | स्तेन् | 1897 |
| सट्ट् | 1633 | सिध् | 48 | सेव् | 501 | स्तेप् | 365 |
| सत्र् | 1906 | सिध् | 1192 | सै | 915 | स्तै | 922 |
| सद् | 854 | सिल् | 1363 | सो | 1147 | स्तोम् | 1923 |
| सद् | 1427 | सिव् | 1108 | स्कन्द् | 979 | स्त्यै | 910 |
| सन् | 464 | सु | 941 | स्कम्भ् | 387 | स्त्यै | 911 |
| सन् | 1464 | सु | 1041 | स्कु | 1478 | **स्त्रक्ष्** | 661 |
| सप् | 400 | सु | 1247 | स्कुन्द् | 9 | स्थल् | 836 |
| सभाज् | 1887 | सुख् | 1929 | स्खद् | 768 | स्था | 928 |
| सम् | 829 | सुट्ट् | 1562 | स्खद् | 820 | स्थुड् | 1388 |
| सम्ब् | 1555 | सुर् | 1340 | स्खल् | 544 | स्थूल् | 1904 |
| सर्ज् | 225 | सुह् | 1129 | स्तक् | 782 | स्नस् | 1112 |
| सर्ब् | 424 | सू | 1031 | स्तग् | 790 | स्ना | 1052 |
| सर्व् | 586 | सू | 1132 | स्तन् | 461 | स्निह् | 1200 |
| सल् | 547 | सू | 1408 | स्तन् | 1859 | स्निह् | 1572 |
| सस् | 1078 | सूच् | 1873 | स्तम् | 830 | स्नु | 1038 |
| सस्ज् | 202 | सूत्र् | 1908 | स्तम्भ् | 386 | स्नुस् | 1111 |
| सह् | 852 | सूद् | 25 | स्तिघ् | 1265 | स्नुह् | 1199 |
| सह् | 1128 | सूद् | 1717 | स्तिप् | 364 | स्नै | 923 |

| | | | | | | | | |
|---|---|---|---|---|---|---|---|---|
| स्पन्द् | 14 | स्रङ्क् | 83 | हा | 1089 | ह्नु | 1082 |
| स्पर्ध् | 3 | स्रम्भ् | 757 | हा | 1090 | ह्मल् | 806 |
| स्पश् | 887 | स्रिव् | 1109 | हि | 1257 | ह्लग् | 787 |
| स्पश् | 1680 | स्रु | 940 | हिंस् | 1456 | ह्रस् | 711 |
| स्पृ | 1259 | स्रेक् | 82 | हिंस् | 1829 | ह्लाद् | 26 |
| स्पृश् | 1422 | स्वञ्ज् | 976 | हिक्क् | 861 | ह्री | 1085 |
| स्पृह् | 1871 | स्वद् | 18 | हिठ् | 1532 | ह्रीछ् | 210 |
| स्फाय् | 487 | स्वद् | 1805 | हिण्ड् | 268 | ह्रेष् | 622 |
| स्फिट्ट् | 1634 | स्वन् | 817 | हिन्व् | 591 | ह्लग् | 788 |
| स्फुट् | 260 | स्वन् | 827 | हिल् | 1361 | ह्लप् | 1658 |
| स्फुट् | 329 | स्वप् | 1068 | हु | 1083 | ह्लस् | 712 |
| स्फुट् | 1373 | स्वर् | 1863 | हुड् | 352 | ह्लाद् | 27 |
| स्फुट् | 1722 | स्वर्द् | 19 | हुण्ड् | 269 | ह्वल् | 805 |
| स्फुड् | 1391 | स्वाद् | 28 | हुण्ड् | 277 | ह्वृ | 931 |
| स्फुण्ड् | 1537 | स्विद् | 744 | हुर्छ् | 211 | ह्वृ | 934 |
| स्फुर् | 1389 | स्विद् | 978 | हुल् | 844 | ह्वे | 1008 |
| स्फुर्छ् | 213 | स्विद् | 1188 | हूड् | 353 | | |
| स्फुल् | 1390 | स्वृ | 932 | हृ | 899 | | |
| स्फूर्ज् | 235 | **ह** | | हृ | 1097 | | |
| स्मि | 948 | हट् | 312 | हृष् | 709 | | |
| स्मिट् | 1573 | हठ् | 335 | हृष् | 1229 | | |
| स्मील् | 519 | हद् | 977 | हेठ् | 266 | | |
| स्मृ | 807 | हन् | 1012 | हेठ् | 1532 | | |
| स्मृ | 933 | हम्म् | 467 | हेड् | 284 | | |
| स्यन्द् | 761 | हय् | 512 | हेड् | 778 | | |
| स्यम् | 826 | हर्य् | 514 | हेष् | 621 | | |
| स्यम् | 1693 | हल् | 837 | होड् | 285 | | |
| स्रंस् | 754 | हस् | 721 | होड् | 354 | | |

# References


| Author | Title | Year | Ed | Publisher |
|---|---|---|---|---|
| O. K. Munshi | Dhaturupaprapanca Vol I & II | 2006 | 1st | University of Calicut, Calicut |
| Harekanta Mishra | बृहद्धातुकुसुमाकरः | 2007 | 1st | Chaukhamba Sanskrit Pratishthan, Delhi |
| Vijaypal Vidyavaridhi | माधवीया धातुवृत्तिः | 2009 | 2nd | Ram Lal Kapoor Trust, Sonipat |
| Yudhisthir Mimansak | संस्कृत धातु कोषः | 2009 | 1st | Ram Lal Kapoor Trust, Sonipat |
| Pushpa Dikshit | पाणिनीयधातुपाठः सार्थः | 2011 | 1st | Samskrita Bharati, New Delhi |
| Pushpa Dikshit | अष्टाध्यायी सहजबोध Vol 1, 2, 3 | 2017 | 3rd | Pratibha Prakashan, Delhi |
| Govind Acharya | वैयाकरणसिद्धान्तकौमुदी - मूलमात्रम् | 2015 | 1st | Chaukhamba Surbharati Prakashan, Varanasi |
| Ashwini Kumar Aggarwal | Dhatupatha Handbook | 2017 | 2nd | Devotees of Sri Sri Ravi Shankar Ashram, Punjab |
| | Dhatupatha Verbs in 5 Lakaras Vol 3 | 2017 | 1st | |
| | The Sanskrit Roots of Language | 2019 | 1st | |

Online Links  https://www.ashtadhyayi.com/
https://avg-sanskrit.org/

ॐ

*Epilogue*

The Dhatupatha is Panini's library of Sounds that serves as input to the Ashtadhyayi program. It is the source for all Sanskrit words, whether Verbs or Nouns, known as Tinganta and Subanta.

Mastery over the Dhatupatha is the motive of this Dhatukosha, which serves as a strong foundation for Vyakarana.

सर्वे भवन्तु सुखिनः । सर्वे सन्तु निरामयाः ।

सर्वे भद्राणि पश्यन्तु । मा कश्चिद् दुःख भाग् भवेत् ॥

ॐ शान्तिः शान्तिः शान्तिः ॥

When faith has blossomed in life, Every step is led by the Divine
Sri Sri Ravi Shankar

**Om Namah Shivaya**

जय गुरुदेव